SAS DATA STEP

제3판

최종후 · 강현희 · 김효성 지음

스프레드쉬트

워드

프리젠테이션

인트라넷

의사결정시스템 구축

자유아카데미

3판을 내면서

이 책이 이 세상에 처음으로 등장한 것은 1997년 여름이며, 당시에는 이러한 유형의 책이 없어서인지 독자제현으로부터 과분한 사랑을 받았다. 이에 보답하고자 첫 판이 출간된 2년 후인 1999년 봄, 개정판을 펴낸 바 있다. 세월은 어김없이 흘러 그로부터 9년 세월이 지났다. 이제 다시 3판을 선보인다. 주지하다시피 SAS 환경은 크게 진화하였으며, 은행, 카드, 증권, 보험, 유통 등 고객정보산업을 중심으로 사회 여러분야에서 그 쓰임새 또한 크게 늘어났다.

3판에서는 SAS Version 9.13에 기반하여 내용을 수정 보완하였다. 개정판에서는 SAS DATA Step, PROC SQL, MACRO의 순서로 내용을 정리하였으나, 3판에서는 책의 구성을 DATA를 읽는 방법부터 직접 DATA를 조작하고 출력하는 순서로 재편하였다. 이는 SAS 사용자의 입장에서 책을 꾸며보고자 함이다.

〈부록〉에 새로운 운영체계인 Windows Vista 32Bit Version에서의 설치방법을 해설하였는데, 이는 새로운 운영체계에서의 활용을 돕고자 함이다. 32Bit Version으로 한정한 것은 현재 SAS가 64Bit Version을 지원하지 않기 때문이며, 이는 2008년 중 9.2 Version이 출시되면서 지원될 예정이다.

흔쾌히 이 책의 출판을 맡아준 자유아카데미 임직원 여러분께 감사드린다. 아무쪼록 이 책이 SAS를 활용하는 독자들에게 SAS에 대한 이해와, 과학적 사고의 지평을 넓히는데 다소라도 도움이 되었으면 한다.

2008년 8월

필자

개정판을 내면서

이 책의 첫 판이 나온 지 2년 가까운 시간이 흘렀다. 부족한 내용임에도 불구하고 주위 同學諸賢으로부터 넘치는 사랑을 받았다. 이제 첫 판에서 발견된 오류를 수정하고 2부의 내용을 더하여 개정판을 내게 되었다.

개정판에서는 첫 판의 내용을 제 1 부 SAS DATA Step으로 두고, 제 2 부에 PROC SQL과 MACRO 기초를 추가하였다. SQL은 Structured Query Language의 약어로 구조화된 질의 언어이다. SQL은 표준화되어 널리 사용되고 있는 언어로서 데이터베이스에 대한 조회와 갱신을 행하는 것이다. 또한 SAS MACRO는 반복수행이 요구되는 프로그램을 편리하게 작성하기 위해서 반드시 익혀두어야 할 내용이기에 그 기초적 내용을 정리하였다.

아무쪼록 이 책이 독자 여러분께 유용한 것이 되기를 바란다.

〈蛇足〉 이 책을 이용한 독자들로부터 간혹 이 책에 소개된 SAMPLE PROGRAM 이용에 대한 문의를 받고는 했다. 다시금 알려드리거니와 이 책의 〈부록〉의 2.5.절 (p. 441)에 자세히 소개되어 있다.

1999년 立春을 하루 앞두고

필자.

책머리에

SAS (Strategic Application System)는 이제 스프레드쉬트, 워드, 프리젠테이션, 인트라넷, 의사결정시스템 구축 등 전천후적 소프트웨어의 면모를 띠게 되었지만 SAS가 통계학 학습의 요긴한 도구이자, 강력한 통계분석용 소프트웨어임은 누구도 부인할 수 없다. 현재 80개에 육박하는 국내 대학의 통계학과에서 SAS는 가장 인기있는 통계소프트웨어로 자리잡고 있다. 필자 역시 다년간 통계학 강좌에 SAS를 활용하여 왔는데 그 경험에 의하면 SAS를 활용하는 강좌를 수강하는 학생들의 대다수가 SAS DATA step에 대한 지식이 빈약하여 현실적 문제에 SAS를 활용함에 있어서 그 이용이 원만하지 못함을 보아 왔다. 이러한 점에 착안하여 필자는 SAS의 DATA step을 중점 해설하는 이 책을 준비하게 되었다. 여기에 담긴 내용을 충분히 익힌다면 현실의 문제를 SAS를 이용하여 처리하고자 할 때 작업효율면에서 많은 도움을 얻을 것임을 확신한다.

DATA step은 DATA라는 문장으로 시작하여 RUN이라는 문장으로 끝나는 SAS 프로그램의 집합체를 말한다. SAS 시스템의 모든 프로시저는 SAS 파일로만 처리가 가능하고, DATA step의 결과는 항상 SAS 화일이기 때문에 일반적으로 DATA step의 사용목적은 SAS 시스템에서 지원하고 있는 다양한 프로시저를 처리하기 위하여 SAS 화일을 생성하는데에 있다. DATA step안에서 사용할 수 있는 문장은 처리문(DELETE, LIST, OUTPUT, WHERE 등), 제어문(DO, END, IF-THEN/ELSE, SELECT 등), 파일-제어문(BY, CARDS, DATA, FILE, INFILE, INPUT, MERGE, SET, UPDATE 등), 정보-제어문(DROP, KEEP, FORMAT, LABEL, LENGTH, RETAIN 등)으로 나누어 볼 수 있는데, DATA step에서 이러한 문장을 효과적으로 사용한다면 향후 통계분석에서 보다 효율적 성과를 얻게 된다.

이 책의 구성은 SAS Ver. 6.12에 의거하여, SAS LANGUAGE』와 『SAS PROCEDURES GUIDE』의 주요 내용으로 SAS 프로그램 내에서 제공하는 SAMPLE PROGRAM을 해설하는 형식을 취하였다. 이 책의 23개 장은 선별된 23개 SAMPLE PROGRAM으로 구성된 것이다(각 장 제목 아래의 TITLE은 해당 프로그램의 목록임). 하나 하나의 SAMPLE PROGRAM에 대한 해설내용을 익히다 보면 DATA step의 내용을 자연스럽게 습득하게 될 것이다. 또한, 〈부록〉에 초심자를 위하여 윈도우즈 95 사용법과 윈도우즈 SAS 사용법을 해설하였다.

이 책에 있을지도 모를 오류는 그 모두가 필자의 부주의 탓이다. 혹, 문의사항이 있는 분은 저자약력에 소개된 E-mail로 문의한다면 성의껏 답할 것을 약속한다. 아무쪼록 이 책이 통계학도를 비롯한 SAS이용자에게 작으나마 도움이 되기를 바란다. 끝으로 출판을 담당한 自由아카데미에 머리숙여 감사드린다.

1997년 중복 사흘뒤

필자

차례

SAS DATA STEP SAS DATA STEP SAS DATA STEP SAS DATA STEP SAS DATA STEP

제1부 Data Reading

제2부 Data Handling

제 1 부

Data Reading

제1장 SAS 기본 다지기
제2장 OPTIONS문과TITLE문
제3장 다양한 형태의 INPUT문의 활용

제1장 SAS 기본 다지기

1.1 기본형식(Input)

```
DATA wghtclub;
   INPUT idno 1-4 name $ 6-24 team $ strtwght endwght;
   loss=strtwght-endwght;
   CARDS;
1023 David Shaw          red 189 165
1049 Amelia Serrano      yellow 145 124
1219 Alan Nance          red 210 192
1246 Ravi Sinha          yellow 194 177
1078 Ashley McKnight     red 127 118
RUN;
```

SAS에서는 이름을 부여할 수 있는 것은 DATA 다음에 지정하는 DATASET명, INPUT 다음에 지정하는 변수명, PROCEDURE에서 지정하는 output명 등이 있다. 세 가지 모두 8자 이하로 영문자와 숫자를 이용하여 부여할 수 있으며, 변수명은 문자변수와 숫자변수로 나누어 볼 수 있다.

문자변수는 말 그대로 관찰값이 문자로 인식되게 하는 경우에 사용하는 것으로 이름을 부여하는 방법은 숫자변수와 동일하고 그 뒤에 $을 표시하면 문자변수로 인식된다. 관찰값이 숫자인데도 불구하고 변수명을 문자변수로 선언하면 관찰값이 숫자값으로 인식되는 것이 아니라 문자로 인식된다.

위의 프로그램에서 DATASET명은 wghtclub이고, 변수는 문자변수로는 변수 뒤에 $이 사용된 name, team, 숫자변수로는 idno, strtwght, endwght가 있다.

변수 idno는 1-4칼럼, 변수 name은 6-24 칼럼에 위치한다. Name변수를 읽어들일 때에는 칼럼을 지정하지 않으면 공백 전까지 읽으므로 첫번째 관찰값에서 David까지만 입력되므로 칼럼을 지정해야 한다.

변수 team, strtwght, endwght는 칼럼이 일정하지 않고 관찰값의 사이가 빈 공백으로 분리되어 있으므로 칼럼번호를 지정하지 않으면 자동으로 빈 공백을 변수에 대한 각 관찰값으로 인정하게 된다. 즉 변수와 변수 사이에 빈칸이 있어 관찰값을 구분해줄 때에는 칼럼번호를 기재할 필요가 없으나 하나의 변수에 빈칸이 들어 있는 관찰값의 경우에는 칼럼을 지정하여 사용하면 된다.

기존 변수를 가지고 조작(예를 들면 사칙연산 등)을 하여 새로운 변수를 생성하고자 할 때는 CARDS문 앞에 수식을 써주면 된다. 사용될 수 있는 수식에 대해서는 뒤에서 언급하기로 하고 여기에서는 새로운 변수 loss를 만드는 것에 대해서만 설명하면 strtwght변수의 관찰값에서 endwgh 변수의 관찰값을 뺀 것을 loss변수의 관찰값으로 하려면 loss=strtwght−endwght; 라고 하면 된다.

관찰값 읽기 1 – INPUT 문

- 변수를 사용할 때 변수명은 8자 이하의 영문자와 숫자를 이용하여 부여할 수 있으며, 문자변수인 경우에는 변수명 뒤에 $을 사용하면 된다.
- 관찰값을 변수에 대응시킬 때 칼럼위치를 지정하여 사용하는 경우에 해당 변수명 다음에 자료에 해당하는 칼럼 번호를 써주면 된다.
- 하나의 관찰값 내에서 빈 공백을 포함하지 않고 관찰값와 관찰값 사이는 공백으로 분리가 되어 있으면 칼럼번호를 굳이 지정할 필요는 없다.

```
INPUT   variable_name [$] [컬럼시작번호[-컬럼 끝번호]]
        [variable_name [$] [컬럼시작번호[-컬럼 끝번호]] […]]  ;
```

DATA STEP만을 수행하고 나면 OUTPUT WINDOW에는 아무런 결과도 출력 되지않는다. PROC 문을 수행해야만 결과가 나오며 여기서는 PROC PRINT 전까지만 수행하였으므로 아무런 결과도 나타나지 않는다.

1.2 PROC PRINT 형식 1

```
PROC PRINT DATA=wghtclub;
   TITLE 'Health Club Data';
RUN;
```

PROC PRINT는 SAS DATASET이 형성된 후에 DATASET의 전체 혹은 일부의

변수와 관찰값을 볼 수 있는 PROCEDURE이다.

PROC PRINT에서 DATASET 전체를 보려면 VAR 다음에 변수를 전부 나열하거나 위에서와 같이 아예 VAR문을 사용하지 않으면 된다. 또한 'DATA = DATASET명' 을 사용하면 해당 DATASET이 지정되고 생략되는 경우에는 바로 전에 기억되어 있는 DATASET으로 인식하게 된다.

위의 경우에는 DATA=wghtclub으로 지정을 하였으므로 wghtclub DATASET이 보이게 되며 변수를 지정하지 않았으므로 DATASET의 전체가 보이게 된다. 또한 wghtclub DATASET이 바로 전에 수행된 것과 동일하므로 지정하지 않아도 무관하다.

TITLE문은 프로그램 수행 후 나타난 결과를 보다 구별을 쉽게 하기 위해 결과에 제목을 붙이는 기능을 하는 것으로 원하는 내용을 ' ' 사이에 써주면 된다. 제목의 위치는 각 페이지 상단에 위치하며, TITLE는 첫줄에 붙고, TITLE2는 두 번째 줄에 붙는다. 즉 각 페이지 상단의 첫줄을 기준으로 TITLE문 다음에 오는 숫자에 해당하는 줄에 제목이 찍히고, 여러 개를 사용할 수 있으므로 적절한 위치에 원하는 내용을 넣음으로써 결과를 볼 때 그 내용이 무엇인지를 구별하기 쉽게 할 수 있다.

한번 TITLE이 선언되고 바꾸지 않으면 SAS를 빠져나갈 때까지 계속해서 기 지정된 제목이 붙게 된다. 이를 없애려면 TITLE ; 또는 TITLE ' ' ; 을 써주면 된다.

여기서는 TITLE에 'Health Club Data'라고 하였으므로 이후 출력되는 결과의 각 페이지 상단에 Health Club Data라는 제목이 붙게 된다.

```
                          Health Club DATA

OBS   idno   name              team     strtwght   endwght   loss

 1    1023   David Shaw        red        189        165      24
 2    1049   Amelia Serrano    yellow     145        124      21
 3    1219   Alan Nance        red        210        192      18
 4    1246   Ravi Sinha        yellow     194        177      17
 5    1078   Ashley McKnight   red        127        118       9
```

나타난 결과를 살펴보면 TITLE문에 의해서 첫 줄에 Health Club DATA이라는 제목이 찍히고 그 다음에 찍힌 1은 PAGE 번호를 의미한다.

PRINT를 하면 자동으로 관찰값 번호를 의미하는 OBS가 제일 먼저 나오고 그 다음에는 VAR에 지정된 순서대로 인쇄되나 여기서는 VAR을 지정하지 않았으므로 INPUT된 순서에 따라 IDNO, NAME, TEAM, STRTWGHT, ENDWGHT가 인쇄되고 마지막으로 (STRTWGHT - ENDWGHT) 값으로 이루어진 LOSS가 인쇄된다.

PROC PRINT 형식 1

- SAS DATASET의 전체 혹은 일부의 변수와 관찰값을 보여주는 PROCEDURE 이다.

```
PROC PRINT DATA = dataname ;
 [ VAR variable_names ; ]
RUN ;
```

1.3 PROC TABULATE 형식

```
PROC TABULATE DATA=wghtclub;
   CLASS team;
   VAR strtwght endwght loss;
   TABLE team, mean*(strtwght endwght loss);
   TITLE 'Mean Starting Weight, Ending Weight, and Weight Loss';
run;
```

PROC TABULATE는 각 변수들의 내용을 여러 가지 기술통계량으로 계층구조의 보고서 형식으로 도표화 시키는 PROCEDURE이다. 여기서 사용될 수 있는 통계량은 N, NMISS, MEAN, STD, MIN, MAX, RANGE, SUM, VAR, USS, CSS, STDERR, CV, T, PRT, SUMWGT, PCTN, PCTSUM 등이 있다.

위의 프로그램은 wghtclub의 자료를 team변수별로 strtwght, endwght, loss변수의 평균값을 구하는 것이다. CLASS문 다음에는 분류하고자 하는 변수들을 지정하며, 문자변수나 숫자변수 모두 가능하나 이산적 값(discrete value)을 가지는 변수가 적합하며 연속변수인 경우에는 이산변수로 바꾸어서 사용한다. 위에서 team 변수는 문자변수로 'red' 또는 'yellow'의 값만 가지는 이산변수인 것을 볼 수 있다.

VAR문 다음에는 기술통계량을 구하고자 하는 변수들을 기술하며, 위에서는 strtwght, endwght, loss변수들의 기초통계량을 구하도록 하였다.

TABLE문은 3차원까지 가능하며 각 차원은 컴마로 구분되어, 왼쪽은 페이지를 지정하고, 가운데는 행, 오른쪽은 열을 가리킨다. 즉 3차원으로 도표화 할 경우 가장 왼쪽에 사용된 변수의 값들에 의해 page가 구분되고, 가운데 변수들에 의해 사용된 순서에 따라 행이 지정되고, 오른쪽에 사용된 변수들에 의해 열이 결정되며 각종 기초통계량을 사용할 수 있다. 같은 열이나 행에서 변수순서에 따라 세분화

시킬 경우 변수와 변수사이에 *를 해주면 된다. 예를들면 table a, b*c, d; 이라고 하면 a변수의 값들에 의해서 page가 구분되며, 행은 b변수의 값들에 의해 구분되고 다시 c변수의 값들에 의해 구분되며, 열은 d변수의 값에 의해 구성된다.

보통 2차원으로 구성할 경우 가장 왼쪽변수와 컴마를 제외하고 가운데 변수들부터 사용하면 된다. 위에서 보면 컴마가 1개이므로 가장 왼쪽을 제외시키고 2차원으로 team변수는 행, strtwght, endwght, loss변수는 열을 구성하게 되며 세 변수에 대하여 team별로 평균값을 구하였다.

```
       Mean Starting Weight, Ending Weight, and Weight Loss

 ---------------------------------------------------------------
|                          |                Mean                |
|                          |------------------------------------|
|                          |  strtwght  |  endwght   |   loss   |
|--------------------------+------------+------------+----------|
|team                      |            |            |          |
|--------------------------|            |            |          |
|red                       |      175.33|      158.33|     17.00|
|--------------------------+------------+------------+----------|
|yellow                    |      169.50|      150.50|     19.00|
 ---------------------------------------------------------------
```

앞의 프로그램중 TABLE문에서 team, mean*(strtwght endwght loss)라고 하였으므로 출력결과는 행방향으로는 team변수의 값으로 구분이 되고, 열은 먼저 평균값으로 지정하였으므로 맨위에 MEAN으로 지정된 후 strtwght, endwght, loss 변수의 관찰값들 평균값이 team별로 나뉘어서 구해진 것을 볼 수 있다.

PROC TABULATE 형식

- 각종 기술통계량을 보고서 형태로 도표화 시키는데 유용한 PROCEDURE이다.
- CLASS문에 사용되는 분류변수는 이산형의 값을 가지는 문자 또는 숫자변수 모두 가능하며, 연속형 값을 가지는 변수인 경우에는 이산변수로 바꾸어 주어야 한다.

```
PROC TABLUATE DATA = dataname ;
[ CLASS 분류변수명 ; ]
[ VAR variable_names ;     ]
TABLE [variable_name,] [variable_name OR 기초통계량
 [*variable_name or 기초통계량…],] [variable_name or 기초통계량
 [*variable_name or 기초통계량…]] ;
RUN ;
```

제2장 OPTIONS문과 TITLE문

SAS DATA STEP SAS DATA STEP SAS DATA STEP SAS DATA STEP SAS DATA STEP

2.1 OPTIONS문 형식

```
OPTIONS LS=72;
TITLE;
DATA wghtclub;
   INPUT idno 1-4 name $ 6-24 team $ strtwght endwght;
   loss=strtwght-endwght;
   CARDS;
1023 David Shaw          red     189 165
1049 Amelia Serrano      yellow  145 124
1219 Alan Nance          red     210 192
                 ...
1099 Asha Garg           yellow  148 132
1329 Larry Goss          yellow  188 174
;
```

위의 프로그램에서 OPTIONS는 출력결과의 SIZE 조절 및 문단모양, OUTPUT 출력 시간 등 여러 가지 출력양식을 지정하는 것이다. LINE 길이를 지정할 경우에는 LS=숫자, PAGE 길이를 지정할 경우에는 PS=숫자를 지정하면 된다. 보통 A4 용지를 사용하는 경우에 LS=80, PS=70으로 지정하면 되고 시스템에 따라 다르나 대부분 디폴트(default)로 LS=72, PS=40으로 지정되어 있다. 출력결과는 디폴트로 가운데 정렬이 되어 출력되는데 NOCENTER라고 하면 왼쪽을 기준으로 정렬되며, NODATE라고 하면 결과에 출력 날짜 및 시간이 나타나지 않으며, NONUMBER는 PAGE 번호가 찍히지 않는다. 여기서는 LS=72라고 하였으므로 출력되는 결과의 모든 LINE 길이는 72칼럼으로 지정된다.

물론 프로그램에서 직접 지정하지 않고 SAS 메뉴 중 **GLOBALS** 메뉴에서 **OPTIONS / GLOBAL OPTIONS**에서 보면 여러 가지를 지정할 수 있으므로 사용자가 원하는 형태로 바꾼 후에 **OPTIONS** 메뉴에서 **Save setting now**를 선택하면 매번 지정하지 않아도 된다.

TITLE; 이라고만 사용하면 기 지정되었던 제목이 찍히지 않도록 하며 여기서도 DATASET명은 wghtclub이다. INPUT문에서 지정되는 변수는 앞에서와 마찬가지로 숫자형 변수로는 idno, strtwght, endwght, 문자변수로는 변수명 뒤에 $가 있는 name과 team이다. 변수 loss는 strtwght와 endwght 변수의 관측값의 차이로 만들어진다.

SAS DATASET에 관측값을 갖게 하는 방법은 크게 세 가지로 나누어서 볼 수 있다. 프로그램 내에 직접 자료를 나열하는 CARDS문을 사용하는 경우, 이미 작성된 외부 파일로부터 읽어오는 경우와 내장함수에 의한 난수추출이나 반복문, 대입 등에 의해 만드는 경우로 나누어 볼 수 있는데 여기서는 첫 번째의 경우만 설명하겠다.

프로그램 내에 직접 자료를 나열하기 위해서 사용되는 CARDS문은 INPUT문 다음에 사용되는 것으로 자료의 시작이라는 것을 알리는 기능을 한다. 그러므로 CARDS; 후에 관찰값을 나열하고 관찰값 끝을 지정하기 위하여 RUN; 또는 ;을 관찰값 다음 줄에 사용한다. 관찰값은 INPUT문에서 지정한 형식으로 칼럼을 지정한 경우에는 지정 위치에 놓고 칼럼을 지정하지 않은 경우에는 관찰값과 관찰값은 빈 공란이 1칸 이상 떨어지면 된다.

관찰값 중에서 ';'이 들어가는 자료가 있는 경우에는 CARDS문을 사용하는 것이 아니라 CARDS4문을 사용하면 된다.

위의 프로그램에서는 INPUT문에서 idno와 name변수는 각각 1-4, 6-24 칼럼으로 지정하였으므로 관찰값을 입력할 때에도 정확한 위치를 맞추어야 하고 team, strtwght, endwght 변수의 관찰값들은 공백으로 구별하여 주면 된다.

OPTIONS문의 형식

- SAS OUTPUT 출력 시 형식을 지정한다.

OPTIONS [PS=숫자] [LS=숫자] [NODATE] [NOCENTER] [NONUMBER];

·PS= : PAGE SIZE 지정
·LS= : 출력 칼럼 지정
·NODATE : 결과물에 생성일시를 찍지 않으려고 할 때 사용
·NOCENTER : 결과가 LS에 지정된 값을 기준으로 가운데 정렬을 안하는 경우에 사용
·NONUMBER : PAGE 번호를 찍지 않을 때 사용

2.2 TITLE문 형식

```
PROC PRINT DATA=wghtclub;
   TITLE 'Fitness Center Weight Club';
RUN;
```

앞에서의 경우와 마찬가지로 wghtclub DATASET을 출력하는 PROCEDURE로 변수를 지정하지 않았으므로 wghtclub DATASET에 있는 모든 변수들이 출력된다.

TITLE은 Fitness Center Weight Club로 지정하였으므로 출력되는 결과 맨 상단에 제목으로 찍히게 된다.

TITLE문의 형식

- TITLE문은 결과에 제목을 인쇄하는 경우에 사용되며 내용은' '사이에 쓰면 된다.
- 제목의 위치는 TITLE 다음에 숫자를 써줌으로써 해당 라인을 지정한다.
- TITLE이 한 번 지정되면 다음 TITLE문이 나타나기 전까지 적용되므로 이를 해제하고자 할 경우에는 TITLE;을 써주면 된다.
- 하나의 출력물에 대해 여러 개의 TITLE을 사용할 때 TITLE 다음의 번호를 동일하게 하여 내용을 지정하는 경우 가장 나중에 선언된 내용으로 출력된다.
- 제목 안에 '이 포함될 경우에는 내용을 " " 사이에 쓰면 된다.

TITLE' **내용** '; ← ' '안의 내용이 첫 줄에 인쇄된다.
TITLE5' **내용** '; ← ' '안의 내용이 5번째 줄에 인쇄된다.
TITLE ; ← 바로 전에 지정했던 제목을 해제하는 경우
TITLE " '**가 포함된 내용** "; ← " "안의 내용이 첫줄에 인쇄된다.

```
                     Fitness Center Weight Club

 OBS   idno   name                 team      strtwght   endwght   loss

   1   1023   David Shaw           red          189        165     24
   2   1049   Amelia Serrano       yellow       145        124     21
   3   1219   Alan Nance           red          210        192     18
   4   1246   Ravi Sinha           yellow       194        177     17
   5   1078   Ashley McKnight      red          127        118      9
   6   1221   Jim Brown            yellow       220          .      .
   7   1095   Susan Stewart        blue         135        127      8
   8   1157   Rose Collins         green        155        141     14
   9   1331   Jason Schock         blue         187        172     15
  10   1067   Kanoko Nagasaka      green        135        122     13
  11   1251   Richard Rose         blue         181        166     15
  12   1333   Li-Hwa Lee           green        141        129     12
  13   1192   Charlene Armstrong   yellow       152        139     13
  14   1352   Bette Long           green        156        137     19
  15   1262   Yao Chen             blue         196        180     16
  16   1087   Kim Blackburn        red          148        135     13
  17   1124   Adrienne Fink        green        156        142     14
  18   1197   Lynne Overby         red          138        125     13
  19   1133   John VanMeter        blue         180        167     13
  20   1036   Becky Redding        green        135        123     12
  21   1057   Margie Vanhoy        yellow       146        132     14
  22   1328   Hisashi Ito          red          155        142     13
  23   1243   Deanna Hicks         blue         134        122     12
  24   1177   Holly Choate         red          141        130     11
  25   1259   Raoul Sanchez        green        189        172     17
  26   1017   Jennifer Brooks      blue         138        127     11
  27   1099   Asha Garg            yellow       148        132     16
  28   1329   Larry Goss           yellow       188        174     14
```

PROC PRINT에서 VAR을 지정하지 않았으므로 wghtclub이라는 SAS DATASET에 있는 모든 변수들이 출력된다. 즉 INPUT문에서 읽은 IDNO, NAME, TEAM, STRTWGHT, ENDWGHT변수가 나오고 수식에 의해 계산된 LOSS 변수가 출력된다.

2.3 CARDS문과 CARDS4문

```
OPTIONS LS=72;
TITLE;
DATA club1;
   INPUT idno name $ team $ strtwght endwght;
   CARDS;
1023 David red 189 165
1049 Amelia yellow 145 124
1219 Alan red 210 192
```

```
1246 Ravi yellow 194 177
1078 Ashley red 127 118
1221 Jim yellow 220 .
;
RUN;

PROC PRINT DATA=club1;
   TITLE 'Weight Club Members';
RUN;
```

OPTION문에서 LINE SIZE를 72로 하였으므로 결과는 72칼럼으로 지정되고, TITLE; 을 사용함으로써 이전에 사용되었던 제목은 해제가 된다. SAS DATASET명은 club1이고, 변수는 숫자변수로는 idno, strtwght, endwght이고, 문자변수는 name, team이다. INPUT문에서 칼럼을 지정하지 않았으므로 CARDS문 다음에 오는 관찰값들에서 값과 값의 구별은 공백으로 되어 있음을 볼 수 있다. 여기서는 관찰값들의 칼럼을 지정하지 않았으므로 결측값의 경우 . 으로 표시를 꼭 해주어야 한다.

PRINT문에서 DATA=club1을 선언해주지 않으면 바로 전에 생성된 DATASET을 이용하므로 생략해도 되며, 변수를 지정하지 않았으므로 INPUT문에서 나열된 순서에 의해서 club1의 DATASET이 출력되며, TITLE문에 의하여 출력결과의 첫번째 줄에 Weight Club Members라는 제목이 찍히게 된다.

```
                    Weight Club Members

OBS    idno    name      team      strtwght    endwght

 1     1023    David     red         189         165
 2     1049    Amelia    yellow      145         124
 3     1219    Alan      red         210         192
 4     1246    Ravi      yellow      194         177
 5     1078    Ashley    red         127         118
 6     1221    Jim       yellow      220           .
```

출력된 결과는 VAR를 지정하지 않았으므로 INPUT문의 순서대로 출력되는 것을 볼 수 있다.

관찰값 읽기 2 – CARDS문과 CARDS4문

- CARDS, CARDS4문은 자료의 시작을 알린다.
- CARDS문은 관찰값에 ;이 들어 있지 않은 자료에 사용되며, 자료의 마지막은 RUN; 또는 ;이 사용된다.
- CARDS4는 관찰값 중 ;이 들어있는 자료가 혼합되어 있는 경우에 사용되며, 자료의 마지막은 ;;;;이 사용된다.

CARDS;	CARDS4;
〈 입력 DATA LINE 〉	〈 ; 을 가진 입력 DATA LINE 〉
;	;;;;

제3장 다양한 형태의 INPUT문의 활용

3.1 결측값이 있는 경우

```
DATA club1;
   INPUT idno 1-4 name $ 6-11 team $ 13-18 strtwght 20-22
          endwght 24-26;
   CARDS;
1023 David  red          189 165
1049 Amelia yellow       145
1219 Alan   red 210 192
1246 Ravi   yellow      177
1078 Ashley red          127 118
1221 Jim    yellow       220
;
RUN;
PROC PRINT DATA=club1;
   TITLE 'Weight Club Members';
RUN;
```

바로 전에서는 INPUT문에 칼럼을 지정하지 않은 경우에 대해서 언급하였고, 여기서는 INPUT문에 칼럼을 지정하는 경우에 해당한다.

칼럼을 지정할 경우에는 변수 다음에 칼럼 번호를 기입하면 되고, 문자변수일 경우에는 $ 다음에 칼럼번호를 기입한다. 이 때 주의할 점은 CARDS문 다음에 오는 관찰값들이 해당 칼럼 안에 있어야 한다. 그러므로 바로 전 프로그램에서 다른 점은 INPUT문에서 칼럼을 지정하였으므로 CARDS문 다음에 오는 자료들이 칼럼에 맞추어서 입력되는 점이다. 대신에 편리한 점은 결측값이 있는 경우에는 빈 공백으로 놓고 .을 표시하지 않아도 된다. 물론 .으로 표시해도 상관없다.

```
                         Weight Club Members

        OBS     idno     name       team      strtwght     endwght

         1      1023     David      red          189          165
         2      1049     Amelia     yellow       145            .
         3      1219     Alan       red          210          192
         4      1246     Ravi       yellow         .          177
         5      1078     Ashley     red          127          118
         6      1221     Jim        yellow       220            .
```

프로그램 상에서는 strtwght변수의 4번째 관찰값과 endwght변수의 2, 6번째 관찰값들이 .이 아닌 빈 공백이었음에도 불구하고 결과에서 보면 .으로 처리된 것을 볼 수 있다. 이는 INPUT문에서 칼럼을 지정하여 주었기 때문에 가능하였고, 칼럼 지정이 안된 경우에는 다음 값이 읽히게 되어 endwght변수의 2번째 값이 1219가 읽히고, idno변수의 3번째 값이 Alan이 되므로 idno변수는 숫자변수인데 문자값이 읽히므로 오류가 발생하게 되므로 유의하여야 한다.

관찰값 읽기 3 – 결측값이 있는 경우 (INPUT문)

- 관찰값들 중에서 결측값이 있는 경우에 INPUT문에서 칼럼을 지정하지 않으면 결측값이 있다는 것을 . 으로 표시해 주어야 한다.
- 관찰값들 중에서 결측값이 있는 경우에 INPUT문에서 칼럼을 지정하면 그 자리를 빈 공백으로 두어도 . 으로 읽어들인다.

3.2 관찰값 내에 공백이 있는 경우

```
DATA club2;
  INPUT idno 1-4 name $ 6-23 team $ 25-30
        strtwght 32-34 endwght 36-38;
  CARDS;
1023 David Shaw          red    189 165
1049 Amelia Serrano      yellow 145 124
1219 Alan Nance          red    210 192
1246 Ravi Sinha          yellow 194 177
1078 Ashley McKnight     red    127 118
```

```
1221 Jim Brown   yellow   220
;
RUN;
PROC PRINT DATA=club2;
   TITLE 'Weight Club Members';
RUN;
```

Club2 DATASET은 앞에서와 마찬가지로 idno, strtwght, endwght의 숫자변수와 name, team의 문자변수로 구성되어 있으며, 해당변수의 관찰값 칼럼을 지정하는 경우이다. 여기에서의 특징은 문자변수에서 하나의 관찰값이 공백을 포함하고 있는 경우에 칼럼을 지정하여 읽어들이는 방법이다. 즉 1개의 관찰값 내에 공백이 포함되어 있는 경우에 INPUT문에서 칼럼을 지정하지 않고 관찰값과 관찰값 사이는 공백으로 구분한다면, 이 공백이 관찰값 내의 공백인지 관찰값을 구분하기 위한 공백인지 구분이 안되고, 결국 관찰값을 구분하는 공백으로 인식하여 실제 관찰값의 수보다 많게 되므로 오류가 발생하게 된다. 물론 칼럼을 지정한 경우에 결측값의 경우 공백으로 처리하면 된다.

PRINT문에서는 DATA=을 선언해주지 않아도 되며, 출력되는 변수를 지정하지 않았으므로 club2의 DATASET이 전부 출력되며, TITLE문에 의하여 출력결과의 첫 번째 줄에 Weight Club Members라는 제목이 찍히게 된다.

```
                      Weight Club Members

OBS   idno   name              team      strtwght    endwght

 1    1023   David Shaw        red          189        165
 2    1049   Amelia Serrano    yellow       145        124
 3    1219   Alan Nance        red          210        192
 4    1246   Ravi Sinha        yellow       194        177
 5    1078   Ashley McKnight   red          127        118
 6    1221   Jim Brown         yellow       220          .
```

출력결과를 살펴보면 name변수의 각 관찰값들이 공백을 가지고 있고, INPUT문에서 관찰값의 시작 칼럼과 끝 칼럼을 지정하여 주었으므로 이를 하나의 관찰값으로 인식한 것을 볼 수 있다.

관찰값 읽기 4 – 관찰값 내에 공백이 있는 경우 (INPUT문)

- 하나의 관찰값 내에서 공백을 포함하고 있는 경우에 관찰값을 읽는 방법 중 하나는 변수명 다음에 관찰값의 시작 칼럼과 끝 칼럼을 지정하여 주면 된다.

3.3 INPUT문에서 변수 순서바꾸기

```
DATA club2;
   INPUT team $ 25 name $ 6-23 strtwght 32-34
          endwght 36-38;
   CARDS;
1023 David Shaw          red     189 165
1049 Amelia Serrano      yellow 145 124
1219 Alan Nance          red     210 192
1246 Ravi Sinha yellow 194 177
1078 Ashley McKnight     red     127 118
1221 Jim Brown  yellow 220
;
PROC PRINT DATA=club2;
   TITLE 'Weight Club Members';
RUN;
```

앞에서와 비슷하게 변수는 숫자변수로는 strtwght, endwght이고, 문자변수는 name, team이며, 모든 변수에 칼럼을 지정하였으나 idno변수는 없는 경우이다. 여기에서의 특징은 CARDS문 다음에 오는 관찰값들의 양상은 동일한데 INPUT문의 형식이 앞의 경우와 완전히 다른 것을 볼 수 있다.

칼럼을 지정하지 않는 경우에는 INPUT문에서 변수를 나열한 순서대로 관찰값을 읽어오나 칼럼을 지정하는 경우에는 INPUT문에서 나열된 변수순으로 읽되 지정 칼럼에 가서 읽으므로 관찰값과 변수의 위치가 달라도 칼럼만 제대로 지정한다면 원하는 대로 관찰값을 변수에 매치시킬 수 있다. 또한 칼럼을 지정한 경우에 CARDS문 다음에 오는 관찰값들의 변수 수보다 같거나 더 적게 INPUT문에서 지정할 수도 있다.

프로그램을 살펴보면 idno변수에 해당하는 관찰값은 존재하는데 불구하고 INPUT문에는 존재하지 않고, CARDS문 다음에 오는 자료의 순서와 INPUT문에서의 변수 나열 순서와 다른 것을 볼 수 있다. 그러나 여기서는 INPUT문에서 칼럼을 지정하였으므로 처음에 team이라는 문자변수를 25번째 칼럼에서만 읽으므로 team 변수에는 한 문자만 입력된다. 순서대로 name변수는 6-23칼럼, strtwght변수는 32-34칼럼, endwght변수는 36-38을 읽게 된다.

```
                    Weight Club Members

OBS    team    name                  strtwght    endwght

 1      r      David Shaw               189         165
 2      y      Amelia Serrano           145         124
 3      r      Alan Nance               210         192
 4      y      Ravi Sinha               194         177
 5      r      Ashley McKnight          127         118
 6      y      Jim Brown                220           .
```

출력결과는 PROC PRINT에서 VAR문을 지정하지 않았으므로 club2 DATASET에 기억된 순서에 의해 인쇄된다. 변수의 순서는 CARDS문 다음에 오는 관찰값들의 순서가 아니라 INPUT문에서 기재된 순서대로 기억하고 있음을 볼 수 있다.

또한 team변수에서는 25번째 칼럼만 지정하였으므로 읽어들인 문자가 하나씩임을 볼 수 있다.

관찰값 읽기 5 – INPUT문에서 변수 순서바꾸기

- INPUT문에 해당변수의 칼럼을 지정하는 경우에 CARDS문 다음에 나열된 관찰값들의 변수 수보다 같거나 더 적게 INPUT문에서 읽을 수 있다.
- INPUT문에 해당변수의 칼럼을 지정하는 경우에 CARDS문 다음에 나열된 관찰값들의 변수 순서와 상관없이 INPUT문에서 나열된 순서대로 기억되며 2칼럼 이상을 차지하는 값중에서도 특정 칼럼만 관찰값으로 읽을 수 있다.

3.4 COMMA(,)가 포함된 관찰값 읽기

```
DATA jansales;
   INPUT item $ 1-16 amount COMMA5.;
   CARDS;
trucks           1,382
```

```
jeeps          1,235
landrovers     2,391
;
PROC PRINT DATA=jansales;
   TITLE 'January Sales in Thousands';
   FORMAT amount DOLLAR9.;
RUN;
```

위의 프로그램에서는 관찰값에 ','가 포함되어 있는 경우에 관찰값을 읽는 방식과 PROC PRINT문에서 특정 변수의 관찰값에 특정 문자를 붙이는 것이다. 즉 amount변수에서 관찰값에 ,를 포함하여 읽고, 출력결과에서 amount변수 값 앞에 $ 표시를 붙이는 방법에 관한 것이다.

jansales DATASET에서 보면 item변수는 문자형으로 1-16번째 칼럼까지 읽고 amount변수는 ,를 포함하여 5자리로 읽는 것을 amount comma5. 이라고 쓰면 된다. 여기서 ,를 포함한 자리보다 적게 지정되면 왼쪽에서부터 읽으므로 위에서 만약 comma4. 으로 읽으면 amount변수의 첫 번째 값은 138로 인식하게 되므로 주의해야 한다.

PROC PRINT문에서 FORMAT문을 사용하여 $ 표시를 하는 경우에 해당 변수인 amount를 쓰고 그 다음은 DOLLAR9. 이라고 쓰면 amount변수의 관찰값들의 자릿수가 9자리로 지정되고 관찰값 앞에 $표시가 붙는다.

여기서도 자릿수를 지정할 때 주의해야 하는 점은 해당 변수의 관찰값의 자릿수와 FORMAT문 다음에 오는 자릿수가 동일할 경우에는 $ 표시가 붙지 않으며, 더 작은 경우에는 $ 표시도 붙지 않고, 관찰값도 지수표현법으로 바뀌어 표시되므로 충분하게 자릿수를 지정하여 사용하는 편이 낫다.

만약 위에서 amount dollar4.이라고 하면 출력된 결과는 첫 번째 관찰값인 경우 1382라고 출력된다.

```
            January Sales in Thousands

          OBS    item            amount

           1     trucks          $1,382
           2     jeeps           $1,235
           3     landrovers      $2,391
```

관찰값 읽기 6 – COMMA가 포함된 관찰값 읽기(INPUT)

- COMMA를 포함하고 있는 관찰값을 읽을 경우에 INPUT문에 해당변수를 뒤에 COMMA자릿수.을 하면 해당 자릿수에 맞추어 읽어오게 된다.
- 자릿수 지정에서 관찰값의 자릿수보다 더 작은 경우에는 왼쪽부터 읽으므로 부족한 자릿수만큼 오른쪽 끝이 잘려나간다.

INPUT **변수명 [COMMA자릿수.]** ;

INPUT cost COMMA7. ; – cost변수는 ,를 포함하여 7자리로 읽는다.

PROC PRINT 형식2

- SAS dataset의 전체 혹은 일부의 변수를 택하여 관찰값 앞에 $를 붙이는 경우에 FORMAT문을 사용하여 변수명 dollar자릿수. 하면 된다.

PROC PRINT DATA = dataname ;
 [VAR **변수명** ;]
 [FORMAT **변수명** DOLLAR**자릿수.** ;]
RUN ;

3.5 COLON(:)을 이용하여 관찰값 읽기

```
DATA jansales;
   INPUT item : $10. amount : COMMA5.;
   CARDS;
trucks 1,382
jeeps 1,235
landrovers 2,391
;
RUN;
PROC PRINT DATA=jansales;
   TITLE 'January Sales in Thousands';
   FORMAT amount DOLLAR9.;
RUN;
```

Jansales DATASET에서 살펴보면 앞에서는 칼럼을 지정하여 관찰값을 읽은 것이고, 여기서는 콜론(:)을 이용하여 관찰값을 읽는 방법이다.

INPUT문에서 나열된 변수 순서대로 관찰값을 읽을 때 콜론은 공백 다음 관찰값 전까지 읽은 후에 읽은 관찰값에 대하여 그 다음에 오는 일정 형식을 지정할 수 있다. 즉 관찰값과 관찰값이 공백으로 구분되어 있는 경우에 INPUT문에서 변수를 나열하여 사용하는 방법과 동일하나 읽은 관찰값의 길이를 지정할 수 있는 것이 특징이다.

INPUT문에서 살펴보면 item변수와 amount변수를 읽어오는데 먼저 item문자변수의 관찰값을 읽어온 후 문자열의 길이를 10자리로 지정하고, amount변수는 , 를 포함하여 5자리로 읽는 것을 지정한 것이다. 여기서는 CARDS문 다음에 오는 관찰값들의 배열이 일정 칼럼으로 지정되어 있지 않아도 된다는 것이 특징이다. 또한 item변수의 관찰값들 중에서 지정된 자리 즉 여기서는 10자가 초과할 경우에는 일단 공백까지 읽은 후에 왼쪽에서부터 10자리만을 관찰값으로 취하게 된다.

PROC PRINT문에서는 역시 FORMAT문을 이용하여 amount변수의 관찰값들 앞에 $ 표시를 붙여서 결과를 출력하였다.

```
        January Sales in Thousands

        OBS    item            amount

         1     trucks          $1,382
         2     jeeps           $1,235
         3     landrovers      $2,391
```

출력결과를 살펴보면 item변수값들 중에서 10자리를 넘는 값이 없으므로 별 다른 사항이 없으나 만약 INPUT문에서 item : $9. 으로 주었다면 item변수는 9자리로 인식되고 세 번째 관찰값은 마지막 1자리가 부족하므로 landrover로 출력된다.

Amount변수는 ,를 포함하여 5자리이고, 관찰값 앞에 $표시를 붙이는데 9자리로 지정하여 주었으므로 제대로 출력된 것을 볼 수 있다.

관찰값 읽기 7 – COLON(:)을 이용하여 관찰값 읽기(INPUT)

- 콜론(:)은 해당 변수를 쓰고 그 다음에 :을 한 후에 자릿수를 지정하면 공백까지 관찰값을 읽은 후에 자릿수만큼 유효 자리로 인정한다. 즉 관찰값의 길이를 지정하는데 사용된다(또는 length문을 사용하여 길이지정을 할 수 도 있다).
- 관찰값보다 자릿수가 작은 경우에는 왼쪽부터 해당 자릿수만큼 관찰값으로 읽게 된다.

INPUT **변수명 : [$자릿수.] ;**

3.6 AMPERSAND(&)를 이용하여 관찰값 읽기

```
DATA club2;
   INPUT idno name & $18. team $ strtwght endwght;
   CARDS;
1023 David Shaw   red 189 165
1049 Amelia Serrano   yellow 145 124
1219 Alan Nance   red 210 192
1246 Ravi Sinha   yellow 194 177
1078 Ashley McKnight   red 127 118
1221 Jim Brown   yellow 220 .
;
RUN;
PROC PRINT DATA=club2;
   TITLE 'Weight Club Members';
RUN;
```

CARDS문 다음에 오는 관찰값들의 칼럼이 일정하지 않은 경우에 jansales DATASET에서는 :(Colon)을 이용한 반면 club2 DATASET에서는 &(Ampersand)를 이용하여 관찰값을 읽는 방법이다.

공백이 1개 이상이면 관찰값과 관찰값을 분리하여 길이를 지정하는 경우에는 :을 사용하지만 관찰값내에 공백이 삽입되어 있는 경우에는 사용할 수 없다. 이렇게 관찰값 내에 공백이 있으면서 칼럼으로 일정하게 정렬이 되어있지 않아 시작 칼럼과 끝 칼럼을 지정할 수 없는 경우에 &를 사용한다. 즉 &는 2개 이상의 공백 전까지 하나의 값으로 인식한다.

INPUT문에서 살펴보면 name변수 뒤에 &가 아니라 :이 온다면 name변수의 첫 번째 관찰값은 David까지만 인식하게 된다. 그러나 &를 사용하므로 2개 이상의 공백 다음 값 전까지 읽으므로 관찰값이 David Shaw까지 들어가며 name변수는 문자변수로 18자리로 인식하게 된다.

CARDS문 다음에 제시되는 자료 표현에서 주의사항은 name변수 뒤에 &가 있으므로 칼럼을 지정하지 않았으므로 칼럼을 정렬하지 않아도 되나 바로 뒤에 오는 team변수의 값과 2개 이상의 공백이 있어야 한다. 만약 name변수의 값과 team변수의 값이 하나의 공백으로 구분된다면 team변수의 값을 name변수의 값으로 계속해서 읽게 되고 결국 변수에 매치되는 관찰값이 부족하여 오류가 발생한다.

```
                    Weight Club Members

OBS    idno    name                team      strtwght    endwght

 1     1023    David Shaw          red          189        165
 2     1049    Amelia Serrano      yellow       145        124
 3     1219    Alan Nance          red          210        192
 4     1246    Ravi Sinha          yellow       194        177
 5     1078    Ashley McKnight     red          127        118
 6     1221    Jim Brown           yellow       220          .
```

결과에서 보면 칼럼을 지정하지 않고도 공백을 포함하고 있는 name 변수의 관찰값들이 원하는 대로 출력된 것을 볼 수 있다. 또한 endwgt변수의 6번째 관찰값이 결측값인 것은 CARDS문 다음에 오는 자료에서 .으로 표시해 주어야 한다.

관찰값 읽기 8 – &(Ampersand)을 이용하여 관찰값 읽기(INPUT)

- &(Ampersand)는 관찰값 내에 1개 이하의 공백을 포함하는 경우에 시작칼럼과 칼럼을 지정하지 않고 관찰값을 읽을 때 사용된다(단 관찰값과 관찰값은 칼럼이 일정하지 않아도 되나 2개 이상의 공백으로 구분되어 있어야 한다).
- &는 2개 이상의 공백 다음에 오는 값 전까지 인식하는 것으로 &다음에 자릿수를 지정하면 공백까지 값을 읽은 후에 자릿수만큼 유효 자리로 인정한다.
- 관찰값보다 자릿수가 작은 경우에는 왼쪽부터 해당 자릿수만큼 관찰값으로 읽게 된다.

INPUT **변수명** & [**$자릿수.**] ;

3.7 INPUT문에서 @사용과 IF문

```
DATA redteam;
   INPUT team $ 13-18 @;
   IF team='red';
   INPUT idno 1-4 strtwght 20-23 endwght 24-26;
   CARDS;
1023 David  red         189 165
1049 Amelia yellow      145 124
1219 Alan   red 210 192
1246 Ravi   yellow      194 177
1078 Ashley red127 118
1221 Jim    yellow      220  .
;
RUN;
PROC PRINT DATA=redteam;
   TITLE 'Red Team';
RUN;
```

redteam DATASET에서 보여주는 것은 특정 변수의 특정 관찰값들만을 선택하는 방법으로 INPUT문에서 @를 사용하는 것과 IF문을 사용하는 방법에 대한 예제 프로그램으로 team변수의 값 중에서 'red'인 경우만을 선택한 것이다.

줄 포인터의 위치를 정지시키거나 이동을 보류하는 역할을 하는 것에는 @와 @@가 있는데 여기서는 @에 대해서만 설명을 하도록 한다.

@는 다른 INPUT문이 나올 때까지 기다리는 역할을 한다. 위에서 보면 13-18번째 칼럼에 있는 값을 문자변수 team으로 읽고 일단 다음 INPUT문이 나올 때까지 기다린다. 그 다음 IF문에 의해서 team변수의 값이 red인 것만 취하게 된다. 그리고 INPUT문이 나오면 그 다음에 지정된 변수의 칼럼에 맞추어 관찰값을 읽게 된다.

IF문은 여러 가지 형식이 있는데 여기서는 " IF 조건식; "의 형식으로 조건에 맞으면 참으로 인식하며, 참인 것만 선택하여 DATASET을 구성한다. 그러므로 거짓인 경우는 빠지게 된다. 즉 team변수의 값이 'yellow'인 것들은 거짓으로 인식하게 되므로 제외되고 red인 것만 취하여 생성된 DATASET인 redteam을 출력한 결과는 다음과 같다.

```
                Red Team

OBS    team    idno    strtwght    endwght

 1     red     1023      189         165
 2     red     1219      210         192
 3     red     1078      127         118
```

관찰값 읽기 9 – INPUT문에서 @사용하기

- 줄 포인터의 위치를 정지시키거나 이동을 보류하는 역할을 하는 것은 @와 @@가 있다.
- @는 다른 INPUT문이 나올 때까지 기다리는 역할을 한다.

INPUT **변수명[$ 칼럼 @]** ;

IF문의 형식1

- IF문은 제어문으로 실행의 흐름을 선택적으로 제어하는 기능을 한다.
- "IF 조건식"의 문장은 입력되는 관찰값중 조건식에 맞는 관찰값들만 선택하여 새로운 DATASET을 만드는데 사용된다.

IF **조건식** ; (= IF **반대조건식** THEN DELETE ;)

IF team = 'red'; (= IF team ^= 'red' THEN DELETE ;)

– team변수의 값이 red인 것만 선택하여 DATASET 형성.

3.8 INPUT문에서의 자릿수 지정하기

```
DATA club1;
   INPUT idno name $18. team $ 25-30 strtwght endwght;
   CARDS;
1023 David Shaw         red    189 165
1049 Amelia Serrano     yellow 145 124
1219 Alan Nance         red    210 192
1246 Ravi Sinha         yellow 194 177
1078 Ashley McKnight    red    127 118
```

```
1221 Jim Brown              yellow 220   .
;
RUN;
PROC PRINT DATA=club1;
   TITLE 'Weight Club Members';
RUN;
```

SAS DATASET club1에서는 INPUT문에서 관찰값의 자릿수를 지정하는 방법에 대한 것이다.

위에서 살펴보면 idno변수가 지정되고 문자변수로 name변수가 지정되는데 18.이 없는 경우에 공백 다음 관찰값전까지 읽으므로 David까지만 인식이 된다. 이를 방지하기 위해 앞에서는 name변수의 칼럼을 지정하여 변수 다음에 6-23라고 칼럼을 지정하였고 여기서는 18.이라고 지정하였다. 즉 시작칼럼과 끝칼럼을 지정하는 것과 해당하는 칼럼의 자릿수인 (끝칼럼-시작칼럼)+1를 지정하는 것과 같다. 즉 (23-6)+1=18이다. 이때 주의해야 할 점은 name변수의 자릿수가 20.으로 지정되었다면 위의 CARDS문 다음에 오는 관측값들의 25번째 칼럼까지를 인식하므로 name변수의 첫번째 관찰값이 "David Shaw   r"로 인식하게 되므로 자릿수 지정에 유의하여야 한다.

지금까지 사용된 INPUT문에 대한 설명을 요약하면 CARDS문 다음에 오는 관찰값들의 형식이 동일한 경우 다음은 동일한 출력결과를 얻는다.

```
INPUT idno name $18. team $ 25-30 strtwght endwght;
= INPUT idno name $18. team $ strtwght endwght;
= INPUT idno 1-4 name $6-23  team $ 25-30 strtwght endwght;
```

Weight Club Members

OBS	idno	name	team	strtwght	endwght
1	1023	David Shaw	red	189	165
2	1049	Amelia Serrano	yellow	145	124
3	1219	Alan Nance	red	210	192
4	1246	Ravi Sinha	yellow	194	177
5	1078	Ashley McKnight	red	127	118
6	1221	Jim Brown	yellow	220	.

출력결과는 앞에서와 동일한 것을 볼 수 있다.

관찰값 읽기 10 – INPUT문에서 자릿수 지정하기

- INPUT문에서 변수뒤에 시작칼럼과 종료칼럼을 지정하여 1개의 관찰값 내에 공백을 포함하여 읽는 경우와 마찬가지로 변수뒤에 자릿수를 지정하면 지정 자릿수만큼 공백을 포함하여 읽는다.

- 자릿수의 계산은 관찰값들의 (끝칼럼–시작칼럼)+1을 하면 된다.

  INPUT 변수명 [$ 자릿수.] ;
  INPUT test $5. test1 4. ;
  -> 문자변수 test는 5자리, 숫자변수 test1은 4자리로 인식됨

3.9 +를 이용한 포인터의 이동

```
DATA points;
   INPUT team $ 1-6 points 12-13 ;
    (= INPUT team $6. +5 points 2.;
     = INPUT team $ points; )
   CARDS;
red          59
blue         95
yellow63
green 76
;
PROC PRINT;
RUN;
```

Points DATASET을 만드는 경우에 대해 앞에서는 네가지 형식으로 프로그램하여 동일한 결과를 출력하였는데 프로그램을 살펴보면 INPUT문의 형식만 다르고 자료와 PROCEDURE는 동일하므로 이를 한꺼번에 살펴보도록 하자.

CARDS문 다음에 오는 자료를 살펴보면 1-6칼럼, 12-13칼럼에 자료가 위치하고 있음을 볼 수 있다. 이러한 경우에 앞에서 설명한 바와 같이 변수명 뒤에 해당 칼럼을 지정하여 사용할 수 있다. 즉 INPUT문에서 첫 번째에 해당하는 것과 같이 team

이라는 문자변수(변수명 뒤에 $) 뒤에 칼럼의 시작과 끝을 지정하면 된다.

두 번째 방법은 변수명 뒤에 그 관찰값이 차지하는 자릿수를 지정해주고 공백이 있는 경우 해당하는 칼럼만큼 오른쪽으로 포인터를 이동시켜 원하는 위치로 가게 하는 방법이다. INPUT문에서 살펴보면 team변수는 6자리를 지정한 후 +5를 하고 points변수는 2자리를 지정한 것을 볼 수 있다. +다음에 자릿수를 지정해주면 +다음에 오는 자릿수만큼을 오른쪽으로 포인터를 이동한다. 그러므로 프로그램에서 +5의 의미는 team변수를 읽으면 포인터가 7번째 칼럼을 가리키고, 5자리를 오른쪽으로 이동하므로 +5다음에 포인터의 위치는 12번째 칼럼을 가리키게 되고 points변수가 2자리로 지정되었으므로 12-13번째 칼럼을 읽게 된다.

세 번째는 SAS사용자들이 주로 이용하는 방법으로 관찰값과 관찰값 사이가 공백으로 구별되는 경우에 INPUT문 뒤에 변수명들을 나열하는 방법이다. 즉 INPUT문 다음에 team과 points변수를 써주면 된다.

```
                Weight Club Members

              OBS    team      points

               1     red         59
               2     blue        95
               3     yellow      63
               4     green       76
```

PROC PRINT의 결과에 의한 출력은 앞에서 어느 INPUT문을 사용하든지 같은 DATASET을 만들게 됨으로 출력된 결과는 세 가지 모두 동일하다.

관찰값 읽기 11 – +를 이용한 포인터의 이동

- INPUT문에서 +를 이용하여 포인터의 이동을 제어할 수 있다.
- "+자릿수"를 지정하면 현재 위치에서 해당 자릿수만큼 포인터의 위치를 오른쪽으로 이동시켜 주므로 특정 칼럼을 제외시킬 때에 주로 이용된다.

INPUT 변수명 [$ 자릿수.] [[+자릿수] 변수명 [$ 자릿수.]] ;

INPUT test $ 10. +2 test1 ;

– 문자변수 test의 관찰값을 10자리로 읽고 2자리 건너띄어서 (오른쪽으로 이동하여) test1변수의 관찰값을 읽는 형태

3.10 INPUT문에서 @@사용하기

```
DATA bodyfat;
   INPUT sex $ fatpct @@;
   CARDS;
m 13.3 f  22
m 22   f  23.2
m 16   m  12
;
PROC PRINT DATA=bodyfat;
   TITLE 'Results of Bodyfat Testing';
RUN;
```

Bodyfat DATASET을 만드는 것으로 INPUT문에서 변수는 sex와 fatpct로 두 개이고, CARDS문 다음에 오는 관찰값들은 sex변수에 해당되는 'm' 또는 'f' 와 fatpct변수에 해당하는 숫자값이 2번씩 반복되어 나열되어 있으며 INPUT문에서 @@표시가 있는 것이 지금까지와 다른 점이다.

@@표시는 앞에서 나온 @와 같이 포인터 제어기능을 한다. @는 INPUT문에 의해 제어되는 반면 @@는 관찰값에 의해 제어된다. 즉 @@는 한 줄에 존재하는 관찰값을 모두 읽을 때까지 포인터의 이동을 정지시키는 역할을 한다.

위의 프로그램에서 보면 INPUT문에서 @@가 사용되었으므로 먼저 sex, fatpct 변수에 m과 13.3이 할당되고 그 다음 관찰값으로 f와 22가 할당되며 계속해서 그 다음 행을 읽는다. 이렇게 생성된 DATASET을 출력한 결과는 다음 출력1과 같다.

위의 프로그램에서 나머지 부분은 동일하고 INPUT문만 다음과 같이 바꾸면 출력된 결과는 출력2와 같이 전혀 다르게 나타난다.

```
INPUT sex $ fatpct ;   또는   INPUT sex $ fatpct @ ;
```

출력2에서 보면 출력1의 관찰값중에서 1, 3, 5번째 관찰값만이 인식된 것을 볼 수 있다. 이는 @의 경우에는 INPUT문에서 제시된 방법에 따라 관찰값을 읽은 후에 제어가 다음 INPUT문으로 이동하므로 먼저 sex, fatpct 변수에 m과 13.3이 할당되고 그 다음 INPUT문이 없으므로 다시 다음 줄로 제어가 옮겨져 m과 22가 각각 할당된다. 즉 관찰값들중 첫 번째에 해당하는 값들만 인식하게 되므로 관찰값들이 입력되어 있는 양상에 따라서 INPUT문을 적절하게 사용해야 한다.

출력1

```
        Results of Bodyfat Testing

          OBS    sex    fatpct

           1      m      13.3
           2      f      22.0
           3      m      22.0
           4      f      23.2
           5      m      16.0
           6      m      12.0
```

출력2

```
        Results of Bodyfat Testing

          OBS    sex    fatpct

           1      m      13.3
           2      m      22.0
           3      m      16.0
```

관찰값 읽기 12 – NPUT문에서 @@사용하기

- INPUT문에서 @@를 이용하여 줄포인터의 이동을 제어할 수 있다.
- @@는 한 줄에 존재하는 관찰값들을 전부 읽을 때 까지 줄포인터의 이동을 보류하는 역할을 한다. 입력되는 변수의 수가 적은 경우(해당 변수에 관찰값의 길이가 짧은 경우)에 INPUT문에서 제시된 변수의 수보다 더 많이 나열할 때 유용하다.

INPUT **변수명 [[$] 변수명 [$] …] @@ ;**

3.11 여러 개의 INPUT문 사용하기

```
DATA club2;
   INPUT idno 1-4;
   INPUT;
   INPUT strtwght 1-3 endwght 5-7;
   CARDS;
1023 David Shaw
```

```
red
189 165
1049 Amelia Serrano
yellow
145 124
        ...
1078 Ashley McKnight
red
127 118
1221 Jim Brown
yellow
220   .
;
PROC PRINT DATA=club2;
   TITLE 'Beginning and Ending Weights';
RUN;
```

Club2 DATASET을 형성하는데 하나의 OBS(또는 레코드)이 여러 줄에 입력되어 있는 자료에 대해 여러 개의 INPUT문을 동시에 사용하는 방법이다.

자료가 첫 번째 행에 idno, name, 두 번째 행에 team, 세 번째 행에 strtwght, endwght의 변수값으로 구성되어 있는 경우에 첫 번째 INPUT문에서 idno변수의 관찰값을 1행의 1-4번째 칼럼에서 읽고 ;을 지나면서 2행으로 제어가 넘어가고, 두 번째 INPUT문에서 ;을 넘어가며 3행으로 제어가 넘어가며 세 번째 INPUT문에서 strtwght변수를 1-3번째 칼럼, endwght변수를 5-7번째 칼럼을 읽게 된다. 이와 같은 방법으로 4-6행, 7-9행, …등으로 모든 자료를 읽게 된다. 즉 INPUT문의 끝인 ;을 지나면서 줄 포인터가 다음 행으로 이동되는 성질을 이용한 것이라고 할 수 있다.

```
              Beginning and Ending Weights

         OBS    idno    strtwght    endwght

          1     1023      189         165
          2     1049      145         124
          3     1219      210         192
          4     1246      194         177
          5     1078      127         118
          6     1221      220           .
```

위의 결과는 PRINT PROCEDURE에서 변수를 지정해주지 않았으므로 club2 DATASET 전체에 해당하는 것이다. 이는 CARDS문 다음에 오는 관찰값들은 여러 가지가 있으나 INPUT문에서 idno, strtwght, endwght변수만을 읽었으므로 club2 DATASET에는 3개의 변수, 6개의 OBS(observation)만이 인식된 것이다.

관찰값 읽기 12 – 하나의 OBS가 여러 행에 입력되어 있는 자료읽기(여러 개의 INPUT문 사용하기)

- 하나의 OBS(또는 레코드)이 여러 줄에 입력되어 있는 자료에 대해 하나의 DATASET을 만들기 위해 여러 개의 INPUT문을 사용하여 변수에 대응시킬 수 있다.
- INPUT문의 끝인 ;을 지나면서 줄 포인터는 다음 행으로 옮겨진다. 그러므로 하나의 DATASET을 형성할 때에 하나의 OBS에 해당하는 행만큼 INPUT문을 사용할 수 있다.

3.12 INPUT문에서 SLASH(/) 사용하기

```
DATA club2;
   INPUT idno 1-4 / / strtwght 1-3 endwght 5-7;
   CARDS;
1023 David Shaw
red
189 165
1049 Amelia Serrano
yellow
145 124
         ...
1221 Jim Brown
yellow
220   .
;
PROC PRINT DATA=club2;
   TITLE 'Beginning and Ending Weights';
RUN;
```

앞에서와 동일하게 club2 DATASET을 형성하는데 하나의 OBS(또는 레코드)이 여러 줄에 입력되어 있는 자료에 대해서 하나의 INPUT문을 사용하여 관찰값들을 읽는 방법이다. 앞에서는 INPUT의 끝인 ;을 지나면서 줄 포인터를 그 다음으로 이동시키는 방법으로 필요한 줄만큼 INPUT문을 사용하였다. 여기에서는 줄 포인터를 옮기는 기능을 INPUT문 대신에 /(slash)를 이용하는 방법이다.

/는 줄 포인터를 현재 행에서 다음 행의 처음으로 옮기는 기능을 한다. INPUT문에서 살펴보면 idno변수를 1행의 1-4째 칼럼을 읽고 /가 나오므로 2번째 행으로 포인터가 이동되고, 그 다음 /를 인식하면 3번째 행으로 줄포인터가 이동된다. 3번째 행에서 strtwght변수를 1-3째 칼럼, endwght변수를 5-7번째 칼럼으로 인식되며 ;을 만나면 4번째 행으로 포인터가 이동된다. 즉 idno변수에 1023이 인식되고, 줄 포인터는 1번째 행에 위치하다가 //에 의해서 줄 포인터가 3번째 행으로 이동하여 strtwght변수에 189, endwght변수에 165가 들어가게 되고 이와같은 방법으로 마지막 OBS까지 읽게 된다.

```
             Beginning and Ending Weights

        OBS     idno     strtwght     endwght

         1      1023        189          165
         2      1049        145          124
         3      1219        210          192
         4      1246        194          177
         5      1078        127          118
         6      1221        220            .
```

출력된 결과는 앞에서와 같게 나타남을 볼 수 있다.

관찰값 읽기 13 – 하나의 OBS가 여러 행에 입력되어 있는 자료읽기 (INPUT문에서 / 사용하기)

- 하나의 OBS(또는 레코드)이 여러 줄에 입력되어 있는 자료에 대해 하나의 DATASET을 만들기 위해 /(slash)를 사용할 수 있다.
- 줄 포인터의 위치를 제어하는 것 중 하나인 /는 현재 행에서 바로 다음 행의 처음으로 옮기는 기능을 한다.

```
INPUT   test1 /// test2 ;
```

– 첫번째 행에서 test1변수의 관찰값을 읽고 줄 포인터를 4번째 행으로 이동하여 test2 변수의 관찰값을 읽는다.

3.13 줄 포인터 # 사용하기

```
DATA club2;
   INPUT #2 team $ 1-6 #1 name $ 6-23 idno 1-4
         #3 strtwght 1-3 endwght 5-7;
   CARDS;
1023 David Shaw
red
189 165
1049 Amelia Serrano
yellow
145 124
       ...
1221 Jim Brown
yellow
220    .
;
PROC PRINT DATA=club2;
   TITLE 'Fitness Center Weight Club';
run;
```

앞에서와 비슷하게 club2 DATASET을 형성하는데 하나의 OBS(또는 레코드)이 여러 줄에 입력되어 있는 자료에 대해서 하나의 INPUT문에서 줄 포인터인 #(pound sign)을 사용하여 특정 줄을 지정하여 원하는 관찰값들을 읽는 방법이다.

줄 포인터인 #은 입력되는 현재 행의 위치에서 # 다음에 오는 숫자의 행으로 이동시키는 역할을 한다.

INPUT문에서 살펴보면 #2이므로 줄포인터가 먼저 2번째 행으로 가서 1-6번째 칼럼을 문자변수 team으로 읽고, #1이므로 다시 1행으로 가서 문자변수 name을 6-23번째 칼럼, idno변수는 1-4번째 칼럼을 읽는다. 다시 #3이므로 줄포인터가 3번째 행으로 이동하여 1-3번재 칼럼은 strtwght변수에 5-7번째 칼럼은 endwght 변수에 넣는다. 이와 같은 방법이 자료 끝인 ; 전까지 반복된다. 즉 2번째 행에서 team변수에 red를 읽고, 줄포인터가 1행으로 이동하여 6-23번째 칼럼에 해당하는 David Shaw를 읽고 1-4번째 칼럼에 해당하는 1023을 읽는다. 줄 포인터를 3행으로 이동하여 strtwght변수에 189, endwght변수에 165가 입력되고, 이와같은 방법으로 계속 자료의 끝까지 입력된다.

```
                    Fitness Center Weight Club

OBS    team      name                idno    strtwght    endwght

 1     red       David Shaw          1023      189         165
 2     yellow    Amelia Serrano      1049      145         124
 3     red       Alan Nance          1219      210         192
 4     yellow    Ravi Sinha          1246      194         177
 5     red       Ashley McKnight     1078      127         118
 6     yellow    Jim Brown           1221      220          .
```

출력된 결과를 살펴보면 PRINT에서 변수지정을 하지 않았으므로 club2 DATASET에 있는 변수들을 출력하는데 INPUT문에서 지정된 순서대로 출력되는 것을 볼 수 있다. 즉 team, name, idno, strtwght, endwght 변수의 순으로 출력된 것을 볼 수 있다.

관찰값 읽기 14 – 하나의 OBS가 여러 행에 입력되어 있는 자료읽기(줄 포인터 # 사용하기)

- 하나의 OBS(또는 레코드)이 여러 줄에 입력되어 있는 자료를 입력하는 방법으로 줄 포인터인 #을 사용할 수 있다.
- 줄 포인터인 #n은 # 다음에 오는 숫자(n)에 해당하는 행으로 이동하는 역할을 한다.

#숫자

– 숫자에 해당하는 줄로 이동한다.

INPUT test1 #2 test2 ;

– 첫번째 행에서 test1변수의 관찰값을 읽고 줄 포인터를 2번째 행으로 이동하여 test2 변수의 관찰값을 읽는다.

3. 14 칼럼 포인터 @ 사용하기와 LABLE문 사용하기

```
DATA nasa;
   INPUT YEAR 4. @7 TOTAL comma6.
         @15 PTOTAL comma6. @20 PFLIGHT comma6.
         @28 PSCIENCE comma6. @37 PAIRTRAN comma6.
         @43 FTOTAL comma6. @49 FFLIGHT comma6.
```

```
        @58 FSCIENCE comma6. @64 FAIRTRAN comma6.;
    LABEL    total='Total Outlays'
        ptotal='Performance: Total'
        pflight='Performance: Space Flight'
        pscience='Performance: Space Science Applications'
        pairtran='Performance: Air Transport and Other'
        ftotal='Facilities: Total'
        fflight='Facilities: Space Flight'
        fscience='Facilities: Space Science Applications'
        fairtran='Facilities: Air Transport and Other' ;
CARDS;
1966  5,933  5,361 3,819  1,120   422   572   391      63   118
1967  5,426  5,137 3,477  1,160   500   289   172      47    70
                      … (<-SAS에서 허용안됨. 프로그램 나열상 사용)
1984  7,048  6,856 4,037  1,667 1,152   192    44      20   128
1985  7,251  7,004 3,852  1,834 1,318   247    70      23   154
1986  7,404  7,105 3,787  2,101 1,317   299   107      26   166
;
```

위 프로그램은 nasa DATASET을 만드는데 INPUT문에서 시작과 끝 칼럼을 지정하는 대신 칼럼 포인터인 @를 사용하는 것이다. 앞에서 @단독으로 쓰일 경우에는 또 다른 INPUT문이 나오기를 기다리는 역할을 했었는데 @칼럼번호를 하면 해당 칼럼으로 포인터를 옮겨 기다리는 역할을 한다.

INPUT문에서 보면 YEAR변수의 값을 4자리로 읽고 @7이므로 7번째 칼럼으로 포인터를 이동한 후 TOTAL변수의 값을 ,를 포함하여 6자리로 읽는다. 다시 15번째 칼럼으로 이동하여 PTOTAL변수의 값을 ,를 포함하여 6자리로 읽고, 계속 PFLIGHT, PSCIENCE, PAIRTRAN, FTOTAL, FFLIGHT, FSCIENCE변수를 읽고 마지막으로 64칼럼으로 포인터를 이동하여 FAIRTRAN변수에 ,를 포함하여 6자리로 값을 읽는다.

이것을 CARDS문 다음에 오는 자료를 가지고 직접 설명하면 먼저 year변수에 관찰값 1966을 읽고 포인터를 7칼럼으로 옮긴 다음 total변수에 5,933이 입력되고 15번째 칼럼으로 포인터를 옮긴 후 pflight변수에 5,361가 입력되고 이와 같은 방법으로 마지막에 64번째 칼럼으로 포인터를 이동하고 fairtran변수에 118이 입력되고, 이는 1986년 자료까지 반복된다.

위에서는 결측값이 있는 경우에 .으로 표시를 했지만 칼럼 포인터를 지정하여 사용하는 경우에 빈 칸으로 두어도 결측값로 인식한다. 즉 1983년도 자료에서 위의 INPUT문 형식으로 읽는 경우에 .이 있는 경우나 없는 경우가 동일하다.

LABEL문은 변수에 대한 설명을 붙이고자 할 때 사용되며 변수명='내용'으로 사용하면 된다. 이렇게 하면 PROCEDURE 다음에 사용되는 변수가 변수명 대신에 '내용'으로 출력된다. LABEL문이 유용한 이유는 변수명은 8자까지밖에 사용할 수 없고 LABEL문을 이용하면 최대 40자(한글 20자)까지 가능하므로 변수에 대한 상세한 설명을 붙일 수 있기 때문이다. 즉 total변수의 내용은 'Total Outlays'이고, ptotal변수의 내용은 'Performance: Total'인 것을 나타낸다.

관찰값 읽기 15 – 칼럼 포인터 @ 사용하기

- INPUT문에서 시작칼럼과 끝칼럼을 지정하는 방법 대신 @칼럼번호의 형식으로 칼럼포인터를 사용할 수 있다.
- @칼럼번호를 지정하면 @다음에 해당하는 숫자의 칼럼으로 포인터가 이동한다.

INPUT **변수명 @칼럼번호 변수명 ;**
- 해당칼럼으로 포인터를 이동한다.

INPUT test1 2. @5 test2 5. ;
- 첫 번째 관찰값은 2자리로 test1변수에 입력되고 5번째 칼럼으로 포인터를 이 동하여 5자리로 즉, 5-9번째 칼럼을 test2변수의 관찰값으로 읽는다.

3.15 PROC CONTENTS의 형식

```
PROC CONTENTS DATA=nasa;
RUN;
```

CONTENTS PROCEDURE는 SAS DATASET의 제반 정보를 보는데 이용된다. 즉 DATASET의 변수에 대한 정보, 관찰값의 수, 생성일시 등 여러 가지 사항을 살펴 볼 수 있다. 사용 방법은 위의 프로그램에서 보는 바와 같이 PROC CONTENTS 뒤에 SAS DATASET명을 써 주면 되므로 nasa DATASET의 정보를 보려면 DATA=nasa로 지정하면 된다.

PROC CONTENTS의 형식

- CONTENTS PROCEDURE는 SAS dataset의 정보 즉 변수와 자료들의 특성을 보는데 이용된다.

PROC CONTENTS DATA=dataset명 ; RUN;.

LABLE문 사용하기

- LABLE문은 변수에 대한 설명을 붙이고자 할 때 사용되며 변수명='내용'으로 사용하면 PROCEDURE 다음에 사용되는 변수가 변수명 대신에 '내용'으로 출력된다.
- LABEL문의 내용은 공백을 포함하여 최대 40자(한글 20자)까지 가능하므로 변수에 대한 상세한 설명을 붙일 수 있다.

LABEL **변수명='내용' 변수명='내용'** ;

```
                         CONTENTS 프로시저

데이터셋 이름   WORK.NASA                               관측치          21
멤버 유형       DATA                                    변수            10
엔진            V9                                      인덱스          0
생성일          2007년 12월 25일 화 오후 10시13분30초   관측치 길이     80
마지막 수정일   2007년 12월 25일 화 오후 10시13분30초   삭제된 관측치   0
보호                                                    압축여부        NO
데이터셋 유형                                           정렬            NO
라벨
데이터 표현     WINDOWS_32
엔코딩          euc-kr  Korean (EUC)

                        엔진/호스트 관련 정보

    데이터셋 페이지 크기                8192
    데이터셋 페이지 번호                1
    첫 번째 데이터 페이지               1
    페이지 당 최대 관측치 수            101
    첫 번째 데이터 페이지의 관측치 수   21
    데이터셋 수리의 번호                0
    파일 이름                           E:₩temp₩_TD3800₩nasa.sas7bdat
    생성된 릴리즈                       9.0101M3
    생성된 호스트                       XP_PRO
```

변수와 속성 리스트(오름차순)

#	변수	유형	길이	라벨
10	FAIRTRAN	수치	8	Facilities: Air Transport and Other
8	FFLIGHT	수치	8	Facilities: Space Flight
9	FSCIENCE	수치	8	Facilities: Space Science Applications
7	FTOTAL	수치	8	Facilities: Total
6	PAIRTRAN	수치	8	Performance: Air Transport and Other
4	PFLIGHT	수치	8	Performance: Space Flight
5	PSCIENCE	수치	8	Performance: Space Science Applications
3	PTOTAL	수치	8	Performance: Total
2	TOTAL	수치	8	Total Outlays
1	YEAR	수치	8	

출력된 결과를 살펴보면 nasa DATASET이 생성된 일시, 사용된 SAS의 버전, 변수의 수, 자료의 수 등과 변수명, 변수의 유형(위에서는 모두 숫자변수이므로 TYPE이 Num으로 나타남)이 나타나고, 각 관찰값의 해당 시작 칼럼, label명 등의 정보가 나타난다. # 아래에 오는 번호는 INPUT문에서 나열된 순서이고, Variable명은 알파벳 순서로 정렬되어 있고 출력되는 결과는 Variable명으로 정렬된 순서대로 나온다.

제4장 FILE 읽기

SAS DATA STEP SAS DATA STEP SAS DATA STEP SAS DATA STEP SAS DATA STEP

4.1 FILENAME, INFILE

```
club.txt 파일의 내용

red David 1023 189 165
yellow Amelia 1049 145 124
```

```
filename outfile 'c:₩test₩club.txt';
DATA club3;
      INFILE outfile;
      INPUT team_num $ name $ idno strtwght endwght ;
RUN;
PROC PRINT DATA=club3;
   TITLE 'Fitness Center Weight Club in outer file';
run;
```

외부파일은 여러 가지 형태로 되어있는 경우가 많은데, 몇 가지 읽는 법을 살펴보자. 위 프로그램은 club.txt 파일을 읽는 프로그램이다. 자세히 살펴보아야 할 부분은 크게 두 부분이다.

첫 번째는 filename 부분인데 외부파일의 경로의 설정과 링크 될 이름 등을 설정하는 것을 주요 목적으로 하는 부분이다. 'c:₩test₩club.txt'에 있는 파일을 outfile 이름이라는 링크명을 사용하여 읽기를 시도하게 된다.

두 번째는 INFILE 부분인데 외부파일의 링크명을 직접 엑세스하여 INPUT문과 연결시켜주는 역할을 하게 된다.

위의 두 가지를 활용하면 여러 형태의 파일을 모두 읽을 수 있게 되는 것이다.

외부파일 읽기

```
FILENAME 링크명 '파일경로';
DATA dataset_name;
INFILE 링크명;
INPUT ... ;
```

```
              Fitness Center Weight Club in outer file

OBS     team_num       name      idno     strtwght     endwght

 1       red          David      1023       189          165
 2       yellow       Amelia     1049       145          124
```

위 결과는 외부파일인 CLUB.TXT 파일을 CLUB3이라는 SAS DATA SET으로 읽은 결과를 출력한 것이다. 이 방법은 실무에서도 가장 많이 쓰이며, SAS 어느 정도 다룰 수 있는 사람은 모두 사용하고 있다고 해도 과장이 아닐 듯 하다. 그러면 INFILE의 옵션들에 대해 알아보자.

DELIMITER= or dlm=	구분자를 선택
DSD (delimiter-sensitive data)	구분자가 두 개 연속으로 있을 때 사용
FIRSTOBS=record-number	첫 번째 행의 선택
LRECL=logical-record-length	레코드의 길이 설정
MISSOVER	MISSING값의 SKIP
OBS=record-number | MAX	관측치의 개수 설정

dlm 옵션은 사용자가 구분자를 사용할 때 쓰인다. 변수와 변수 사이에 구분자를 | , . ? 등등 특수문자를 사용하여 만든 파일을 읽을 때 주로 쓰인다. DSD 옵션은 구분자가 연속으로 두 개 사용되었을 때 사용되며, FIRSTOBS 옵션은 파일의 첫 부분에 변수명 또는 사용자의 코멘트가 붙어있을 때 데이터의 시작을 알려주는데 사용된다. LRECL옵션은 레코드의 최대 길이를 설정할 때 쓰이며, MISSOVER 옵션은 결측치가 있을 때 사용된다. OBS 옵션은 행의 최대 개수를 설정할 때 쓰인다.

파일의 상위 첫 행에 변수명이 있고 두 번째 행부터 100번째 행까지 MISSING값이 있는 경우에 INFILE 옵션은 FIRSTOBS=2 OBS=101 MISSOVER 가 되겠다.

OBS옵션값이 101이 되는 이유는 데이터의 첫 번째 행이 파일의 두 번째 행이 되기 때문이다.

4.2 IMPORT WIZARD를 활용한 FILE 읽기

SAS는 기본적으로 외부파일을 읽는 방법이 있는데 IMPORT WIZARD를 활용하는 방법이 그것이다.

SAS의 상위 메뉴에서 '파일 → 데이터 가져오기'를 누르면 IMPORT WIZARD가 실행된다.

이 IMPORT WIZARD를 이용하면 다양한 종류의 파일을 클릭 몇 번으로 쉽게 읽을 수 있다.

CLUB2.TXT 파일은 구분자가 Tab으로 되어있는 TXT 파일이다. 이 파일을 읽어보자.

```
club2.txt 파일의 내용

red         David   1023    189     165
yellow      Amelia  1049    145     124
```

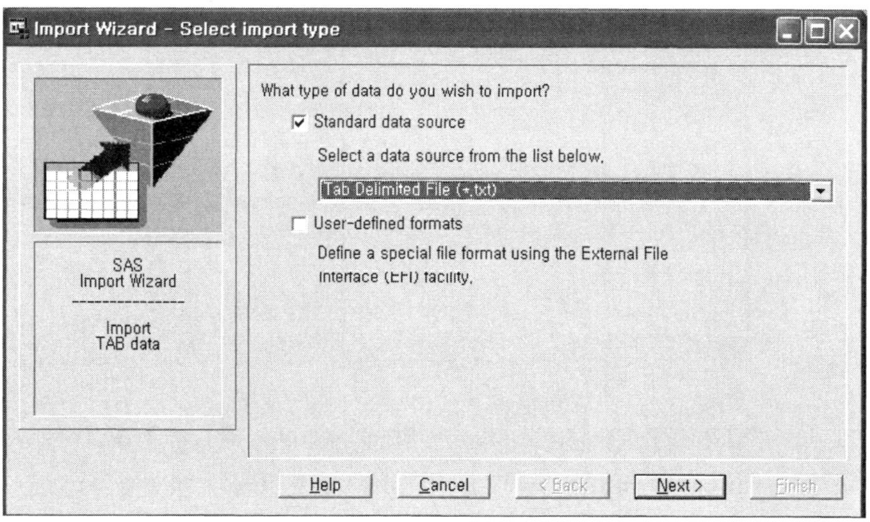

IMPORT WIZARD에서 Data Source를 Tab Delimited File(*.txt)로 설정하고 다

음을 누르면

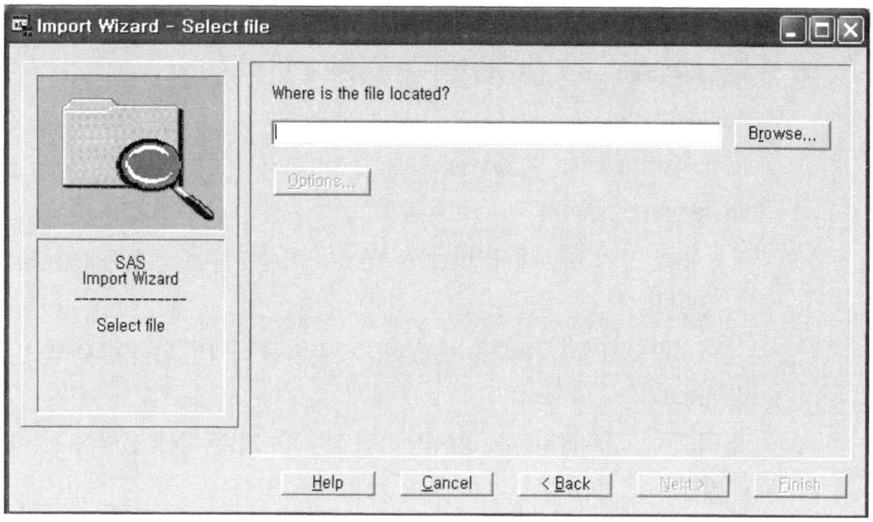

파일의 위치를 지정하는 메뉴가 뜬다. 파일의 위치를 지정하고 옵션을 누르면

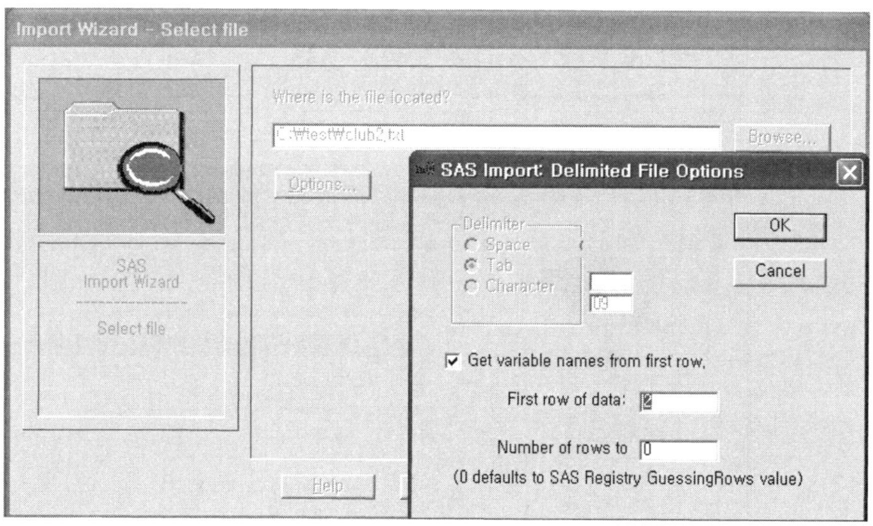

위와 같은 옵션창이 뜬다. 첫 행에 변수명이 있는것이 아니므로 Get variable names from first row. 옵션을 끄고 OK를 눌러 옵션 설정을 마치고 다음으로 넘어가겠다.

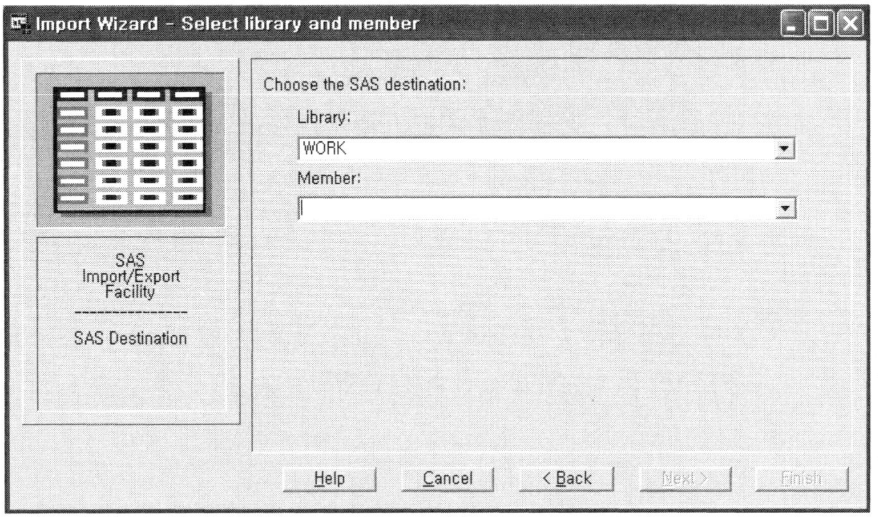

읽어들인 CLUB2.TXT 파일을 저장할 SAS-DATA-SET의 이름을 정하는 메뉴가 나타난다. CLUB4라 칭하고 다음으로 넘어가겠다.

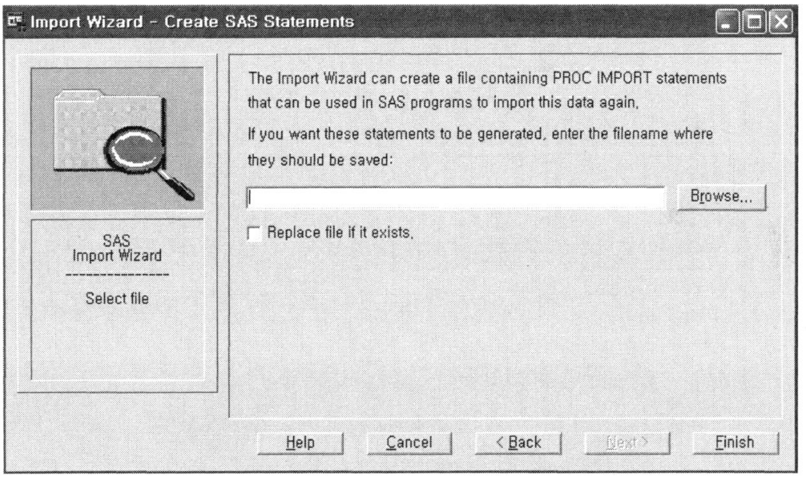

지금까지 설정한 내용을 SAS 파일로 저장하겠는지 물어보는 메뉴가 나타난다. 어떤 내용이 있는지 살펴보기 위해 저장하고 Finish를 클릭하겠다.

```
PROC IMPORT OUT= WORK.CLUB4
            DATAFILE= "C:₩test₩club2.txt"
            DBMS=TAB REPLACE;
     GETNAMES=NO;
     DATAROW=1;
RUN;
```

위와 같은 SAS 프로그램이 저장되었다. IMPORT WIZARD는 PROC IMPORT를 활용한 것임을 알 수 있다. 또한 LOG창에 보면

```
/**********************************************************************
*   PRODUCT:   SAS
*   VERSION:   9.1
*   CREATOR:   External File Interface
*   DATE:      28DEC07
*   DESC:      Generated SAS Datastep Code
*   TEMPLATE SOURCE:  (None Specified.)
***********************************************************************/
   data WORK.club4                                  ;
   %let _EFIERR_ = 0; /* set the ERROR detection macro variable */
   infile 'C:₩test₩club2.txt' delimiter='09'x MISSOVER DSD lrecl=32767 ;
      informat VAR1 $7. ;
      informat VAR2 $7. ;
      informat VAR3 best32. ;
      informat VAR4 best32. ;
      informat VAR5 best32. ;
      format VAR1 $7. ;
      format VAR2 $7. ;
      format VAR3 best12. ;
      format VAR4 best12. ;
      format VAR5 best12. ;
   input
               VAR1 $
               VAR2 $
               VAR3
               VAR4
               VAR5
   ;
   if _ERROR_ then call symputx('_EFIERR_',1);  /* set ERROR detection macro variable */
   run;

NOTE: The infile 'C:₩test₩club2.txt' is:
      파일 이름=C:₩test₩club2.txt,
      RECFM=V,LRECL=32767

NOTE: 2 records were read from the infile 'C:₩test₩club2.txt'.
      최소 레코드 길이는 22입니다.
      최대 레코드 길이는 26입니다.
NOTE: 데이터셋 'WORK.CLUB4'은(는) 2개 관측치, 5개 변수를 가지고 있습니다.
NOTE: DATA 문장 실행:
      실행 시간           0.17 초
      cpu 시간            0.11 초
```

위와 같은 프로그램이 실행된 것을 알 수 있다.

한 개의 파일을 읽는 방법이 이처럼 여러 가지가 있는 것이므로, 각자 쉬운 방법으로 읽으면 될 것이다.

4.3 여러 개의 파일을 한 번에 읽기

현업에서 일을 하다 보면 동일한 포맷의 파일을 적게는 수 개에서 수십, 수백 개를 읽어서 작업을 해야 하는 경우가 있다. 이런 상황에서 4.1~2절에서 본 것처럼 하다가는 실수로 인하여 파일을 모두 읽지 못하는 경우가 종종 발생한다. 이런 상황에서 활용 가능한 방법을 하나 제시하고자 한다.

CLUB1.TXT 파일

```
red      David    1023   189   165
yellow   Amelia   1049   145   124
```

CLUB2.TXT 파일

```
green    Andrew   1021   173   180
blue     john     1040   154   140
```

CLUB3.TXT 파일

```
pink     kim      145    100   180
gray     lee      198    90    109
```

CLUB4.TXT 파일

```
black    Tom      2150   852   780
white    Kal      2090   480   500
```

위의 4개의 파일을 한번에 CLUB이라는 SAS DATA SET으로 만들어 보자. (4개의 파일은 모두c:₩test 폴더에 들어있는 것으로 프로그램 하였다.)

```
filename file pipe 'dir c:₩test₩*.* /b';
data club;
        infile file truncover;
        input fname $9.;
        alllen='c:₩test₩'||fname;
        infile dummy filevar=alllen end=done truncover dlm='09'x;
        do while(not done);
                INPUT team_num $ name $ idno strtwght endwght ;
                output;
        end;
run;
proc print data=club;
run;
```

위의 프로그램을 실행 시키면 club1.txt~club4.txt 파일 4개가 모두 합쳐져서 club SAS DATA SET으로 합쳐진 것을 볼 수 있다.

SAS 시스템

OBS	fname	team_num	name	idno	strtwght	endwght
1	club1.txt	red	David	1023	189	165
2	club1.txt	yellow	Amelia	1049	145	124
3	club2.txt	green	Andrew	1021	173	180
4	club2.txt	blue	john	1040	154	140
5	club3.txt	pink	kim	145	100	180
6	club3.txt	gray	lee	198	90	109
7	club4.txt	black	Tom	2150	852	780
8	club4.txt	white	Kal	2090	480	500

각 파일의 이름이 fname에 입력되어있으며, 각 파일의 내용 또한 잘 읽힌 것을 확인 할 수 있다. 모든 프로그램이 그렇듯 '이런 경우에는 이런 프로그램'이라고 정해진 것은 없으나, 이런 방법이 있다는 것을 아는 사람과 모르는 사람의 프로그래밍 속도의 차이는 클 수 있다는 생각에서 제시하게 되었다.

제 2 부

Data Handling

제5장 Proc Sort를 활용한 자료의 정렬

5.1 하나의 변수에 의한 관찰값의 정렬

```
DATA type;
   INPUT country $ 1-11 tourtype $ 13-24 nights landcost vendor $;
CARDS;
Spain          architecture    10    510    World
Japan          architecture     8    720    Express
Switzerland    scenery          9    734    World
France         architecture     8    575    World
Ireland        scenery          7    558    Express
New Zealand    scenery         16    1489   Southsea
Italy          architecture     8    468    Express
Greece         scenery         12    698    Express
;
RUN;
PROC PRINT DATA=type;
   TITLE 'Data Set TYPE';
RUN;
```

Type DATASET은 country, tourtype, nights, landcost, vendor변수로 형성되며, 8개의 관찰값을 가지고 있다.

```
PROC SORT DATA=type OUT=type2;
   BY tourtype;
RUN;
PROC PRINT DATA=type2;
   VAR tourtype country nights landcost vendor;
   TITLE 'The Simplest Sort--One Variable, Default Order of Groups';
RUN;
```

위의 프로그램은 SORT PROCEDURE를 사용하여 하나의 변수에 의해 올림차순으로 정렬을 하는 것이다. 위에서 보면 정렬하는 DATASET은 DATA=다음에 쓰면 되고 정렬된 결과를 DATASET으로 받을 경우 OUT=다음에 쓰면 되고, BY 다음에 정렬기준이 되는 변수를 쓰면 된다. 즉 type DATASET을 이용하여 tourtype변수에 의해 올림차순으로 정렬되어 type2 DATASET을 형성하게 된다. SORT PROCEDURE의 경우에는 생성된 결과가 바로 출력되지 않고 다른 PROCEDURE를 이용해야만 가능하다. 위에서는 정렬된 결과를 PRINT PROCEDURE를 이용하여 생성된 결과를 보는 것이다.

```
                          Data Set TYPE

OBS   country        tourtype        nights   landcost   vendor

 1    Spain          architecture      10        510     World
 2    Japan          architecture       8        720     Express
 3    Switzerland    scenery            9        734     World
 4    France         architecture       8        575     World
 5    Ireland        scenery            7        558     Express
 6    New Zealand    scenery           16       1489     Southsea
 7    Italy          architecture       8        468     Express
 8    Greece         scenery           12        698     Express
```

위의 결과는 type DATASET을 출력한 것이다.

```
     The Simplest Sort--One Variable, Default Order of Groups

OBS   tourtype        country        nights   landcost   vendor

 1    architecture    Spain            10        510     World
 2    architecture    Japan             8        720     Express
 3    architecture    France            8        575     World
 4    architecture    Italy             8        468     Express
 5    scenery         Switzerland       9        734     World
 6    scenery         Ireland           7        558     Express
 7    scenery         New Zealand      16       1489     Southsea
 8    scenery         Greece           12        698     Express
```

위의 결과는 tourtype변수에 의해 올림차순으로 정렬되어진 것을 output 1과 비교하여 보면 알 수 있다. 정렬된 양상을 보면 하나의 변수값에 의해 정렬이 된 경우에 같은 값을 가질 경우 원래 관찰값의 순서를 유지하고 있는 것을 볼 수 있다. 즉 1, 2번째 관찰값의 경우 tourtype변수의 값을 동일한 'architecture'이고 이에 이해 정렬될 수 없으므로 type DATASET의 순서대로 정렬이 되므로 그대로 1, 2번째 관찰값의 위치에 있다.

5.2 여러 개의 변수에 의한 관찰값의 정렬

```
PROC SORT DATA=type OUT=type3;
 BY tourtype vendor landcost;
RUN;

PROC PRINT DATA=type3;
 VAR tourtype vendor landcost country nights;
 TITLE 'Observations Grouped by Type of Tour, Vendor, and Price';
RUN;
```

위의 프로그램은 여러 개의 변수값에 의해 관찰값들을 정렬시키는 것으로 SORT PROCEDURE를 이용하였다. SORT의 경우 정렬하고자 하는 변수가 숫자인 경우에는 결측값, 음수, 0, 양수의 순으로 정렬이 되고, 역으로 정렬하고자 할 경우 DESCENDING을 사용하면 된다. 위의 경우는 type DATASET을 이용하여 tourtype, vendor, landcost변수에 의해 정렬하여 type3 DATASET을 생성하는 것이다. 그러므로 type3 DATASET은 BY문 다음에 오는 변수의 순서대로 정렬되므로 먼저 tourtype변수에 의해 올림차순으로 정렬이 되고, tourtype변수값이 동일한 관찰값이 존재할 경우에 vendor변수에 의해 올림차순으로 정렬이 되고, 마지막으로 vender 변수값이 동일한 관찰값이 있는 경우에 landcost변수에 의해 올림차순으로 정렬된다. 만약에 정렬을 시키는 변수들 중 tourtype, vender변수값이 동일한 것이 한 개 이상 존재하지 않는 경우에는 BY tourtype;이라고 사용하는 것이나 BY tourtype vendor landcost;의 결과나 동일하다.

PROC SORT 다음에 DATA문을 생략하면 바로 전에 생성된 DATASET을 이용하여 정렬하고, OUT문을 생략하면 정렬된 결과가 정렬되기 전의 DATASET에 저장이 된다.

```
        Observations Grouped by Type of Tour, VenDOr, and Price

 OBS   tourtype       vendor      landcost   country        nights

  1    architecture   Express       468      Italy             8
  2    architecture   Express       720      Japan             8
  3    architecture   World         510      Spain            10
  4    architecture   World         575      France            8
  5    scenery        Express       558      Ireland           7
  6    scenery        Express       698      Greece           12
  7    scenery        Southsea     1489      New Zealand      16
  8    scenery        World         734      Switzerland       9
```

위에서 출력된 결과를 보면 PRINT PROCEDURE에서 VAR tourtype vendor landcost country nights;라고 하였으므로 변수의 순서가 원래 DATASET에서 바뀌어진 것이다. 위에서 정렬된 양상을 보면 tourtype변수에 의해 architecture, scenery로 정렬된 것을 볼 수 있다. 그리고 tourtype변수에 의해 고정된 상태(같은 값을 가지는 경우에만)에서 vendor변수 값에 의해 정렬되고, landcost변수에 의해 정렬된 것을 볼 수 있다. 즉 여러 변수에 의해 정렬을 할 경우 먼저 사용된 변수에 의해 정렬된 후에 동일한 값을 가지는 경우에만 나중에 나오는 변수에 의해 정렬되는 것을 볼 수 있다.

- 숫자변수의 정렬순서
  결측값, 음수, 0, 양수
- 문자변수의 정렬순서
  공백 ! " # $ % & ' ( ) * + - . / 0 1 2 3 4 5 6 7 8 9 : ; 〈 = 〉 ? @
  A B C D E F G H I J K L M N O P Q R S T U V W X Y Z [₩] _
  a b c d e f g h I j k l m n o p q r s t u v w x y z { | } ~

5.3 올림차순으로 정렬하기

```
PROC SORT DATA=type OUT=type4;
   BY DESCENDING tourtype vendor landcost;
RUN;
```

```
PROC PRINT DATA=type4;
   VAR tourtype vendor landcost country nights;
   TITLE 'Descending and Ascending Orders';
RUN;
```

위의 프로그램은 내림차순으로 DATASET을 정렬시키는 것으로 BY문에서 변수 앞에 ASCENDING(생략가능)과 DESCENDING 옵션을 사용하여 자료를 원하는 형태로 정렬시키는 것이다. 즉 type DATASET을 이용하여 BY DESCENDING tourtype vendor landcost;라고 하였으므로 tourtype변수에 의하여 내림차순으로 정렬시킨 후에 동일한 값의 경우에 vendor, landcost변수에 의해 올림차순으로 정렬시켜 type4 DATASET을 형성하는 것이다. 이때 모든 변수를 내림차순으로 정렬하고자 할 경우 BY문에서 해당 변수 앞에 모두 DESCENDING이라고 선언을 해주어야 하고 만약 생략할 경우에는 ASCENDING으로 인식된다. 이러한 것은 출력된 결과를 보면 더욱 잘 이해할 수 있다.

다음 결과를 보면 tourtype변수의 값에 의해서는 관찰값들이 내림차순으로 정렬되어 있는 것을 볼 수 있다. 또한 tourtype변수의 값이 동일한 경우에 vendor변수의 값에 의해 올림차순으로 정렬이 되고, vendor변수의 값이 동일한 경우에 landcost변수의 값에 의해 정렬되어 있는 것을 볼 수 있다.

Descending and Ascending Orders

OBS	tourtype	vendor	landcost	country	nights
1	scenery	Express	558	Ireland	7
2	scenery	Express	698	Greece	12
3	scenery	Southsea	1489	New Zealand	16
4	scenery	World	734	Switzerland	9
5	architecture	Express	468	Italy	8
6	architecture	Express	720	Japan	8
7	architecture	World	510	Spain	10
8	architecture	World	575	France	8

관찰값 정렬하기 – PROC SORT

- SORT PROCEDURE를 이용하여 관찰값들을 특정변수에 의해 내림차순이나 올림차순으로 정렬시킬 수 있다.
- BY 다음 정렬방식이 생략되면 올림차순으로 정렬이 되고, DESCENDING을 사용하면 내림차순으로 정렬이 된다.

```
PROC SORT
    DATA=실행할 dataset명  – 생략되면 바로 전에 사용된 것 이용
    OUT=정렬되어 보관될 dataset명 – 생략되면 원래 자료에 저장됨
    NODUPKEY – BY 뒤에 있는 변수의 값이 중복되는 관찰값은 제외됨
    NODUP – 모든 변수의 값이 일치하는 관찰값은 제외됨
 ;
 BY [정렬방식] 변수명 [[정렬방식] 변수명 […] ] ;
RUN ;
```

5.4 FIRST변수와 LAST변수 사용하기

```
PROC SORT DATA=type OUT=type5;
   BY tourtype landcost;
RUN;
PROC PRINT DATA=type5;
   VAR tourtype landcost country nights vendor;
   TITLE 'Tours Arranged by TOURTYPE and LANDCOST';
RUN;
```

위의 프로그램은 다음에서 사용하기 위하여 tourtype, landcost변수에 의해 올림차순 정렬된 type5 DATASET을 만드는 것이다.

```
DATA temp;
 SET type5;
 BY tourtype;
 frsttour=first.tourtype;
 lasttour=last.tourtype;
```

```
RUN;
PROC PRINT DATA=temp;
 VAR country tourtype frsttour lasttour;
 TITLE 'Representing FIRST.TOURTYPE and LAST.TOURTYPE';
RUN;
```

위의 프로그램은 이미 존재하는 DATASET을 이용하여 새로운 DATASET을 생성하는데 SET문과 BY문을 이용하는 것이다. 먼저 BY문을 이용하기 위해서는 BY 다음에 오는 변수에 의해 이미 정렬이 되어 있는 경우에 가능하다. 즉 바로 전에 type5 DATASET은 tourtype, landcost변수에 의해 정렬된 상태이므로 BY tourtype이라고 하면 first.tourtype과 last.tourtype이란 변수가 생성된다. 이때 tourtype변수의 값이 동일한 경우에 첫 번째 관찰값은 first.tourtype변수 값이 1이고, 나머지는 0을 가지며, 마지막 관찰값은 last.tourtype변수 값이 1이고 나머지는 0을 가진다. 그러므로 frsttour, lasttour변수의 값은 0과 1로만 구성되어 있다.

만약 tourtype변수의 값이 같은 값이 없는 경우에 first.tourtype, last.tourtype변수 값은 전부 1을 가지게 된다.

Tours Arranged by TOURTYPE and LANDCOST

OBS	tourtype	landcost	country	nights	vendor
1	architecture	468	Italy	8	Express
2	architecture	510	Spain	10	World
3	architecture	575	France	8	World
4	architecture	720	Japan	8	Express
5	scenery	558	Ireland	7	Express
6	scenery	698	Greece	12	Express
7	scenery	734	Switzerland	9	World
8	scenery	1489	New Zealand	16	Southsea

위의 결과는 tourtype, landcost변수에 의해 올림차순 정렬된 type5 DATASET을 출력한 것이다.

```
                Representing FIRST.TOURTYPE and LAST.TOURTYPE

         OBS    country          tourtype        frsttour    lasttour

          1     Italy            architecture       1           0
          2     Spain            architecture       0           0
          3     France           architecture       0           0
          4     Japan            architecture       0           1
          5     Ireland          scenery            1           0
          6     Greece           scenery            0           0
          7     Switzerland      scenery            0           0
          8     New Zealand      scenery            0           1
```

위의 결과에서 보면 4번째 관찰값까지는 tourtype변수값이 동일하므로 frsttour 변수값은 1번째는 1을 가지고 나머지는 0을 가진다. 또한 tourtype변수값이 5번째에서 바뀌므로 frsttour변수값이 1이 된다. 또한 lasttour변수를 보면 tourtype변수값의 마지막인 4번째 값과 8번째 값은 1, 나머지는 0을 가지는 것을 볼 수 있다.

```
DATA lowcost;
   SET type5;
   by tourtype;
   IF first.tourtype;
RUN;

PROC PRINT DATA=lowcost;
   TITLE 'Least Expensive Tour for Each Type of Tour';
RUN;
PROC SORT DATA=type OUT=type5;
   BY tourtype landcost;
RUN;
PROC PRINT DATA=type5;
   VAR tourtype landcost country nights vendor;
   TITLE 'Tours Arranged by TOURTYPE and LANDCOST';
RUN;
```

위의 프로그램은 이미 존재하는 DATASET을 이용하여 새로운 DATASET을 생성하는데 SET문과 BY문을 이용하며 FIRST변수를 이용하여 조건에 맞는 것만 취하는 것이다. Lowcost DATASET은 tourtype변수의 값에 의해 정렬된 것을 이용하여 IF first.tourtype ; 이라고 하면 first.tourtype이 1의 값(참인 것)을 가지는 것만 취하여 형성된다. 이렇게 하여 생성된 lowcost DATASET은 tourtype변수가 가질 수 있는 값들만을 가지고 형성되었다고 할 수 있다.

```
PROC SORT DATA=type OUT=type6;
   BY country;
RUN;

PROC PRINT DATA=type6;
   TITLE 'Alphabetical Order by Country';
RUN;
```

위의 프로그램은 정렬되는 변수가 문자값을 가지는 경우에 하나의 변수에 의해 정렬되는 결과를 보여주는 것으로 올림차순으로 알파벳 순으로 정렬된다.

알파벳의 경우에 먼저 결측값, 대문자, 소문자의 순으로 정렬이 된다. Contury 변수의 경우 첫문자가 전부 대문자이고 두번째 문자부터는 소문자이므로 별문제가 없지만 첫문자가 소문자인 경우에 올림차순 정렬을 하면 같은 문자이지만 대문자보다 뒤에 오게된다.

```
              Least Expensive Tour for Each Type of Tour

   OBS    country    tourtype        nights    landcost    vendor

    1     Italy      architecture      8          468      Express
    2     Ireland    scenery           7          558      Express
```

위의 결과를 보면 first.tourtype변수값이 1의 값(참인 것)을 가지는 것만 취하여 나타나므로 원 DATASET에서 1, 5번째 관찰값들로만 구성된 것을 볼 수 있다.

이는 OUTPUT 6을 토대로 하여 살펴보면 용이하다.

```
                     Alphabetical Order by Country

   OBS    country        tourtype        nights    landcost    vendor

    1     France         architecture       8         575      World
    2     Greece         scenery           12         698      Express
    3     Ireland        scenery            7         558      Express
    4     Italy          architecture       8         468      Express
    5     Japan          architecture       8         720      Express
    6     New Zealand    scenery           16        1489      Southsea
    7     Spain          architecture      10         510      World
    8     Switzerland    scenery            9         734      World
```

위의 결과를 보면 country변수에 의해 알파벳순으로 올림차순 정렬(A-Z)이 되어 있는 것을 볼 수 있다.

5.5 동일한 관찰값의 제거

```
DATA dupobs;
   INPUT country $ 1-11 tourtype $ 13-24 nights
         landcost vendor $;
   CARDS;
Spain       architecture   10  510  World
Japan       architecture   8   720  Express
Switzerland scenery        9   734  World
Switzerland scenery        9   734  World
France      architecture   8   575  World
Ireland     scenery        7   558  Express
New Zealand scenery        16 1489  Southsea
Italy       architecture   8   468  Express
Greece      scenery        12  698  Express
;
RUN;
PROC PRINT DATA=dupobs;
   TITLE 'Data Set DUPOBS';
RUN;
```

dupobs DATASET은 5개의 변수로 형성되었으며 관찰값 중 3, 4번째의 관찰값이 동일한 것을 볼 수 있다.

```
PROC SORT DATA=dupobs OUT=fixed NODUPLICATES;
   BY country;
RUN;
PROC PRINT DATA=fixed;
   TITLE 'Removing a Duplicate Observation with PROC SORT';
RUN;
```

위의 프로그램은 동일한 관찰값이 존재할 경우에 이를 제거하는 방법에 관한 것으로 SORT PROCEDURE에서 NODUPLICATES 옵션을 이용하였다. 위의 경우 dupobs DATASET을 이용하여 country변수값에 의해 올림차순 정렬을 하는 것인데 모든 변수의 값이 동일한 관찰값이 있는 경우에 이를 제거하고 정렬시키는 방법으로 NODUPLICATES 옵션을 이용하였다.

Data Set DUPOBS

OBS	country	tourtype	nights	landcost	vendor
1	Spain	architecture	10	510	World
2	Japan	architecture	8	720	Express
3	Switzerland	scenery	9	734	World
4	Switzerland	scenery	9	734	World
5	France	architecture	8	575	World
6	Ireland	scenery	7	558	Express
7	New Zealand	scenery	16	1489	Southsea
8	Italy	architecture	8	468	Express
9	Greece	scenery	12	698	Express

Removing a Duplicate Observation with PROC SORT

OBS	country	tourtype	nights	landcost	vendor
1	France	architecture	8	575	World
2	Greece	scenery	12	698	Express
3	Ireland	scenery	7	558	Express
4	Italy	architecture	8	468	Express
5	Japan	architecture	8	720	Express
6	New Zealand	scenery	16	1489	Southsea
7	Spain	architecture	10	510	World
8	Switzerland	scenery	9	734	World

위의 출력결과에서 보면 country변수값에 의해 올림차순 정렬된 것을 볼 수 있다. 그런데 위의 결과인 dupobs DATASET을 출력한 것은 9개의 관찰값을 가지는 반면, noduplicates 옵션을 이용하여 정렬을 시킨 fixed DATASET을 출력한 경우에는 동일한 관찰값을 제외시키고 8개의 관찰값만을 보여준다. 즉 모든 변수의 값이 동일한 관찰값인 3, 4번째 관찰값중 하나가 생략되는 것을 볼 수 있다.

제6장 SET문 활용하기

SAS DATA STEP SAS DATA STEP SAS DATA STEP SAS DATA STEP SAS DATA STEP

6.1 특정 변수 취하여 새로운 DATASET 만들기(KEEP문)

```
DATA perform;
   SET nasa (KEEP=year ptotal pflight pscience pairtran);
RUN;
PROC PRINT DATA=perform;
   TITLE 'NASA Performance-Related Expenditures';
RUN;
```

위의 프로그램은 이미 만들어진 SAS DATASET을 가지고 특정변수들만 취하여 하나의 새로운 DATASET을 만드는 프로그램이다. 여기서는 SET문과 특정 변수만 취하는 KEEP문을 이용하였다.

SET문은 두 개이상의 DATASET을 붙일 때와 이미 생성된 DATASET의 특정 부분만을 취할 때 이용된다. 사용 방법은 DATA문 다음에 새로 생성될 이름을 쓰고 ; 후에 SET문 다음에 기 생성된 DATASET명을 쓰면 되므로 여기서는 이미 앞에서 생성된 nasa SAS DATASET을 가지고 perform이라는 SAS DATASET을 만들었다.

또한 특정 변수들만을 취하기 위하여 SET문 안에서 KEEP문을 이용하여 원하는 특정변수만을 취하도록 하였다. 즉 위에서 nasa DATASET에 있는 변수들 중에서 year, ptotal, pflight, pscience, pairtran변수만을 가지고 perform이라는 SAS DATASET을 형성한다. 그러므로 KEEP문은 버릴 변수의 수가 취하여야 할 변수의 수보다 많은 경우에 이용하면 편리하다.

특정 변수 취하여 새로운 DATASET만들기 (SET, KEEP문)

- SET문을 이용하여 이미 작성된 DATASET을 토대로 새로운 이름의 DATASET을 생성할 수 있다.
- SET문에서 KEEP문을 사용하여 원하는 변수들만을 취할 수 있으며 전체변수들 중 취해야 하는 변수의 수가 적은 경우에 유용하다.

DATA 새로운 DATASET명 ;
SET 기 생성된 DATASET명 (KEEP = 취할 변수명 [변수명…]) ;

NASA Performance-Related Expenditures

OBS	YEAR	PTOTAL	PFLIGHT	PSCIENCE	PAIRTRAN
1	1966	3613	3819	1120	422
2	1967	1373	3477	1160	500
3	1968	5993	3028	1061	510
4	1969	1872	2754	893	540
5	1970	6992	2195	963	541
6	1971	3381	1877	926	535
7	1972	3731	1727	1111	535
8	1973	2711	1532	1220	519
9	1974	1811	1448	1156	577
10	1975	1811	1500	1076	606
11	1976	5491	1934	969	646
12	1977	8402	2195	1002	643
13	1978	8602	2204	964	692
14	1979	542	2175	1144	735
15	1980	7102	2556	1341	813
16	1981	2743	3026	1380	868
17	1982	9263	3526	1454	946
18	1983	5564	4027	1486	43
19	1984	8564	4037	1667	152
20	1985	43	3852	1834	318
21	1986	1053	3787	2101	317

PROC PRINT한 결과를 살펴보면 nasa DATASET의 변수들은 year, total, ptotal, pflight, pscience, pairtran, ftotal, fflight, fscience, fairtran이었고, 출력된 결과는 perform DATASET이므로 이에 해당하는 year, ptotal, pflight, pscience, pairtran변수들의 관찰값들임을 볼 수 있다. 그런데 프로그램에서는 LABEL을 붙이었는데 변수명이 INPUT문에서 사용한 그대로 인 것을 볼 수 있다. 출력할 때 변수명 대신에 해당 LABEL이 찍히도록 하려면 PROC PRINT DATA=perform LABEL; 과 같이 하면 된다.

6.2 특정 변수를 제외하고 새로운 DATASET 만들기(DROP문)

```
DATA perform2;
   SET nasa (DROP=total ftotal fflight fscience fairtran);
RUN;
PROC PRINT DATA=perform2;
   TITLE 'NASA Performance-Related Expenditures';
RUN;
```

앞에서는 이미 만들어진 SAS DATASET을 가지고 특정변수들만 취하여 새로운 DATASET을 만드는 반면에 여기서는 이미 만들어진 SAS DATASET중에서 특정 변수만은 제외하고 나머지 변수를 이용하여 새로운 DATASET을 만드는 프로그램이다. 여기서는 SET문과 특정 변수들을 제외시키기 위해 DROP문을 이용하였다.

사용 방법은 앞에서와 거의 비슷하여 앞에서는 KEEP문 다음에 원하는 변수들을 나열하는 반면에 DROP문을 사용할 때에는 제외시키고자 하는 변수를 나열하면 되므로 KEEP문은 선택할 변수의 수가 적은 경우에 주로 이용되고 DROP문은 제외시키고자 하는 변수의 수가 적은 경우에 주로 이용된다.

위에서 보면 nasa DATASET에 있는 변수들 중에서 total, ftotal, fflight, fscience, fairtran변수들을 제외시키고 perform2라는 DATASET을 만들므로 perform2에는 year, ptotal, pflight, pscience, pairtran변수들이 있게 된다.

특정 변수를 제외하고 새로운 DATASET만들기(SET, DROP 문)

- SET문을 이용하여 이미 작성된 DATASET을 토대로 새로운 이름의 DATASET을 생성할 수 있다.
- SET문에서 DROP문을 사용하여 특정 변수들만을 제외시킬 수 있으며, 전체변수들 중에서 제외시킬 변수의 수가 적은 경우에 유용하다.

DATA 새로운 DATASET명 ;
SET 기 생성된 DATASET명 (DROP = 제외할 변수명 [변수명…]) ;

```
                  NASA Performance-Related Expenditures

       OBS    YEAR    PTOTAL    PFLIGHT    PSCIENCE    PAIRTRAN

         1    1966     3613      3819        1120         422
         2    1967     1373      3477        1160         500
         3    1968     5993      3028        1061         510
         4    1969     1872      2754         893         540
         5    1970     6992      2195         963         541
         6    1971     3381      1877         926         535
         7    1972     3731      1727        1111         535
         8    1973     2711      1532        1220         519
         9    1974     1811      1448        1156         577
        10    1975     1811      1500        1076         606
        11    1976     5491      1934         969         646
        12    1977     8402      2195        1002         643
        13    1978     8602      2204         964         692
        14    1979      542      2175        1144         735
        15    1980     7102      2556        1341         813
        16    1981     2743      3026        1380         868
        17    1982     9263      3526        1454         946
        18    1983     5564      4027        1486          43
        19    1984     8564      4037        1667         152
        20    1985       43      3852        1834         318
        21    1986     1053      3787        2101         317
```

PROC PRINT한 결과를 살펴보면 앞에서와 동일하게 year, ptotal, pflight, pscience, pairtran변수들의 관찰값들이 출력되었음을 볼 수 있다.

6.3 특정 관찰값부터 시작하여 DATASET 만들기(FIRSTOBS문)

```
DATA nasa2;
   SET nasa(FIRSTOBS=12);
RUN;
PROC PRINT;
   TITLE 'NASA Expenditures';
   TITLE2 '1977-1986';
RUN;
```

위의 프로그램은 전체 자료중 원하는 위치부터 끝까지 자료를 지정하는 방법으로 FIRSTOBS를 이용하여 처음 읽을 관찰값을 지정하는 것이다. 즉 nasa2 DATASET을 만드는데 nasa DATASET에서 12번째 관찰값부터 마지막 관찰값까지 지정하는 방법이다. 특정 관찰값을 지정하는 방법은 SET문에서 DATASET명 다음에 FIRSTOBS= 다음에 숫자를 지정해주면 된다. 위에서는 nasa DATASET에서 FIRSTOBS 다음에 12라고 지정해주면 12번째 관찰값부터 마지막까지의 관찰값으로 nasa2 DATASET을 만들게 되므로 nasa DATASET은 1966년 자료부터 1986년까지인 반면에 nasa2 DATASET은 12번째 관찰값인1977년 자료부터 1986년까지가 들어가게 된다.

PRINT PROCEDURE를 사용하여 출력하며, 제목은 TITLE문인 'NASA Expenditures'가 첫 줄에 출력되고 TITLE2문인 '1977-1986'이 두 번째 줄에 출력되게 된다.

특정 관찰값부터 시작하여 DATASET만들기(SET, FIRSTOBS문)

- SET문에서 FIRSTOBS= 다음에 숫자를 지정하면 첫 번째 줄이 아닌 숫자번째 줄부터 관찰값으로 인식하게 된다.
- FIRSTOBS문은 읽고자 하는 관찰값 앞에 몇 개의 불필요한 줄이 존재할 경우에 유용하게 사용된다.

DATA 새로운 DATASET명 ;
SET 기 생성된 DATASET명 (FIRSTOBS = 숫자) ;

NASA Expenditures
1977-1986

OBS	YEAR	TOTAL	PTOTAL	PFLIGHT	PSCIENCE	PAIRTRAN	FTOTAL	FFLIGHT	FSCIENCE	FAIRTRAN
1	1977	3945	8402	2195	1002	643	105	56	4	45
2	1978	3984	8602	2204	964	692	124	56	8	60
3	1979	4187	542	2175	1144	735	133	41	9	83
4	1980	4850	7102	2556	1341	813	140	38	5	97
5	1981	5241	2743	3026	1380	868	147	26	4	117
6	1982	6035	9263	3526	1454	946	109	17	3	89
7	1983	6664	5564	4027	1486	43	108	26	.	82
8	1984	7048	8564	4037	1667	152	192	44	20	128
9	1985	7251	43	3852	1834	318	247	70	23	154
10	1986	7404	1053	3787	2101	317	299	107	26	166

PROC PRINT문에 의해서 나타난 결과를 보면 TITLE문에 의해서 첫 번째 줄에

'NASA Expenditures', 두 번째 줄에 '1977-1986'이 보여진다.

나타난 관찰값들을 살펴보면 nasa DATASET은 전체 21개의 관찰값이지만 출력된 결과는 12번째 관찰값인 1977년 자료부터 1986년 자료까지 10개만 들어있음을 보여준다.

이러한 방법은 읽고자 하는 관찰값 앞에 몇 개의 불필요한 줄이 존재할 경우에 유용하게 사용된다.

6.4 기존 DATASET으로 다수의 새로운 DATASET 만들기

```
DATA perform(KEEP=ptotal pflight pscience pairtran)
     facil(KEEP=ftotal fflight fscience fairtran);
   SET nasa;
RUN;
PROC PRINT DATA=perform;
   TITLE 'NASA Expenditures: Performance';
RUN;
PROC PRINT DATA=facil;
   TITLE 'NASA Expenditures: Facilities';
RUN;
```

위의 프로그램은 하나의 SAS DATASET을 가지고 특정 변수만 취하여 여러 개의 SAS DATASET을 생성하는 것으로 DATA문과 KEEP문을 이용하였다.

이미 기생성된 SAS DATASET으로 부터 하나 이상의 DATASET을 새로이 만들고자 할 경우에 DATA문에 생성하고자 하는 DATASET명들을 나열하고 ; 후에 SET문 다음에 기 생성된 DATASET명을 쓰면 자료의 내용은 기 생성된 DATASET과 같고 DATASET명만 다르게 여러 개를 생성할 수 있다. 예를 들면 DATA a b c ; SET test; 라고 하면 test DATASET에 있는 내용과 동일하게 a, b, c라는 세 개의 DATASET이 형성된다. 여기에서는 이를 조금 변형하여 KEEP문을 사용하여 원하는 변수만을 취하여 변수별로 새로운 DATASET을 만든 것이다.

위에서 살펴보면 nasa SAS DATASET으로부터 perform과 facil DATASET을 만드는데 있어 특정 변수를 취하는 KEEP문을 이용하여 전체 변수들 중에서 ptotal, pflight, pscience, pairtran변수들만 취하여 perform DATASET을 만들고, ftotal, fflight, fscience, fairtran변수들을 취하여 facil DATASET을 만들었다.

이를 PROC PRINT에 의해서 출력할 시에 DATA명을 사용하지 않으면 바로 전에 생성된 DATASET을 인식하므로 facil DATASET만 출력되게 되므로 위에서와 같이 DATA문 다음에 각각 DATASET명인 perform과 facil을 지정해 주어야 한다. 나타난 결과는 지면상 출력물의 중간을 생략한 것으로 title을 보고 구분하면 된다.

```
                  NASA Expenditures: Performance
     OBS     PTOTAL      PFLIGHT     PSCIENCE     PAIRTRAN

       1      3613        3819         1120          422
       2      1373        3477         1160          500
       3      5993        3028         1061          510
       4      1872        2754          893          540
       5      6992        2195          963          541
       6      3381        1877          926          535
       7      3731        1727         1111          535
       8      2711        1532         1220          519
       9      1811        1448         1156          577
      10      1811        1500         1076          606
      11      5491        1934          969          646
      12      8402        2195         1002          643
      13      8602        2204          964          692
      14       542        2175         1144          735
      15      7102        2556         1341          813
      16      2743        3026         1380          868
      17      9263        3526         1454          946
      18      5564        4027         1486           43
      19      8564        4037         1667          152
      20        43        3852         1834          318
      21      1053        3787         2101          317
```

기존 DATASET을 이용하여 다수의 새로운 DATASET 만들기(SET, KEEP문)

- 기 생성된 SAS DATASET으로부터 둘 이상의 DATASET을 새로이 만들고자 할 경우에 DATA문 다음에 생성하고자 하는 DATASET명들을 나열하면 된다.
- 새로운 DATASET에 특정 변수만을 입력하고자 할 경우에는 KEEP문을 이용하여 변수들을 지정하면 된다.

```
DATA 새 DATASET명(KEEP=변수명들)
       새 DATASET명(KEEP=변수명들) ;
SET 기 생성된 DATASET명 ;
```

6.5 두 개의 DATASET 합치기

```
DATA dept1;
  INPUT ssn $ 1-9 name $ 11-29 @30 hired date7. salary phone $;
  FORMAT hired date7.;
CARDS;
429685482 Martin, Virginia          09aug80 34800 493-0824
244967839 Singleton, MaryAnn        24apr85 27900 929-2623
996740216 Leighton, Maurice         16dec83 32600 933-6908
675443925 Freuler, Carl             15feb88 29900 493-3993
845729308 Cage, Merce               19oct82 39800 286-0519
;
RUN;
PROC PRINT DATA=dept1  ;
  TITLE 'Data Set DEPT1';
RUN;
```

```
DATA dept2;
  INPUT ssn $ 1-9 name $ 11-29 @30 hired date7. salary phone $;
  FORMAT hired date7.;
CARDS;
324987451 Sayre, Jay       15nov84 44800 933-2998
596771321 Tolson, Andrew 18mar88 41200 929-4800
477562122 Jensen, Helga  01feb81 47400 286-2816
894724859 Kulenic, Marie 24jun83 41400 493-1472
988427431 Zweerink, Anna 07jul85 43700 929-3885
;
RUN;
PROC PRINT DATA=dept2  ;
  TITLE 'Data Set DEPT2';
RUN;
```

```
DATA dept1_2;
  SET dept1 dept2;
RUN;
PROC PRINT DATA=dept1_2;
  TITLE 'Concatenating DEPT1 and DEPT2';
  TITLE2 'to Create DEPT1_2';
RUN;
```

위의 프로그램은 ssn, name, hired, salary, phone변수로 구성된 dept1, dept2 DATASET을 붙여 하나의 DATASET을 만드는 것이다. SET문을 이용하는 경우 DATASET이 아래에 붙으며 SET문 다음에 먼저 나오는 것이 위쪽에 있게 된다.

```
                         Data Set DEPT1

 OBS     ssn        name                 hired     salary     phone

  1    429685482    Martin, Virginia     09AUG80    34800    493-0824
  2    244967839    Singleton, MaryAnn   24APR85    27900    929-2623
  3    996740216    Leighton, Maurice    16DEC83    32600    933-6908
  4    675443925    Freuler, Carl        15FEB88    29900    493-3993
  5    845729308    Cage, Merce          19OCT82    39800    286-0519
```

```
                         Data Set DEPT2

 OBS     ssn           name           hired     salary     phone

  1    324987451    Sayre, Jay        15NOV84    44800    933-2998
  2    596771321    Tolson, Andrew    18MAR88    41200    929-4800
  3    477562122    Jensen, Helga     01FEB81    47400    286-2816
  4    894724859    Kulenic, Marie    24JUN83    41400    493-1472
  5    988427431    Zweerink, Anna    07JUL85    43700    929-3885
```

```
                 Concatenating DEPT1 and DEPT2
                       to Create DEPT1_2

 OBS     ssn        name                 hired     salary     phone

  1    429685482    Martin, Virginia     09AUG80    34800    493-0824
  2    244967839    Singleton, MaryAnn   24APR85    27900    929-2623
  3    996740216    Leighton, Maurice    16DEC83    32600    933-6908
  4    675443925    Freuler, Carl        15FEB88    29900    493-3993
  5    845729308    Cage, Merce          19OCT82    39800    286-0519
  6    324987451    Sayre, Jay           15NOV84    44800    933-2998
  7    596771321    Tolson, Andrew       18MAR88    41200    929-4800
  8    477562122    Jensen, Helga        01FEB81    47400    286-2816
  9    894724859    Kulenic, Marie       24JUN83    41400    493-1472
 10    988427431    Zweerink, Anna       07JUL85    43700    929-3885
```

두 개의 DATASET을 붙여 하나의 DATASET을 형성한 것을 마지막 출력결과를 통하여 볼 수 있으며 SET dept1 dept2;라고 하였으므로 dept1 DATASET이 먼저 위치한다.

6.6 기준변수를 이용한 DATASET 합치기

```
DATA randd;
   LENGTH dept manager $ 10;
   INPUT project $ dept $ manager $ headcoun;
   CARDS;
MP971 Designing Daugherty 10
MP971 Coding Newton 8
MP971 Testing Miller 7
SL827 Designing Robinson 8
SL827 Coding Moore 10
SL827 Testing Baker 7
WP057 Designing Cliver 11
WP057 Coding Constant 13
WP057 Testing Slivko 10
;
PROC PRINT DATA=randd;
   TITLE 'Data Set RANDD';
RUN;
```

```
DATA pubs;
   LENGTH dept manager $ 10;
   INPUT manager $ dept $ project $ headcoun;
   CARDS;
Cook Writing WP057 5
Deakins Writing SL827 7
Franscombe Editing MP971 4
Henry Editing WP057 3
King Production SL827 5
Krysonski Production WP057 3
Lassiter Graphics SL827 3
Miedema Editing SL827 5
Morard Writing MP971 6
Posey Production MP971 4
Spackle Graphics WP057 2
;
PROC SORT DATA=pubs;
   BY project;
RUN;
```

```
PROC PRINT DATA=pubs;
   TITLE 'Data Set PUBS Sorted by Project';
RUN;
```

Randd DATASET은 project, dept, manager, headcoun변수로 구성되어 있으며, pubs DATASET은 manager, dept, project, headcoun변수로 구성되어 있다.

```
                    Data Set RANDD

OBS     dept          manager        project     headcoun

 1      Designing     Daugherty       MP971         10
 2      Coding        Newton          MP971          8
 3      Testing       Miller          MP971          7
 4      Designing     Robinson        SL827          8
 5      Coding        Moore           SL827         10
 6      Testing       Baker           SL827          7
 7      Designing     Cliver          WP057         11
 8      Coding        Constant        WP057         13
 9      Testing       Slivko          WP057         10
```

위의 출력결과를 보면 LENGH문으로 지정된 dept, manager변수가 먼저 출력됨을 볼 수 있다.

```
               Data Set PUBS Sorted by Project

OBS       dept          manager         project     headcoun

  1     Editing       Franscombe        MP971          4
  2     Writing       Morard            MP971          6
  3     Production    Posey             MP971          4
  4     Writing       Deakins           SL827          7
  5     Production    King              SL827          5
  6     Graphics      Lassiter          SL827          3
  7     Editing       Miedema           SL827          5
  8     Writing       Cook              WP057          5
  9     Editing       Henry             WP057          3
 10     Production    Krysonski         WP057          3
 11     Graphics      Spackle           WP057          2
```

```
DATA randdpub;
    SET randd pubs;
    BY project;
RUN;
PROC PRINT DATA=randdpub;
   TITLE 'Interleaving RANDD and PUBS';
   TITLE2 'by PROJECT';RUN;
```

앞에서의 프로그램들은 DATASET을 합칠 경우 DATASET이 나열된 순서에 의해 새로운 DATASET이 형성되었는데 위의 프로그램은 특정 변수에 의해 정렬된 상태로 DATASET을 합칠 수 있다는 것이다. 이 경우에 BY문을 이용하게 되는데 항상 BY문을 사용하기 전에 사용될 변수에 의해 정렬이 되어 있어야 가능하다는 것이다.

위에서도 보면 합쳐질 randd DATASET의 경우에는 원래 자료가 project변수값에 의해 정렬되어 있었고, pubs DATASET의 경우에는 project변수에 의해 정렬을 시켰으므로 가능하다. 즉 randdpub DATASET은 project변수값에 의해 randd, pubs DATASET을 합친 것이다.

기준 변수를 이용하여 두 개의 DATASET 합치기

- 기준 변수를 이용하여 두 개의 DATASET을 하나의 DATASET으로 구성을 하는 경우 SET문과 BY문을 이용하면 되고, BY문 다음에 사용될 변수는 이미 정렬되어 있어야 가능하다.

```
DATA 생성될 dataset명;
  SET 합쳐질 dataset명1 dataset명2 ;
  BY 기준변수명 ;
```

```
                 Interleaving RANDD and PUBS
                         by PROJECT

  OBS   dept         manager       project    headcoun

    1   Designing    Daugherty      MP971        10
    2   Coding       Newton         MP971         8
    3   Testing      Miller         MP971         7
    4   Editing      Franscombe     MP971         4
    5   Writing      Morard         MP971         6
    6   Production   Posey          MP971         4
    7   Designing    Robinson       SL827         8
    8   Coding       Moore          SL827        10
    9   Testing      Baker          SL827         7
   10   Writing      Deakins        SL827         7
   11   Production   King           SL827         5
   12   Graphics     Lassiter       SL827         3
   13   Editing      Miedema        SL827         5
   14   Designing    Cliver         WP057        11
   15   Coding       Constant       WP057        13
   16   Testing      Slivko         WP057        10
   17   Writing      Cook           WP057         5
   18   Editing      Henry          WP057         3
   19   Production   Krysonski      WP057         3
   20   Graphics     Spackle        WP057         2
```

출력된 결과를 보면 두 개의 DATASET이 합쳐지는데 그 순서는 project변수값에 의존한다는 것을 볼 수 있다.

6.7 세 개의 DATASET 합치기

```
DATA dept3;
  INPUT ssn $ 1-9 name $ 11-29 sex $ 30 @32 hired date7. salary;
  FORMAT hired date7.;
CARDS;
744289612 Saparilas, Theresa       F 09may88 33400
824904032 Brosnihan, Dylan         M 04jan82 38200
242779184 Chao, Daeyong            M 28sep85 37500
544382887 SlIFkin, Leah            F 24jul84 45000
933476520 Perry, Marguerite        F 19apr82 39900
;
RUN;
PROC PRINT DATA=dept3;
  TITLE 'Data Set DEPT3';
RUN;
```

Dept3 DATASET은 ssn, name, sex, hired, salary변수로 형성된 것이다.

```
DATA dept1_3;
  SET dept1 dept2 dept3;
RUN;
PROC PRINT DATA=dept1_3;
  TITLE 'Combining Data Sets with DIFferent Variables';
RUN;
```

위의 프로그램은 3개의 DATASET을 위에서 아래로 붙이는데 변수의 구성과 순서가 다른 경우의 것이다. 즉 dept1, dept2 DATASET은 ssn, name, hired, salary, phone변수의 순으로 구성되어 있는 반면 dept3 DATASET은 ssn, name, sex, hired, salary변수 순으로 sex변수는 추가되고 phone변수는 없는 경우 이를 하나의 DATASET으로 형성할 때 SET dept1 dept2 dept3 ; 이라고 하면 DATASET을 사용한 순서대로 변수가 기준이 되고 존재하지 않는 변수에 해당하는 것을 결측값으로 들어간다. 그러므로 dept1_3 DATASET에는 ssn, name, hired, salary, phone, sex변수 순으로 나열되고, 없는 변수에 대해서는 문자변수이므로 결측값은 공백으로 들어가게 된다.

```
                         Data Set DEPT3
   OBS      ssn           name               sex     hired     salary

    1    744289612   Saparilas, Theresa       F     09MAY88     33400
    2    824904032   Brosnihan, Dylan         M     04JAN82     38200
    3    242779184   Chao, Daeyong            M     28SEP85     37500
    4    544382887   SIIFkin, Leah            F     24JUL84     45000
    5    933476520   Perry, Marguerite        F     19APR82     39900
```

```
              Combining Data Sets with DIFferent Variables
 OBS      ssn      name                   hired    salary    phone      sex

   1   429685482   Martin, Virginia       09AUG80   34800   493-0824
   2   244967839   Singleton, MaryAnn     24APR85   27900   929-2623
   3   996740216   Leighton, Maurice      16DEC83   32600   933-6908
   4   675443925   Freuler, Carl          15FEB88   29900   493-3993
   5   845729308   Cage, Merce            19OCT82   39800   286-0519
   6   324987451   Sayre, Jay             15NOV84   44800   933-2998
   7   596771321   Tolson, Andrew         18MAR88   41200   929-4800
   8   477562122   Jensen, Helga          01FEB81   47400   286-2816
   9   894724859   Kulenic, Marie         24JUN83   41400   493-1472
  10   988427431   Zweerink, Anna         07JUL85   43700   929-3885
  11   744289612   Saparilas, Theresa     09MAY88   33400               F
  12   824904032   Brosnihan, Dylan       04JAN82   38200               M
  13   242779184   Chao, Daeyong          28SEP85   37500               M
  14   544382887   SIIFkin, Leah          24JUL84   45000               F
  15   933476520   Perry, Marguerite      19APR82   39900               F
```

위의 결과는 3개의 DATASET을 합친 것으로 존재하지 않는 변수에 대해 전부 문자변수이므로 결측값의 경우 공백으로 들어가는 것을 볼 수 있으며, 변수의 나열순서가 SET문에서 DATASET이름의 나열 순서에 의거한다는 것도 볼 수 있다.

6.8 변수명이 다른 네 개의 DATASET 합치기

```
DATA dept4;
  INPUT ssn 1-9 name $ 11-29 sex $ 30 @32 hired date7. salary;
  FORMAT hired date7.;
CARDS;
634875680 Gardinski, Barbara     F 29may88        49800
```

```
824576630 Robertson, Hannah      F 14mar85        52700
744826703 Gresham, Jean          F 28apr82        54000
824447605 Kruize, Ronald         M 23may84        49200
988674342 Linzer, Fritz          M 23jul82        50400
;
RUN;
PROC PRINT DATA=dept4;
  TITLE 'Data Set DEPT4';
RUN;
```

```
DATA newdept4  (DROP=tempvar)  ;
  LENGTH ssn $ 9;
  SET dept4  (RENAME=(ssn=tempvar))  ;
  ssn=tempvar;
RUN;
PROC PRINT DATA=newdept4;
  TITLE 'New Data Set with SSN as a Character Variable';
RUN;
```

위의 프로그램은 RENAME문을 이용하여 기존 변수의 이름을 바꿀 때 이용된다. 위의 경우 (RENAME=(ssn=tempvar))라고 하면 ssn변수명과 tempvar변수명이 동일하게 사용되고 ssn=tempvar;라고 하여 tempvar변수의 값에 있는 것을 ssn변수에 다시 넣은 것으로 tempvar변수를 제거한 결과 출력결과는 그대로인 것을 볼 수 있다.

```
DATA dept1_4;
  SET dept1 dept2  dept3 newdept4;
RUN;
PROC PRINT DATA=dept1_4;
  TITLE 'Successful Concatenation After Changing the Type of SSN';
  TITLE2 'from Numeric to Character';
RUN;
```

위의 프로그램은 각각의 DATASET을 구성하는 변수명이 다른 경우에 4개의 DATASET을 합치는 것이다.

Data Set DEPT4

OBS	ssn	name	sex	hired	salary
1	634875680	Gardinski, Barbara	F	29MAY88	49800
2	824576630	Robertson, Hannah	F	14MAR85	52700
3	744826703	Gresham, Jean	F	28APR82	54000
4	824447605	Kruize, Ronald	M	23MAY84	49200
5	988674342	Linzer, Fritz	M	23JUL82	50400

New Data Set with SSN as a Character Variable

OBS	ssn	name	sex	hired	salary
1	634875680	Gardinski, Barbara	F	29MAY88	49800
2	824576630	Robertson, Hannah	F	14MAR85	52700
3	744826703	Gresham, Jean	F	28APR82	54000
4	824447605	Kruize, Ronald	M	23MAY84	49200
5	988674342	Linzer, Fritz	M	23JUL82	50400

Successful Concatenation After Changing the Type of SSN
from Numeric to Character

OBS	ssn	name	hired	salary	phone	sex
1	429685482	Martin, Virginia	09AUG80	34800	493-0824	
2	244967839	Singleton, MaryAnn	24APR85	27900	929-2623	
3	996740216	Leighton, Maurice	16DEC83	32600	933-6908	
4	675443925	Freuler, Carl	15FEB88	29900	493-3993	
5	845729308	Cage, Merce	19OCT82	39800	286-0519	
6	324987451	Sayre, Jay	15NOV84	44800	933-2998	
7	596771321	Tolson, Andrew	18MAR88	41200	929-4800	
8	477562122	Jensen, Helga	01FEB81	47400	286-2816	
9	894724859	Kulenic, Marie	24JUN83	41400	493-1472	
10	988427431	Zweerink, Anna	07JUL85	43700	929-3885	
11	744289612	Saparilas, Theresa	09MAY88	33400		F
12	824904032	Brosnihan, Dylan	04JAN82	38200		M
13	242779184	Chao, Daeyong	28SEP85	37500		M
14	544382887	SIIFkin, Leah	24JUL84	45000		F
15	933476520	Perry, Marguerite	19APR82	39900		F
16	634875680	Gardinski, Barbara	29MAY88	49800		F
17	824576630	Robertson, Hannah	14MAR85	52700		F
18	744826703	Gresham, Jean	28APR82	54000		F
19	824447605	Kruize, Ronald	23MAY84	49200		M
20	988674342	Linzer, Fritz	23JUL82	50400		M

6.9 변수의 배열이 다른 DATASET 합치기

```
DATA dept5;
INPUT ssn $ 1-9 name $ 11-29 sex $ 30 @32 hired date7. @40 salary;
FORMAT hired date9.
salary comma6.;
CARDS;
688774609 Carlton, Susan          F 28jan85 29200
922448328 Hoffmann, Gerald        M 12oct87 27600
544909752 DePuis, David           M 23aug84 32900
745609821 Hahn, Kenneth           M 23aug84 33300
634774295 Landau, JennIFer        F 30apr86 32900
;
RUN;
PROC PRINT DATA=dept5;
  TITLE 'Data Set DEPT5';
  TITLE2 'Has DIFferent FORMATs for HIRED and SALARY';
RUN;
```

```
DATA dept1_5;
  SET dept1 dept2 dept3 newdept4 dept5;
RUN;
PROC PRINT DATA=dept1_5;
  TITLE 'Concatenating with DIFferent FORMATs';
RUN;
```

```
DATA dept5_1;
  SET dept5  newdept4  dept3   dept2  dept1  ;
RUN;
PROC PRINT DATA=dept5_1;
  TITLE 'Concatenating with DIFferent FORMATs';
  TITLE2 'and Reversing the Order of the Data Sets';
  TITLE3 'in the SET Statement';
RUN;
```

위의 프로그램은 SET문을 이용하여 5개의 DATASET을 합치는 경우 DATASET의 나열순서와 FORMAT문이 다를 경우에 따라 DATASET이 어떻게 구성되는지를 보여주는 것이다. Dept1_5에서 보면 먼저 dept1 DATASET이 먼저 기준이 되므로

ssn, name, hired, salary, phone, sex변수 순으로 나열되고, hired변수는 date7.로 인식되고 salary변수는 ,가 포함되어 있다. 반면에 Dept5_1에서 보면 먼저 dept5 DATASET이 먼저 기준이 되므로 ssn, name, sex, hired, salary, phone변수 순으로 나열되며, hired변수는 date9.로 인식되어 연도에 두자리가 늘어나 19가 포함되고 salary변수는 ,가 포함되는 것을 볼 수 있다. 즉 자릿수는 기준이 있지만 ,의 경우에는 어디에 있든 똑같이 적용된다.

```
                         Data Set DEPT5
            Has DIFferent FORMATs for HIRED and SALARY

 OBS      ssn           name            sex      hired      salary

  1    688774609   Carlton, Susan        F     28JAN1985    29,200
  2    922448328   Hoffmann, Gerald      M     12OCT1987    27,600
  3    544909752   DePuis, David         M     23AUG1984    32,900
  4    745609821   Hahn, Kenneth         M     23AUG1984    33,300
  5    634774295   Landau, JennIFer      F     30APR1986    32,900
```

```
                   Concatenating with DIFferent FORMATs

 OBS     ssn      name                 hired    salary    phone      sex

  1   429685482   Martin, Virginia     09AUG80  34,800   493-0824
  2   244967839   Singleton, MaryAnn   24APR85  27,900   929-2623
  3   996740216   Leighton, Maurice    16DEC83  32,600   933-6908
  4   675443925   Freuler, Carl        15FEB88  29,900   493-3993
                           (중간생략)
 22   922448328   Hoffmann, Gerald     12OCT87  27,600                M
 23   544909752   DePuis, David        23AUG84  32,900                M
 24   745609821   Hahn, Kenneth        23AUG84  33,300                M
 25   634774295   Landau, JennIFer     30APR86  32,900                F
```

```
                   Concatenating with DIFferent FORMATs
                and Reversing the Order of the Data Sets
                         in the SET Statement

 OBS     ssn      name                 sex     hired    salary   phone

   1  688774609   Carlton, Susan        F   28JAN1985  29,200
   2  922448328   Hoffmann, Gerald      M   12OCT1987  27,600
   3  544909752   DePuis, David         M   23AUG1984  32,900
   4  745609821   Hahn, Kenneth         M   23AUG1984  33,300
                           (중간생략)
  22  244967839  Singleton, MaryAnn         24APR1985  27,900  929-2623
  23  996740216  Leighton, Maurice          16DEC1983  32,600  933-6908
  24  675443925  Freuler, Carl              15FEB1988  29,900  493-3993
  25  845729308  Cage, Merce                19OCT1982  39,800  286-0519
```

6.10 지정된 관찰값의 길이가 다른 DATASET 합치기

```
DATA dept6;
  INPUT ssn $ 1-9   name $ 11-37   sex $ 38 @40 hired date7. salary;
  FORMAT hired date7.;
CARDS;
922854076 Schoenberg, Marguerite          F 19nov84 39800
770434994 Addison-Hardy, Jonathon         M 23feb82 41400
242784883 McNaughton, Elizabeth           F  24jul83  45000
377882806 Tharrington, Catherine          F  28sep84 38600
292450691 Frangipani, Christopher         M 12aug80  43900
;
RUN;
PROC PRINT DATA=dept6;
  TITLE 'Data Set DEPT6';
RUN;
```

```
DATA dept1_6;
  SET dept1 dept2 dept3 newdept4 dept5 dept6;
RUN;
PROC PRINT DATA=dept1_6;
  TITLE 'Concatenating with DIFferent Lengths';
RUN;
```

위의 프로그램은 합쳐지는 DATASET들 중 같은 문자변수에 대해 길이 지정이 다르게 되어 있는 경우에 SET문 뒤에 나열되는 DATASET명들에 따라 어떻게 다른지를 보는 것이다. Dept1_6 DATASET을 살펴보면 SET dept1 dept2 dept3 newdept4 dept5 dept6; 이라고 하였으므로 dept1 DATASET이 기준이 된다. 그런데 dept6 DATASET의 경우 name 변수는 27칼럼으로 지정되어 다른 DATASET보다 8칼럼이 더 큰 것을 볼 수 있다. 이런 경우에는 dept1 DATASET이 기준이 되므로 19칼럼을 기준으로 변수가 생성된다. 그러므로 dept6 DATASET의 경우 name 변수의 값은 19칼럼을 넘어갈 경우에는 잘려나가는 것을 볼 수 있다.

```
                         Data Set DEPT6
OBS     ssn              name                  sex      hired     salary

 1    922854076   Schoenberg, Marguerite        F      19NOV84     39800
 2    770434994   Addison-Hardy, Jonathon       M      23FEB82     41400
 3    242784883   McNaughton, Elizabeth         F      24JUL83     45000
 4    377882806   Tharrington, Catherine        F      28SEP84     38600
 5    292450691   Frangipani, Christopher       M      12AUG80     43900
```

```
               Concatenating with DIfferent Lengths
OBS     ssn     name                   hired   salary    phone      sex

  1 429685482  Martin, Virginia      09AUG80  34,800  493-0824
  2 244967839  Singleton, MaryAnn    24APR85  27,900  929-2623
  3 996740216  Leighton, Maurice     16DEC83  32,600  933-6908
  4 675443925  Freuler, Carl         15FEB88  29,900  493-3993
  5 845729308  Cage, Merce           19OCT82  39,800  286-0519
  6 324987451  Sayre, Jay            15NOV84  44,800  933-2998
  7 596771321  Tolson, Andrew        18MAR88  41,200  929-4800
  8 477562122  Jensen, Helga         01FEB81  47,400  286-2816
                          (중간생략)
 20 988674342  Linzer, Fritz          23JUL82  50,400              M
 21 688774609  Carlton, Susan         28JAN85  29,200              F
 22 922448328  Hoffmann, Gerald       12OCT87  27,600              M
 23 544909752  DePuis, David          23AUG84  32,900              M
 24 745609821  Hahn, Kenneth          23AUG84  33,300              M
 25 634774295  Landau, JennIFer       30APR86  32,900              F
 26 922854076  Schoenberg, Marguer    19NOV84  39,800              F
 27 770434994  Addison-Hardy, Jona    23FEB82  41,400              M
 28 242784883  McNaughton, Elizabe    24JUL83  45,000              F
 29 377882806  Tharrington, Cather    28SEP84  38,600              F
 30 292450691  Frangipani, Christo    12AUG80  43,900              M
```

위의 출력결과를 보면 26-30번째 관찰값들의 경우 name변수의 값 중 오른쪽이 삭제된 것을 볼 수 있다.

```
DATA dept6_1;
  SET dept6   dept5   newdept4
      dept3   dept2   dept1  ;
RUN;

DATA dept1_6a;
  LENGTH name $ 27;
  SET dept1 dept2 dept3
      newdept4 dept5 dept6;
```

```
RUN;

PROC PRINT DATA=dept1_6a;
  TITLE 'Changing the Length of a Character Variable';
  TITLE2 'before Concatenating the Data Sets';
RUN;
```

위의 프로그램은 변수의 길이 지정이 다른 경우 변수값이 잘려나가는 것을 방지하기 위한 것으로 dept6_1 DATASET을 출력하는 것이나 dept1_6a를 출력하는 것이나 동일한 결과를 가진다.

먼저 dept6_1 DATASET의 경우를 보면 먼저 나열되는 순서대로 기준이 되므로 name변수의 값의 길이가 가장 긴 dept6 DATASET을 먼저 나열하면 name변수값의 길이는 27로 인식하게 된다.

또한 dept1_6a DATASET의 경우와 같이 나열되는 순서를 고려하지 않고 원하는 변수의 길이를 지정하여 주면 된다. 즉 dept1 DATASET을 먼저 나열하면 name변수값의 길이는 19로 인식되지만, LENGTH name $ 27; 라고 하여 LENGTH문을 이용하여 name변수의 길이를 27로 지정하면 된다.

오른쪽의 출력된 결과를 보면 name변수값(26~30번째 관찰값)이 잘려나간 것 없이 제대로 보이는 것을 볼 수 있다.

```
                 Changing the Length of a Character Variable
                     before Concatenating the Data Sets

 OBS  name                         ssn       hired  salary   phone     sex

   1  Martin, Virginia         429685482  09AUG80  34,800  493-0824
   2  Singleton, MaryAnn       244967839  24APR85  27,900  929-2623
   3  Leighton, Maurice        996740216  16DEC83  32,600  933-6908
   4  Freuler, Carl            675443925  15FEB88  29,900  493-3993
   5  Cage, Merce              845729308  19OCT82  39,800  286-0519
   6  Sayre, Jay               324987451  15NOV84  44,800  933-2998
   7  Tolson, Andrew           596771321  18MAR88  41,200  929-4800
   8  Jensen, Helga            477562122  01FEB81  47,400  286-2816
   9  Kulenic, Marie           894724859  24JUN83  41,400  493-1472
  10  Zweerink, Anna           988427431  07JUL85  43,700  929-3885
  11  Saparilas, Theresa       744289612  09MAY88  33,400             F
  12  Brosnihan, Dylan         824904032  04JAN82  38,200             M
  13  Chao, Daeyong            242779184  28SEP85  37,500             M
  14  SlIFkin, Leah            544382887  24JUL84  45,000             F
  15  Perry, Marguerite        933476520  19APR82  39,900             F
  16  Gardinski, Barbara       634875680  29MAY88  49,800             F
  17  Robertson, Hannah        824576630  14MAR85  52,700             F
  18  Gresham, Jean            744826703  28APR82  54,000             F
  19  Kruize, Ronald           824447605  23MAY84  49,200             M
  20  Linzer, Fritz            988674342  23JUL82  50,400             M
```

```
 21  Carlton, Susan            688774609  28JAN85  29,200          F
 22  Hoffmann, Gerald          922448328  12OCT87  27,600          M
 23  DePuis, David             544909752  23AUG84  32,900          M
 24  Hahn, Kenneth             745609821  23AUG84  33,300          M
 25  Landau, JennIFer          634774295  30APR86  32,900          F
 26  Schoenberg, Marguerite    922854076  19NOV84  39,800          F
 27  Addison-Hardy, Jonathon   770434994  23FEB82  41,400          M
 28  McNaughton, Elizabeth     242784883  24JUL83  45,000          F
 29  Tharrington, Catherine    377882806  28SEP84  38,600          F
 30  Frangipani, Christopher   292450691  12AUG80  43,900          M
```

6.11 두 개의 DATASET을 합치는 경우 구별 변수의 생성

```
DATA donkey;
  INPUT year 1-4 pres $ 6-29 vicepres $ 31-55 result $ 60-64;
  CARDS;
1920 James M. Cox            Franklin D. Roosevelt     lost
1924 John W. Davis           Charles W. Bryan          lost
1928 Alfred E. Smith         Joseph T. Robinson        lost
1932 Franklin D. Roosevelt   John N. Garner            won
(자료 중간생략)
1972 George S. McGovern      R. Sargent Shriver Jr.    lost
1976 Jimmy Carter            Walter F. Mondale         won
1980 Jimmy Carter            Walter F. Mondale         lost
1984 Walter F. Mondale       Geraldine Ferraro         lost
;
RUN;
PROC PRINT DATA=donkey;
  TITLE 'Democratic Presidential and Vice-Presidential Candidates';
  TITLE2 'from 1920 to 1984';
RUN;
```

```
DATA elephant;
  INPUT year 1-4 pres $ 6-29 vicepres $ 31-55 result $ 60-64;
  CARDS;
1920 Warren G. Harding       Calvin Coolidge           won
1924 Calvin Coolidge         Charles G. Dawes          won
1928 Herbert Hoover          Charles Curtis            won
```

```
1932  Herbert Hoover        Charles Curtis       lost
(자료 중간생략)
1972  Richard M. Nixon      Spiro T. Agnew       won
1976  Gerald R. Ford        Robert J. Dole       lost
1980  Ronald Reagan         George Bush          won
1984  Ronald Reagan         George Bush          won
;
RUN;
PROC PRINT DATA=elephant;
  TITLE 'Republican Presidential and Vice-Presidential Candidates';
  TITLE2 'from 1920 to 1984';
RUN;
```

Donkey DATASET과 elephant DATASET은 동일하게 year, pres, vicepres, result변수를 가지고, result변수의 경우 서로 반대값을 가지는 것을 볼 수 있다.

```
        Democratic Presidential and Vice-Presidential Candidates
                          from 1920 to 1984

OBS   year   pres                     vicepres                  result

  1   1920   James M. Cox             Franklin D. Roosevelt      lost
  2   1924   John W. Davis            Charles W. Bryan           lost
  3   1928   Alfred E. Smith          Joseph T. Robinson         lost
  4   1932   Franklin D. Roosevelt    John N. Garner             won
  5   1936   Franklin D. Roosevelt    John N. Garner             won
  6   1940   Franklin D. Roosevelt    Henry A. Wallace           won
  7   1944   Franklin D. Roosevelt    Harry S. Truman            won
  8   1948   Harry S. Truman          Alben W. Barkley           won
  9   1952   Adlai E. Stevenson       John J. Sparkman           lost
 10   1956   Adlai E. Stevenson       Estes Kefauver             lost
 11   1960   John F. Kennedy          LynDOn B. Johnson          won
 12   1964   LynDOn B. Johnson        Hubert H. Humphrey         won
 13   1968   Hubert H. Humphrey       Edmund S. Muskie           lost
 14   1972   George S. McGovern       R. Sargent Shriver Jr.     lost
 15   1976   Jimmy Carter             Walter F. Mondale          won
 16   1980   Jimmy Carter             Walter F. Mondale          lost
 17   1984   Walter F. Mondale        Geraldine Ferraro          lost
```

```
              Republican Presidential and Vice-Presidential Candidates
                                from 1920 to 1984

  OBS    year    pres                        vicepres                 result

    1    1920    Warren G. Harding           Calvin Coolidge           won
    2    1924    Calvin Coolidge             Charles G. Dawes          won
    3    1928    Herbert Hoover              Charles Curtis            won
    4    1932    Herbert Hoover              Charles Curtis            lost
    5    1936    Alfred M. LanDOn            Frank Knox                lost
    6    1940    Wendell L. Willkie          Charles McNary            lost
    7    1944    Thomas E. Dewey             John W. Bricker           lost
    8    1948    Thomas E. Dewey             Earl Warren               lost
    9    1952    Dwight D. Eisenhower        Richard M. Nixon          won
   10    1956    Dwight D. Eisenhower        Richard M. Nixon          won
   11    1960    Richard M. Nixon            Henry Cabot Lodge         lost
   12    1964    Barry M. Goldwater          William E. Miller         lost
   13    1968    Richard M. Nixon            Spiro T. Agnew            won
   14    1972    Richard M. Nixon            Spiro T. Agnew            won
   15    1976    Gerald R. Ford              Robert J. Dole            lost
   16    1980    Ronald Reagan               George Bush               won
   17    1984    Ronald Reagan               George Bush               won
```

```
DATA intleave;
   SET donkey elephant;
   BY year;
RUN;

PROC PRINT DATA=intleave;
   TITLE 'Presidential and Vice-Presidential Candidates';
   TITLE2 'from 1920 to 1984';
RUN;
```

```
DATA party;
   SET donkey (IN=D) elephant;
   BY year;
   IF D THEN party='Democratic';
   ELSE party='Republican';
RUN;

PROC PRINT DATA=party;
   TITLE 'Presidential and Vice-Presidential Candidates';
   TITLE2 'from 1920 to 1984';
   TITLE3 'including Candidates'' Party';
RUN;
```

Intleave DATASET을 만드는 프로그램에서는 연도별에 의해 donkey DATASET과 elephant DATASET을 합한 것이다. 반면 party DATASET을 만드는 프로그램에서는 어느쪽 DATASET의 자료인지를 구분하여 주는 party변수를 추가한 것이다.

Party DATASET의 경우 (IN=D)이라는 것이 처음 나오는데 이것은 DATASET의 이름을 전부 쓰지 않고 약어로 쓰는 것이다. IN문은 SET문에서 해당 DATASET의 바로 뒤에 IN= 다음에 지정약어를 쓰면 그 다음부터는 지정약어를 써도 무방하다. 즉 SET donkey (IN=D) elephant; 라고 하면 donkey DATASET을 지정할 때 donkey 대신에 D라고 하면 된다. 정당을 지정(어느쪽 자료인지 구분)해 주기 위하여 IF D THEN party='Democratic'; ELSE party='Republican'; 라고 하면 party 변수의 값은 donkey DATASET의 경우 'Democratic'을 가지고, 나머지의 DATASET의 경우에는 'Republican'을 가지므로 어느 정당인지가 구분이 된다.

Presidential and Vice-Presidential Candidates
from 1920 to 1984

OBS	year	pres	vicepres	result
1	1920	James M. Cox	Franklin D. Roosevelt	lost
2	1920	Warren G. Harding	Calvin Coolidge	won
3	1924	John W. Davis	Charles W. Bryan	lost
4	1924	Calvin Coolidge	Charles G. Dawes	won
5	1928	Alfred E. Smith	Joseph T. Robinson	lost
6	1928	Herbert Hoover	Charles Curtis	won
7	1932	Franklin D. Roosevelt	John N. Garner	won
8	1932	Herbert Hoover	Charles Curtis	lost
9	1936	Franklin D. Roosevelt	John N. Garner	won
10	1936	Alfred M. LanDOn	Frank Knox	lost
11	1940	Franklin D. Roosevelt	Henry A. Wallace	won
12	1940	Wendell L. Willkie	Charles McNary	lost
13	1944	Franklin D. Roosevelt	Harry S. Truman	won
14	1944	Thomas E. Dewey	John W. Bricker	lost
15	1948	Harry S. Truman	Alben W. Barkley	won
16	1948	Thomas E. Dewey	Earl Warren	lost
17	1952	Adlai E. Stevenson	John J. Sparkman	lost
18	1952	Dwight D. Eisenhower	Richard M. Nixon	won
19	1956	Adlai E. Stevenson	Estes Kefauver	lost
20	1956	Dwight D. Eisenhower	Richard M. Nixon	won
21	1960	John F. Kennedy	LynDOn B. Johnson	won
22	1960	Richard M. Nixon	Henry Cabot Lodge	lost
23	1964	LynDOn B. Johnson	Hubert H. Humphrey	won
24	1964	Barry M. Goldwater	William E. Miller	lost
25	1968	Hubert H. Humphrey	Edmund S. Muskie	lost
26	1968	Richard M. Nixon	Spiro T. Agnew	won
27	1972	George S. McGovern	R. Sargent Shriver Jr.	lost
28	1972	Richard M. Nixon	Spiro T. Agnew	won
29	1976	Jimmy Carter	Walter F. Mondale	won
30	1976	Gerald R. Ford	Robert J. Dole	lost
31	1980	Jimmy Carter	Walter F. Mondale	lost
32	1980	Ronald Reagan	George Bush	won
33	1984	Walter F. Mondale	Geraldine Ferraro	lost
34	1984	Ronald Reagan	George Bush	won

```
              Presidential and Vice-Presidential Candidates
                           from 1920 to 1984
                      including Candidates' Party

OBS year pres                     vicepres                result  party

  1 1920 James M. Cox             Franklin D. Roosevelt    lost  Democratic
  2 1920 Warren G. Harding        Calvin Coolidge          won   Republican
  3 1924 John W. Davis            Charles W. Bryan         lost  Democratic
  4 1924 Calvin Coolidge          Charles G. Dawes         won   Republican
  5 1928 Alfred E. Smith          Joseph T. Robinson       lost  Democratic
  6 1928 Herbert Hoover           Charles Curtis           won   Republican
  7 1932 Franklin D. Roosevelt    John N. Garner           won   Democratic
  8 1932 Herbert Hoover           Charles Curtis           lost  Republican
  9 1936 Franklin D. Roosevelt    John N. Garner           won   Democratic
 10 1936 Alfred M. LanDOn         Frank Knox               lost  Republican
 11 1940 Franklin D. Roosevelt    Henry A. Wallace         won   Democratic
 12 1940 Wendell L. Willkie       Charles McNary           lost  Republican
 13 1944 Franklin D. Roosevelt    Harry S. Truman          won   Democratic
 14 1944 Thomas E. Dewey          John W. Bricker          lost  Republican
 15 1948 Harry S. Truman          Alben W. Barkley         won   Democratic
 16 1948 Thomas E. Dewey          Earl Warren              lost  Republican
 17 1952 Adlai E. Stevenson       John J. Sparkman         lost  Democratic
 18 1952 Dwight D. Eisenhower     Richard M. Nixon         won   Republican
 19 1956 Adlai E. Stevenson       Estes Kefauver           lost  Democratic
 20 1956 Dwight D. Eisenhower     Richard M. Nixon         won   Republican
 21 1960 John F. Kennedy          LynDOn B. Johnson        won   Democratic
 22 1960 Richard M. Nixon         Henry Cabot Lodge        lost  Republican
 23 1964 LynDOn B. Johnson        Hubert H. Humphrey       won   Democratic
 24 1964 Barry M. Goldwater       William E. Miller        lost  Republican
 25 1968 Hubert H. Humphrey       Edmund S. Muskie         lost  Democratic
 26 1968 Richard M. Nixon         Spiro T. Agnew           won   Republican
 27 1972 George S. McGovern       R. Sargent Shriver Jr.   lost  Democratic
 28 1972 Richard M. Nixon         Spiro T. Agnew           won   Republican
 29 1976 Jimmy Carter             Walter F. Mondale        won   Democratic
 30 1976 Gerald R. Ford           Robert J. Dole           lost  Republican
 31 1980 Jimmy Carter             Walter F. Mondale        lost  Democratic
 32 1980 Ronald Reagan            George Bush              won   Republican
 33 1984 Walter F. Mondale        Geraldine Ferraro        lost  Democratic
 34 1984 Ronald Reagan            George Bush              won   Republican
```

6.12 특정 관찰값 만으로 DATASET 만들기

```
DATA winners(DROP=result);
   SET donkey (IN=D) elephant;
   BY year;
   IF result='won';
   IF D THEN party='Democratic';
   ELSE party='Republican';
RUN;
PROC PRINT DATA=winners;
```

```
   TITLE 'Winning Ticket from 1920 to 1984';
   TITLE2 'including Candidates'' Party';
RUN;
```

위의 프로그램은 result변수값이 'won'인(선거결과 승리한) 자료만을 추출하는 것으로 party변수로 정당을 구분한 것이다.

```
DATA timespan (KEEP=yrsdem yrsrep);
   SET donkey (IN=D) elephant END=lastyear;
    BY year;
   IF result='won' THEN
      DO;
      IF D THEN dwins+1;
      ELSE rwins+1;
      END;
   IF lastyear THEN
      DO;
      yrsdem=dwins*4;
      yrsrep=rwins*4;
      OUTPUT;
      END;
RUN;
PROC PRINT DATA=timespan;
   TITLE 'Total Years of Administration of Each Major Party';
   TITLE2 'from 1921 to 1989';
RUN;
```

위의 프로그램은 전체 1921년부터 1989년까지 정당별로 몇 년동안 대통령을 차지했었는지를 구하는 것이다. 즉 result변수값이 'won'인 경우만 각 정당별로 세는데 D DATASET인 경우는 dwins변수에 elephant DATASET인 경우는 rwins변수에 누적하여 최종 관찰값까지 구한 후에 4를 곱하면 정당별로 대통령을 차지한 기간이 되고, yrsdem, yrsrep변수만 취하여 출력하므로 다음과 같은 결과가 출력된다.

Winning Ticket from 1920 to 1984
including Candidates' Party

OBS	year	pres	vicepres	party
1	1920	Warren G. Harding	Calvin Coolidge	Republican
2	1924	Calvin Coolidge	Charles G. Dawes	Republican
3	1928	Herbert Hoover	Charles Curtis	Republican
4	1932	Franklin D. Roosevelt	John N. Garner	Democratic
5	1936	Franklin D. Roosevelt	John N. Garner	Democratic
6	1940	Franklin D. Roosevelt	Henry A. Wallace	Democratic
7	1944	Franklin D. Roosevelt	Harry S. Truman	Democratic
8	1948	Harry S. Truman	Alben W. Barkley	Democratic
9	1952	Dwight D. Eisenhower	Richard M. Nixon	Republican
10	1956	Dwight D. Eisenhower	Richard M. Nixon	Republican
11	1960	John F. Kennedy	LynDOn B. Johnson	Democratic
12	1964	LynDOn B. Johnson	Hubert H. Humphrey	Democratic
13	1968	Richard M. Nixon	Spiro T. Agnew	Republican
14	1972	Richard M. Nixon	Spiro T. Agnew	Republican
15	1976	Jimmy Carter	Walter F. Mondale	Democratic
16	1980	Ronald Reagan	George Bush	Republican
17	1984	Ronald Reagan	George Bush	Republican

Total Years of Administration of Each Major Party
from 1921 to 1989

OBS	yrsdem	yrsrep
1	32	36

위의 출력결과를 보면 1921년부터 1988년까지 68년 동안 대통령직을 Democratic (민주당)이 32년간 차지하였고, Republican(공화당)이 36년간 차지한 것을 위의 결과를 통하여 알 수 있다.

제7장 MERGE문 활용하기

SAS DATA STEP SAS DATA STEP SAS DATA STEP SAS DATA STEP SAS DATA STEP

7.1 두 개의 DATASET 합치기

```
DATA class;
   INPUT name $ 1-25 year $ 26-34 major $ 36-50;
   CARDS;
Abbott, JenniFer          freshman
Carter, Tom               junior    Theater
Kirby, Elissa             senior      Mathematics
Tucker, Rachel            freshman
Uhl, Roland               sophomore
Wacenske, Maurice         junior      Theater
;
RUN;
PROC PRINT DATA=class;
   TITLE 'The Data Set CLASS';
RUN;
```

```
DATA timeslot;
   INPUT date date7. @10 time $ @17 room $;
   FORMAT date date7.;
   CARDS;
12sep88  10:00  103
12sep88  10:30  103
12sep88  11:00  207
13sep88  10:00  105
13sep88  10:30  105
15sep88  11:00  207
;
PROC PRINT DATA=timeslot;
   TITLE 'Dates, Times, and Locations of Conferences';
RUN;
```

```
DATA schedule;
   MERGE class timeslot;
RUN;
PROC PRINT DATA=schedule;
   TITLE 'Merging CLASS and TIMESLOT to Assign';
   TITLE2 'Conference Times to Students';
RUN;
```

위의 프로그램은 두 개의 DATASET을 가로로 붙이는 것으로 MERGE문을 이용한 것이다. Schedule DATASET은 class, timeslot DATASET을 가로로 붙여 생성한 것으로 MERGE class timeslot; 하면 되고, 관찰값의 수가 서로 다른 경우에는 부족한 쪽에는 결측값이 들어가게 된다.

```
                      The Data Set CLASS

        OBS    name                  year          major

         1     Abbott, JennIFer      freshman
         2     Carter, Tom           junior        Theater
         3     Kirby, Elissa         senior        Mathematics
         4     Tucker, Rachel        freshman
         5     Uhl, Roland           sophomore
         6     Wacenske, Maurice     junior        Theater
```

```
          Dates, Times, and Locations of Conferences

                OBS       date     time     room

                 1      12SEP88    10:00    103
                 2      12SEP88    10:30    103
                 3      12SEP88    11:00    207
                 4      13SEP88    10:00    105
                 5      13SEP88    10:30    105
                 6      15SEP88    11:00    207
```

```
              Merging CLASS and TIMESLOT to Assign
                  Conference Times to Students

 OBS  name                 year        major           date     time   room

  1   Abbott, JennIFer     freshman                  12SEP88   10:00   103
  2   Carter, Tom          junior      Theater       12SEP88   10:30   103
  3   Kirby, Elissa        senior      Mathematics   12SEP88   11:00   207
  4   Tucker, Rachel       freshman                  13SEP88   10:00   105
  5   Uhl, Roland          sophomore                 13SEP88   10:30   105
  6   Wacenske, Maurice    junior      Theater       15SEP88   11:00   207
```

출력된 결과를 보면 MERGE문에서 먼저 나열된 DATASET이 왼쪽에, 나중에 나열된 DATASET은 오른쪽에 있음을 볼 수 있다. 위의 경우 두 DATASET 모두 6개의 관찰값을 가지고 있으므로 붙이는 과정에서 결측값이 나오지 않은 것을 볼 수 있다.

7.2 세 개의 DATASET 합치기 (MERGE문)

```
DATA class2;
   INPUT name $ 1-25 year $ 26-34 major $ 36-50;
   CARDS;
Hitchcock-Tyler, Erin    sophomore
Keil, Deborah            junior          Theater
Nacewicz, Chester        junior          Theater
Norgaard, Rolf           sophomore
Prism, Lindsay           senior          Anthropology
Singh, Rajiv             sophomore
Wittich, Stefan          junior          Physics
;
RUN;
PROC PRINT DATA=class2;
   TITLE 'The Data Set CLASS2';
RUN;
```

```
DATA exercise;
   MERGE class (DROP=year major)
         class2 (DROP=year major RENAME=(name=name2))
         timeslot;
RUN;
PROC PRINT DATA=exercise;
   TITLE 'Merging Three Data Sets While Dropping and Renaming';
   TITLE2 'Some Variables';
RUN;
```

위의 프로그램은 3개의 DATASET을 가로로 붙이는 것으로 DATASET끼리 겹치는 변수가 있는 경우에 DROP문을 이용하여 제거하거나 RENAME문을 이용하며 변수명을 바꾸는 것이다.

Exercise DATASET을 형성하는 것을 보면 먼저 가로로 class, class2, timeslot DATASET을 합치는데 class DATASET은 year와 major변수를 제거한 것을 가지고 하고, class2 DATASET은 year, major변수를 제거하고 name변수는 name2로 변수명을 변경한 것을 가지고 하고, timeslot DATASET은 그대로 합치는 것이다. 즉 MERGE문을 이용하여 DATASET을 합치는 경우 합쳐지는 DATASET의 변수의 제거나 변수명을 바꾸는 것은 해당 DATASET을 뒤에 써주면 된다.

```
                  The Data Set CLASS2

OBS   name                     year         major

 1    Hitchcock-Tyler, Erin    sophomore
 2    Keil, Deborah            junior       Theater
 3    Nacewicz, Chester        junior       Theater
 4    Norgaard, Rolf           sophomore
 5    Prism, Lindsay           senior       Anthropology
 6    Singh, Rajiv             sophomore
 7    Wittich, Stefan          junior       Physics
```

```
         Merging Three Data Sets While Dropping and Renaming
                           Some Variables

OBS   name                 name2                      date     time    room

 1    Abbott, JennIFer     Hitchcock-Tyler, Erin    12SEP88   10:00    103
 2    Carter, Tom          Keil, Deborah            12SEP88   10:30    103
 3    Kirby, Elissa        Nacewicz, Chester        12SEP88   11:00    207
 4    Tucker, Rachel       Norgaard, Rolf           13SEP88   10:00    105
 5    Uhl, Roland          Prism, Lindsay           13SEP88   10:30    105
 6    Wacenske, Maurice    Singh, Rajiv             15SEP88   11:00    207
 7                         Wittich, Stefan                .
```

출력된 결과를 보면 class와 timeslot DATASET은 관찰값의 수가 6개이고 class2 DATASET은 관찰값의 수가 7개 이므로 이를 합친 경우 7번째 관찰값의 경우 문자변수인 name, time, room변수는 공백을 결측값으로 갖고, 날짜변수인 date변수는 숫자로 인식하므로 결측값으로 .을 가지는 것을 볼 수 있다. 또한 class2 DATASET에 해당하는 name2변수는 원래는 name변수의 내용인 것을 볼 수 있다.

7.3 기준변수에 의한 DATASET 합치기

```
DATA company;
   INPUT name $ 1-25 age 27-28 sex $ 30;
   CARDS;
Vincent, Martina          34 F
Phillipon, Marie-Odile    28 F
Gunter, Thomas            27 M
Harbinger, Nicholas       36 M
Benito, Gisela            32 F
Rudelich, Herbert         39 M
Sirignano, Emily          12 F
Morrison, Michael         32 M
;
RUN;
PROC SORT DATA=company;
   BY name;
RUN;
PROC PRINT DATA=company;
   TITLE 'The Data Set COMPANY Sorted by NAME';
RUN;
```

```
DATA finance;
   INPUT ssn $ 1-11 name $ 13-40 salary;
   CARDS;
074-53-9892 Vincent, Martina            35000
776-84-5391 Phillipon, Marie-Odile 29750
929-75-0218 Gunter, Thomas              27500
446-93-2122 Harbinger, Nicholas         33900
228-88-9649 Benito, Gisela              28000
029-46-9261 Rudelich, Herbert           35000
442-21-8075 Sirignano, Emily            5000
;
RUN;
PROC SORT DATA=finance;
   BY name;
RUN;
PROC PRINT DATA=finance;
   TITLE 'The Data Set FINANCE Sorted by NAME';
RUN;
```

```
              The Data Set COMPANY Sorted by NAME

        OBS     name                        age     sex

         1                                   .
         2      Benito, Gisela              32      F
         3      Gunter, Thomas              27      M
         4      Harbinger, Nicholas         36      M
         5      Morrison, Michael           32      M
         6      Phillipon, Marie-Odile      28      F
         7      Rudelich, Herbert           39      M
         8      Sirignano, Emily            12      F
         9      Vincent, Martina            34      F
```

```
              The Data Set FINANCE Sorted by NAME

  OBS       ssn          name                        salary

   1     228-88-9649     Benito, Gisela              28000
   2     929-75-0218     Gunter, Thomas              27500
   3     446-93-2122     Harbinger, Nicholas         33900
   4     776-84-5391     Phillipon, Marie-Odile      29750
   5     029-46-9261     Rudelich, Herbert           35000
   6     442-21-8075     Sirignano, Emily             5000
   7     074-53-9892     Vincent, Martina            35000
```

Company DATASET은 name, age, sex변수로 8개의 관찰값으로 구성되어 있으며, finance DATASET은 ssn, name, salary변수에 7개의 관찰값으로 구성되어 있으며, 두 DATASET 모두 name변수에 의해 올림차순으로 정렬되어 있다.

```
DATA compfin;
   MERGE company finance;
   BY name;
RUN;
PROC PRINT DATA=compfin;
  TITLE 'Merging COMPANY and FINANCE';
RUN;
```

위의 프로그램은 두 개의 DATASET을 가로로 합치는데 특정 변수를 기준으로 하여 DATASET을 형성하는 것이다. 이런 것은 같은 사람의 DATASET인데 관리상 따로 구별해 두었다가 합쳐야 되는 경우 유용하다. 즉 회사에서 사원 인적관리를 할 경우 DATASET이 방대해지므로 따로 구분하여 나누어 놓고(각 DATASET에는 공통부분인 사원번호나 이름, 주민등록번호 같은 것이 하나 이상 있어야 한다), 필요시 합쳐 사용할 때 유용하다. Compfin DATASET을 살펴보면 name변수를 기준으로 하여 company DATASET과 finance DATASET을 합쳐서 형성하는 것이다.

```
DATA reptory;
   INPUT play $ 1-23 role $ 25-48 ssn $ 50-60;
   CARDS;
No Exit                 Estelle                 074-53-9892
No Exit                 Inez                    776-84-5391
No Exit                 Valet                   929-75-0218
No Exit                 Garcin                  446-93-2122
Happy Days              Winnie                  074-53-9892
Happy Days              Willie                  446-93-2122
The Glass Menagerie     Amanda Wingfield        228-88-9649
The Glass Menagerie     Laura Wingfield         776-84-5391
The Glass Menagerie     Tom Wingfield           929-75-0218
The Glass Menagerie     Jim O'Connor            029-46-9261
The Dear Departed       Mrs. Slater             228-88-9649
The Dear Departed       Mrs. Jordan             074-53-9892
The Dear Departed       Henry Slater            029-46-9261
The Dear Departed       Ben Jordan              446-93-2122
The Dear Departed       Victoria Slater         442-21-8075
The Dear Departed       Abel Merryweather       929-75-0218
;
PROC PRINT DATA=reptory;
   TITLE 'The Data Set REPTORY';
RUN;
```

```
                    Merging COMPANY and FINANCE

OBS    name                       age    sex       ssn          salary

 1                                 .                               .
 2     Benito, Gisela             32     F     228-88-9649     28000
 3     Gunter, Thomas             27     M     929-75-0218     27500
 4     Harbinger, Nicholas        36     M     446-93-2122     33900
 5     Morrison, Michael          32     M                         .
 6     Phillipon, Marie-Odile     28     F     776-84-5391     29750
 7     Rudelich, Herbert          39     M     029-46-9261     35000
 8     Sirignano, Emily           12     F     442-21-8075      5000
 9     Vincent, Martina           34     F     074-53-9892     35000
```

출력된 결과를 보면 각 관찰값들이 name변수값에 의해 합쳐진 것을 볼 수 있다. 특히 주의하여 볼 사항은 company DATASET의 관찰값은 8개이고, finance

DATASET의 관찰값을 7개로 서로 관찰값의 수가 같지 않은 경우을 합쳐서 형성된 결과는 name변수값을 기준으로 하였으므로 한쪽에 없는 관찰값의 경우 결측값으로 들어가게 된다. 위에서도 4번째 관찰값을 보면 company DATASET에만 있고 finance datase에는 없으므로 이에 해당하는 ssn, salary변수는 결측값을 가지는 것을 볼 수 있다.

```
                      The Data Set REPTORY

 OBS   play                    role                 ssn

   1   No Exit                 Estelle              074-53-9892
   2   No Exit                 Inez                 776-84-5391
   3   No Exit                 Valet                929-75-0218
   4   No Exit                 Garcin               446-93-2122
   5   Happy Days              Winnie               074-53-9892
   6   Happy Days              Willie               446-93-2122
   7   The Glass Menagerie     Amanda Wingfield     228-88-9649
   8   The Glass Menagerie     Laura Wingfield      776-84-5391
   9   The Glass Menagerie     Tom Wingfield        929-75-0218
  10   The Glass Menagerie     Jim O'Connor         029-46-9261
  11   The Dear Departed       Mrs. Slater          228-88-9649
  12   The Dear Departed       Mrs. Jordan          074-53-9892
  13   The Dear Departed       Henry Slater         029-46-9261
  14   The Dear Departed       Ben Jordan           446-93-2122
  15   The Dear Departed       Victoria Slater      442-21-8075
  16   The Dear Departed       Abel Merryweather    929-75-0218
```

```
PROC SORT DATA=finance;
   BY ssn;
RUN;
PROC SORT DATA=reptory;
   BY ssn;
RUN;
PROC PRINT DATA=finance;
   TITLE 'The Data Set FINANCE Sorted by SSN';
RUN;
```

```
PROC PRINT DATA=reptory;
   TITLE 'The Data Set REPTORY Sorted by SSN';
RUN;
```

```
DATA finrep;
   MERGE finance reptory;
   BY ssn;
RUN;
```

```
PROC PRINT DATA=finrep;
   TITLE 'Adding Players'' Names to REPTORY';
   TITLE2 'by';
   TITLE3 'Merging It with FINANCE';
RUN;
```

위의 프로그램은 ssn변수에 의해 정렬된 DATASET인 finance, reptory DATASET을 이용하여 이를 ssn변수에 의하여 합쳐서 새로운 DATASET인 finrep DATASET을 만드는 것이다. 그런데 finance DATASET의 경우에는 7개의 관찰값만 가지고, reptory DATASET은 16개의 관찰값을 가지는 것을 볼 수 있으며, ssn변수의 값을 두 DATASET 모두 공통적으로 가지고 있다. 이를 출력결과와 같이 보면 finance DATASET의 관찰값의 수도 16개인 것처럼 된다. 물론 두 DATASET의 ssn변수값이 겹치지 않는 경우가 있다면 결측값이 들어갈 수도 있지만 여기서는 그런 경우가 없으므로 결측값이 없는 것을 볼 수 있다.

The Data Set FINANCE Sorted by SSN

OBS	ssn	name	salary
1	029-46-9261	Rudelich, Herbert	35000
2	074-53-9892	Vincent, Martina	35000
3	228-88-9649	Benito, Gisela	28000
4	442-21-8075	Sirignano, Emily	5000
5	446-93-2122	Harbinger, Nicholas	33900
6	776-84-5391	Phillipon, Marie-Odile	29750
7	929-75-0218	Gunter, Thomas	27500

The Data Set REPTORY Sorted by SSN

OBS	play	role	ssn
1	The Glass Menagerie	Jim O'Connor	029-46-9261
2	The Dear Departed	Henry Slater	029-46-9261
3	No Exit	Estelle	074-53-9892
4	Happy Days	Winnie	074-53-9892
5	The Dear Departed	Mrs. Jordan	074-53-9892
6	The Glass Menagerie	Amanda Wingfield	228-88-9649
7	The Dear Departed	Mrs. Slater	228-88-9649
8	The Dear Departed	Victoria Slater	442-21-8075
9	No Exit	Garcin	446-93-2122
10	Happy Days	Willie	446-93-2122
11	The Dear Departed	Ben Jordan	446-93-2122
12	No Exit	Inez	776-84-5391
13	The Glass Menagerie	Laura Wingfield	776-84-5391
14	No Exit	Valet	929-75-0218
15	The Glass Menagerie	Tom Wingfield	929-75-0218
16	The Dear Departed	Abel Merryweather	929-75-0218

```
                Adding Players' Names to REPTORY
                               by
                    Merging It with FINANCE

   OBS       ssn          name                          salary

     1   029-46-9261   Rudelich, Herbert               35000
     2   029-46-9261   Rudelich, Herbert               35000
     3   074-53-9892   Vincent, Martina                35000
     4   074-53-9892   Vincent, Martina                35000
     5   074-53-9892   Vincent, Martina                35000
     6   228-88-9649   Benito, Gisela                  28000
     7   228-88-9649   Benito, Gisela                  28000
     8   442-21-8075   Sirignano, Emily                 5000
     9   446-93-2122   Harbinger, Nicholas             33900
    10   446-93-2122   Harbinger, Nicholas             33900
    11   446-93-2122   Harbinger, Nicholas             33900
    12   776-84-5391   Phillipon, Marie-Odile          29750
    13   776-84-5391   Phillipon, Marie-Odile          29750
    14   929-75-0218   Gunter, Thomas                  27500
    15   929-75-0218   Gunter, Thomas                  27500
    16   929-75-0218   Gunter, Thomas                  27500

   OBS   play                    role

     1   The Glass Menagerie     Jim O'Connor
     2   The Dear Departed       Henry Slater
     3   No Exit                 Estelle
     4   Happy Days              Winnie
     5   The Dear Departed       Mrs. Jordan
     6   The Glass Menagerie     Amanda Wingfield
     7   The Dear Departed       Mrs. Slater
     8   The Dear Departed       Victoria Slater
     9   No Exit                 Garcin
    10   Happy Days              Willie
    11   The Dear Departed       Ben Jordan
    12   No Exit                 Inez
    13   The Glass Menagerie     Laura Wingfield
    14   No Exit                 Valet
    15   The Glass Menagerie     Tom Wingfield
    16   The Dear Departed       Abel Merryweather
```

7.4 특정변수를 제거하고 DATASET 합치기

```
DATA newrep (DROP=ssn);
   MERGE finance (DROP=salary) reptory;
   BY ssn;
RUN;

PROC PRINT DATA=newrep;
   TITLE 'Replacing Players'' Social Security Numbers';
   TITLE2 'with Their Names';
RUN;
```

위의 프로그램은 두 개의 DATASET을 기준변수를 토대로 가로로 합치는 경우 특정 변수를 제거하고 합치는 것이다. Newrep DATASET을 만드는데 finance DATASET에서는 salary변수를 제거한 후에 reptory DATASET과 ssn변수에 의해 가로로 합치고, 그 후에 ssn변수를 삭제하여 형성하는 것이다.

MERGE문을 이용한 DATASET 합치기

- MERGE문을 이용하여 DATASET을 가로로 붙일 수 있으며, BY문을 이용하여 같은 관찰값끼리 연결시킬수 있다. 단 이미 정렬되어 있어야 가능하다.

```
DATA 생성될 dataset명(DROP = 변수명 );
 MERGE 합쳐질 dataset명1(DROP=변수명1)
          합쳐질 dataset명2(DROP=변수명2)
                    ...
          합쳐질 dataset명N(DROP=변수명N);
 BY 변수명3 ;
```

```
               Replacing Players' Social Security Numbers
                            with Their Names

OBS   name                       play                  role

  1   Rudelich, Herbert          The Glass Menagerie   Jim O'Connor
  2   Rudelich, Herbert          The Dear Departed     Henry Slater
  3   Vincent, Martina           No Exit               Estelle
  4   Vincent, Martina           Happy Days            Winnie
  5   Vincent, Martina           The Dear Departed     Mrs. Jordan
  6   Benito, Gisela             The Glass Menagerie   Amanda Wingfield
  7   Benito, Gisela             The Dear Departed     Mrs. Slater
  8   Sirignano, Emily           The Dear Departed     Victoria Slater
  9   Harbinger, Nicholas        No Exit               Garcin
 10   Harbinger, Nicholas        Happy Days            Willie
 11   Harbinger, Nicholas        The Dear Departed     Ben Jordan
 12   Phillipon, Marie-Odile     No Exit               Inez
 13   Phillipon, Marie-Odile     The Glass Menagerie   Laura Wingfield
 14   Gunter, Thomas             No Exit               Valet
 15   Gunter, Thomas             The Glass Menagerie   Tom Wingfield
 16   Gunter, Thomas             The Dear Departed     Abel Merryweather
```

두 개 이상의 DATASET 합치기 – ET, MERGE, UPDATE, APPEND

- SET문은 두 개 이상의 DATASET을 세로로 합치는 것으로 합칠 DATASET을 나열해 주면 된다.
- MERGE문은 DATASET을 가로로 합치는 것이다.
- UPDATE는 기존 DATASET을 새로운 DATASET의 값으로 교체한다. 즉 동일한 이름의 변수가 존재하여야 한다(17장).
- APPEND PROCEDURE는 기본 DATASET에 다른 DATASET을 추가시킨다

제8장 새로운 변수의 생성

SAS DATA STEP SAS DATA STEP SAS DATA STEP SAS DATA STEP SAS DATA STEP

8.1 새로운 변수 만들기

```
DATA newair;
   SET travel;
   newacost=aircost+10;
RUN;
PROC PRINT DATA=newair;
   VAR country aircost newacost;
   TITLE 'Increasing the Air Fare by $10 in All Observations';
RUN;
```

위의 프로그램은 이미 생성된 DATASET을 이용하여 새로운 변수를 추가하여 새로운 DATASET을 만드는 방법이다. Newair DATASET을 살펴보면 앞에서 만들어진 travel DATASET의 모든 변수들을 취하면서 aircost라는 변수를 이용하여 생성된 newcost변수가 1개 더 있게 된다. 이미 있는 변수를 조작하여 새로운 변수를 만들고자 할 경우 우리가 일반적으로 사용하는 수식과 같은 형태로 사용하면 된다. 즉 = 을 기준으로 왼쪽은 새로이 생성될 변수명를 쓰고 오른쪽에는 원하는 형태의 식을 쓰면 된다. 이때 사용되는 수식은 일반 사칙연산에서부터 SAS에 내장된 함수를 이용하여 원하는 수식을 구현할 수 있다.

사용할 수 있는 위치는 CARDS문이 있는 경우에는 DATA문 다음 CARDS문 전에 위치하여야 하고, CARDS문이 없는 경우에는 PROCEDURE가 나오기 전단계의 RUN문 앞에 위치하여야 현재 DATASET에 적용되고 그외의 위치에 사용하면 오류가 발생한다.

위에서도 살펴보면 newacost변수는 이미 있는 aircost변수의 관찰값에 각각 10을 더하여 생성되며 사용위치는 DATA newair; 다음에 PROC PRINT가 실행되기 전단계의 RUN; 앞에 위치하고 있음을 볼 수 있다. 이렇게 해서 생성된 newair

DATASET에는 country, nights, aircost, landcost, vendor변수와 aircost변수의 관찰값에 10을 더해서 만들어진 newacost변수가 존재한다.

PRINT PROCEDURE에서 newair DATASET을 VAR문을 사용하지 않으면 있는 변수가 전부 출력되므로 country, nights, aircost, landcost, vendor, newacost 변수가 출력되는데 위의 프로그램에서는 VAR문 다음에 변수를 지정하였으므로 전체 변수들 중 해당 변수만 출력되게 된다.

```
Increasing the Air Fare by $10 in All Observations

         OBS    country    aircost    newacost

          1     France       793        803
          2     Spain        805        815
          3     India         .          .
          4     Peru         722        732
```

위의 출력 결과에서 주목하여 볼 사항은 원래 aircost변수의 3번째 관찰값이 결측값이었으므로 aircost변수에 10을 더하여 생성된 newacost변수의 관찰값도 역시 결측값으로 인식한다는 것이다.

새로운 변수 만들기

- 이미 존재하는 변수를 이용하여 새로운 변수를 만들 수가 있으며, 만드는 방법은 사칙연산은 물론이고 SAS에서 지원되는 여러 가지 함수를 가지고 수식을 쓰는 형태와 마찬가지로 만들 수 있다.

새로운 변수명 = 수식 ;

– 기본 사칙연산 : +, –, *, / (가감승제), **(제곱) 등

– 지원되는 SAS 내장함수

- •ABS – 절대값
- •DIM – ARRAY문 사용할 때 원소의 개수
- •MOD – 나눗셈에서 나머지 정수값
- •SQRT – 제곱근
- •EXP – 지수함수
- •LOG – 자연로그

예) x = SQRT(y1) + 2*EXP(y2)*LOG(y3)/ABS(y4) ; $x = \sqrt{y_1} + 2*e^{y_2}*\log y_3/|y_4|$

라는 식을 SAS에서 표기한 것이다. 즉 변수 x에는 y1변수의 제곱근에 y2변수의 지수값에 2를 곱하고 y3변수에 자연로그를 취하여 곱한 후에 y4변수에 절대값을 취하여 나눈 값으로 형성된다.

8.2 IF문의 형식

```
DATA bonus;
 SET travel;
 IF vendor='Hispania' THEN bonuspts='For 10+ people';
 ELSE IF vendor='Mundial' THEN bonuspts='Yes';
RUN;
PROC PRINT DATA=bonus;
 VAR country vendor bonuspts;
 TITLE 'The SAS System Creates a Variable for All Observations';
RUN;
```

위의 프로그램에서 사용된 IF~THEN문, ELSE IF ~THEN문이 사용되는 것은 크게 두가지로 나누어 보면 어떤 조건식에 맞는 경우 새로운 변수를 만들거나 기존의 값을 변화시키고자 하는 경우에 사용된다. 위의 프로그램은 IF~THEN문, ELSE IF ~THEN문을 이용하여 특정변수의 조건에 맞는 경우에 대하여 새로운 변수를 만드는 것이다.

Bonus DATASET을 보면 travel DATASET의 모든 변수와 관찰값을 그대로 이용하여 vendor변수의 특정값을 갖는 관찰값에 대해 새로운 변수 bonuspts에 특정값을 지정하는 것이다. 즉 vendor변수의 값이B'Hispania'이면 bonuspts변수에 'For 10+ people'이라고 넣고, vendor변수의 값중 'Mundial'이면 bonuspts변수에는 'Yes'라고 넣으며, vendor변수의 값이 'Hispania'과 'Mundial'이 아닌 나머지에 대해서는 bonuspts변수의 값은 MISSING이 된다.

IF문의 형식은 IF 조건식 THEN 실행문 ; 으로 구성되며 조건식이 참이 되면 실행문이 수행된다. 또한 IF문이 같은 변수에 대해 연속적으로 사용될 때는 ELSE IF 문을 사용하면 편리하다.

IF문에서 사용되는 조건식

=	같다	^=	같지 않다
〉=	크거나 같다	AND	논리곱
〈=	작거나 같다	OR	논리합
〈	작다	NOT	아니다
〉	크다		

```
The SAS System Creates a VARiable for All Observations

OBS    country    vendor      bonuspts

 1     France     Major
 2     Spain      Hispania    For 10+ people
 3     India      Royal
 4     Peru       Mundial     Yes
```

PRINT PROCEDURE에서 출력되는 변수를 country, vendor, bonuspts로 지정하였으므로 세 변수만 출력되었음을 볼 수 있다. 새로이 생성된 bonuspts변수를 보면 앞의 프로그램에서 IF문에 의해서 그대로 적용된 것을 볼 수 있다. Vendor변수의 값이 'Hispania'인 2번째 관찰값의 경우에 bonuspts변수는 'For 10+ people'이고, vendor변수의 값이 'Mundial'인 4번째 관찰값의 경우에 bonuspts변수의 값은 'Yes'임을 볼 수 있다. 또한 그외의 것인 1, 3번째 관찰값의 경우에는 vendor변수의 값이 아무런 작업을 행하지 않았으므로 결측값(문자변수의 결측값은 공백)을 가지는 것을 볼 수 있다.

IF문의 형식

- IF문은 어떤 조건식에 맞는 경우 새로운 변수를 만들거나 기존의 값을 변화시키고자 하는 경우에 사용된다.
  ① IF 조건식 ; –조건식에 맞는 것(참인 것)만 취한다.
  ② IF 조건식 THEN 실행문 ; –조건식에 맞는 것만 실행문을 행한다.
  ③ IF 조건식1 THEN 실행문1 ; ELSE IF 조건식2 THEN 실행문2 ;
- 조건식1에 맞으면 실행문1을 행하고, 틀리면 조건식2가 조건에 맞는지를 보고 실행문2를 실행한다. 조건식1과 2가 전부 거짓이 되는 관찰값은 아무 실행문도 행하지 않게 된다.
  ④ IF 조건식1 THEN 실행문1 ; ELSE IF 조건식2 THEN 실행문2 ;
  ELSE 실행문3 ;
- 조건식1과 2의 경우에 대해 참인 것은 ③의 경우와 같으며, 조건식1과 2에 대해 모두 거짓이면 실행문3을 행한다.

8.3 변수의 값 바꾸기

```
DATA newair2;
   SET travel;
   aircost=aircost+10;
RUN;
PROC PRINT DATA=newair2;
   VAR country aircost;
   TITLE 'Changing the Information in a Variable';
RUN;
```

위의 프로그램은 SAS DATASET에 존재하는 변수들의 값을 변화시키는 것이다. 앞에서는 이미 존재하는 변수를 가지고 적절한 수식을 이용하여 새로운 변수를 만드는 방법에 대해 언급을 했었다. 여기서도 앞에서와 동일하며, 새로운 변수를 만드는 것이 아니라 기존의 변수의 값을 변화시킨다는 것만 다르다. 그러므로 수식을 쓰는 방법은 앞에서와 동일하고 다만 왼쪽에 사용되는 변수의 이름이 앞에서는 새로운 변수이었던 반면 여기서는 기존에 존재하는 변수라는 점이다.

Newair2 DATASET은 travel DATASET의 변수를 이용하면서 aircost변수의 값들에 일정값을 더하여 만든 것이다. 즉 aircost=aircost+10; 라고 하면 travel DATASET에서 aircost의 값이 20이라면 newair2 DATASET의 aircost변수의 값은 30이라는 것이다. 이처럼 동일한 변수를 사용할 경우 DATASET에 따라 관찰값이 다르다는 것을 볼 수 있고, 동일한 변수를 사용하는 경우 원래값에 덮어씌워진다는 것을 볼 수 있다. 여기에서 주의하여야 할 사항은 관찰값 중 결측값이 있는 경우에는 특정값을 더하여도 결측값으로 존재한다는 것이다. 즉 travel DATASET에서 aircost변수의 3번째 관찰값이 결측값이었으므로 newair2 DATASET의 aircost 변수의 값 또한 결측값이라는 것이다. 이것은 이미 존재하는 변수를 가지고 수식으로 새로운 변수를 만들든, 기존 변수에 덮어 씌우든 결측값은 그대로 결측값인 것을 알 수 있다. 결측값이 안되기 위해서는 SAS에서 제공되는 함수를 이용할 수 있다. 즉 aircost=SUM(aircost, 10);이라고 하면 원래 aircost값이 결측값인 경우 계산후 aircost변수값은 10이 된다.

이를 PRINT PROCEDURE를 이용하여 출력하는데 country와 aircost변수를 지정하였으므로 오른쪽의 결과는 두 변수만이 출력된다.

```
            Changing the InFORMATion in a VARiable

                 OBS    country    aircost

                  1     France       803
                  2     Spain        815
                  3     India          .
                  4     Peru         732
```

출력된 결과를 살펴보면 travel DATASET에서는 aircost의 값이 각각 793, 805, ., 722이었는데 newair2 DATASET의 aircost변수의 값들은 10을 더한 값인 803, 815, ., 732로 바뀐 것을 볼 수 있다. 또한 3번째 관찰값의 경우 그대로 결측값인 것에 주의하여야 한다.

변수의 값 바꾸기

- 이미 존재하는 변수의 값을 변환시킬 수 있다. 이것은 새로운 변수를 생성하는 방법과 수식을 사용하는 방법은 같으나 왼쪽에 기존에 존재하는 변수명이 온다는 것만 다르다.
- 변수의 값을 적당한 수식을 이용하여 변경할 경우, 관찰값중 결측값이 있는 경우에 변경된 값 역시 결측값이다.

기존의 변수명 = 수식 ;

8.4 변수의 관찰값 길이 정하기

```
DATA newinfo;
 SET travel;
 IF vendor='Hispania' THEN remarks='Bonus for 10+ people';
 ELSE IF vendor='Mundial' THEN remarks='Bonus points';
 ELSE IF vendor='Major' THEN remarks='Discount: 30+ people';
RUN;
PROC PRINT DATA=newinfo;
 VAR country vendor remarks;
```

```
 TITLE 'Using Variables Efficiently';
RUN;
```

위의 프로그램은 IF ~ ELSE IF문을 이용하여 문자값을 가지는 새로운 변수를 생성하는 프로그램이다. 즉 vendor의 값이 'Hispania' 이면 remarks변수의 값은 'Bonus for 10+ people'로, vendor변수의 값이 각각 'Mundial', 'Major'일 경우 remarks변수의 값은 'Bonus points','Discount: 30+ people'로 넣으며 그외의 경우 remarks변수의 값은 결측값이 된다. 여기에서 ELSE IF 대신에 IF를 써도 무방하나 ELSE IF를 사용하는 것이 비교하는 횟수를 줄이므로 프로그램이 실행되는데는 더 효율적이다.

```
DATA newstmt;
 SET travel;
 LENGTH remarks $ 30;
 IF vendor='Hispania' THEN remarks='Bonus for 10+ people';
 ELSE IF vendor='Mundial' THEN remarks='Bonus points';
 ELSE IF vendor='Major' THEN remarks='Discount for 30+ people';
RUN;
PROC PRINT DATA=newstmt;
 VAR country vendor remarks;
 TITLE 'Using a LENGTH Statement';
RUN;
```

Newinfo DATASET을 만드는 프로그램과 newstmt DATASET을 만드는 프로그램의 차이점은 newstmt DATASET에는 변수의 관찰값의 길이를 지정하는 LENGTH를 이용한 것이다. LENGTH 다음에 해당변수와 자릿수를 지정하면 그 변수의 관찰값은 자릿수만큼만 나오고 그 이상일 경우 뒷부분이 삭제된다.

```
              Using VARiables Efficiently

     OBS    country    vendor      remarks

      1     France     Major       Discount: 30+ people
      2     Spain      Hispania    Bonus for 10+ people
      3     India      Royal
      4     Peru       Mundial     Bonus points
```

IF문을 이용하여 remarks라는 새로운 변수를 만들었으며, 문자변수의 경우 결측값은 공백이므로 3번째 관찰값은 공백인 것을 볼 수 있다.

```
                    Using a LENGTH Statement

     OBS    country    vendor       remarks

      1     France     Major        Discount for 30+ people
      2     Spain      Hispania     Bonus for 10+ people
      3     India      Royal
      4     Peru       Mundial      Bonus points
```

위의 출력결과 6은 출력결과 5번과 같은 것처럼 보이지만 출력결과 6의 경우는 remarks변수의 관찰값의 길이를 지정한 것이다. 즉 remarks변수의 관찰값 중 30자가 넘는 관찰값이 존재하였다면 출력결과가 다르지만 위의 경우에는 30자 안쪽이므로 같은 출력결과를 가지게 된다.

변수의 관찰값 길이 정하기

- 문자변수의 경우에 관찰값의 길이는 LENGTH문을 이용하여 원하는 길이로 지정할 수 있다.
- 지정된 자릿수보다 관찰값의 길이가 작을 경우는 관찰값이 그대로 나타나지만 관찰값의 길이가 더 길 경우에 오른쪽이 절단되어 나타난다.

LENGTH 문자변수명 $ 자릿수 ;

8.5 특정 관찰값들을 삭제하기 (IF, DELETE문)

```
DATA subset;
   SET travel;
   IF country='Peru' THEN DELETE;
RUN;
PROC PRINT DATA=subset;
   TITLE 'Omitting a Discontinued Tour';
RUN;
```

위의 프로그램은 IF문과 DELETE를 이용하여 특정 관찰값에 해당되는 행들을 삭제하는 것이다. Subset DATASET의 경우를 보면 travel DATASET의 변수는 그대로 가지면서 관찰값들 중 country변수의 값중 'Peru'를 가지면 그 행은 삭제된 것이다.

특정 조건에 맞는 관찰값의 행을 삭제하고자 할 경우에 IF문을 이용하면 된다. 즉 IF문 다음에 조건을 쓰고 THEN DELETE ; 하면 조건에 맞는 행은 삭제된다. 그러므로 조건에 맞는 관찰값들이 있는 경우에 삭제되므로 관찰값들의 갯수는 같거나 더 작게 된다. 위에서도 보면 travel DATASET의 경우 관찰값들의 갯수는 4개인 반면 subset DATASET의 관찰값은 country변수의 관찰값이 'Peru'인 1개가 삭제되므로 3개의 관찰값들만을 가지는 것을 다음 출력결과를 보면 확인할 수 있다. 여기서 문자변수인 경우에는 반드시 관찰값을 ' ' 안에 넣어야 하며 숫자변수인 경우에는 생략한다.

또한 위에서 country변수의 관찰값이 'Peru'인 것만 가지고 DATASET을 만들려고 한다면

① IF country ^= 'Peru' THEN DELETE ;

② IF country='France' OR country='Spain' OR country='India' THEN DELETE ;

(단 ②의 경우는 country변수의 관찰값이 France, Spain, India, Peru만으로 구성된 경우에 사용가능하고 다른 관찰값이 있는 경우 OR을 이용해서 계속나열)

하면 된다. 즉 country변수의 관찰값이 'Peru'가 아닌 것은 전부 삭제되고 country변수의 관찰값이 'Peru'인 것만 남게 된다.

이러한 방법을 통하여 특정 관찰값들만 취하여 DATASET을 만드는 것은 우리가 전체 관찰값들 중 어떤 일부분만 취하여 분석하여야 할 경우에 유용하다.

```
                  Omitting a Discontinued Tour

OBS    country    nights    aircost    landcost    vendor

 1     France       8         793        575       Major
 2     Spain       10         805        510       Hispania
 3     India       10          .         489       Royal
```

출력된 결과를 보면 country변수의 관찰값중 'Peru'를 가지는 관찰값들(행)은 없는 것을 볼 수 있다. 특히 해당변수의 값만 삭제되는 것이 아니라 모든 변수에 해당되는 값들 즉 해당 행이 삭제된 것을 볼 수 있다.

특정 관찰값들을 삭제하기(IF와 DELETE 사용)

- IF문을 이용하여 특정 조건에 맞는 관찰값의 행을 삭제할 수 있다.
- 조건식을 지정할 경우 해당 관찰값은 ' '안에 표시해 주어야 하며 숫자변수인 경우에는 생략해도 상관없다.
- 조건식을 지정하는 경우 AND나 OR을 이용하여 여러 변수에 해당하는 값들을 각각 지정하거나 어느 한 변수에 대해 여러가지 값을 지정하여 할 수 있다.
- 조건식을 지정할 경우 특정값을 제외하고 모든 삭제할 경우는 NOT을 이용하면 편리하다. 즉 변수명 ^= 관찰값 하면 된다.

IF 조건식 THEN DELETE ; –조건식에 맞으면 삭제

IF 변수1 = '관찰값1' AND 변수2='관찰값2' THEN DELETE ;

– 변수1의 값이 '관찰값1'을 가지면서 변수2의 값이 '관찰값2'를 가질 경우 삭제됨

IF 변수1 ^= '관찰값1' OR 변수2 ^='관찰값2' THEN DELETE ;

– 변수1의 값이 '관찰값1'을 가지면서 변수2의 값이 '관찰값2'를 가질 경우만 선택됨

8.6 수식을 이용한 변수생성

```
DATA tours;
   INPUT country $ 1-11 nights aircost landcost vendor $;
CARDS;
Japan          8  982 1020 Express
Greece        12   .   748 Express
New Zealand   16 1368 1539 Southsea
Ireland        7  787  628 Express
Venezuela      9  426  505 Mundial
Italy          8  852  598 Express
```

```
USSR          14 1106 1024 A-B-C
Switzerland    9  816  834 Tour2000
Australia     12 1299 1169 Southsea
Brazil         8  682  610 Almeida
;
PROC PRINT DATA=tours;
   TITLE 'Data Set Tours';
RUN;
```

Tours DATASET에서 주의하여 볼 사항은 country변수의 관찰값이 빈 공백을 포함하고 있으므로 시작칼럼과 끝칼럼을 지정해야 한다.

```
DATA newtour;
   SET tours;
   totcost=aircost+landcost;
   peakair=(aircost*1.10)+8;
   nitecost=landcost/nights;
PROC PRINT DATA=newtour;
   VAR country nights aircost landcost totcost peakair nitecost;
   TITLE 'New Variables Containing Calculated Values';
RUN;
```

Newtour DATASET에서 보면 tours DATASET을 그대로 이용하는데 있어 totcost, peakair, nitecost변수가 더 포함되어 있으며 기존 변수를 변화시켜서 만든다. Peakair변수의 경우를 보면 먼저 aircost변수에 1.10을 곱한 후에 8을 더하여 생성하는데 순서가 곱하기 먼저이므로 괄호가 없어도 연산결과는 같게 된다.

```
                          DATA SET Tours

 OBS    country          nights    aircost    landcost    vendor

   1    Japan               8         982        1020     Express
   2    Greece             12           .         748     Express
   3    New Zealand        16        1368        1539     Southsea
   4    Ireland             7         787         628     Express
   5    Venezuela           9         426         505     Mundial
   6    Italy               8         852         598     Express
   7    USSR               14        1106        1024     A-B-C
   8    Switzerland         9         816         834     Tour2000
   9    Australia          12        1299        1169     Southsea
  10    Brazil              8         682         610     Almeida
```

```
                    New VARiables Containing Calculated Values

 OBS  country        nights  aircost  landcost  totcost  peakair  nitecost

   1  Japan             8       982     1020      2002    1088.2   127.500
   2  Greece           12         .      748         .         .    62.333
   3  New Zealand      16      1368     1539      2907    1512.8    96.188
   4  Ireland           7       787      628      1415     873.7    89.714
   5  Venezuela         9       426      505       931     476.6    56.111
   6  Italy             8       852      598      1450     945.2    74.750
   7  USSR             14      1106     1024      2130    1224.6    73.143
   8  Switzerland       9       816      834      1650     905.6    92.667
   9  Australia        12      1299     1169      2468    1436.9    97.417
  10  Brazil            8       682      610      1292     758.2    76.250
```

나타난 결과에서 보면 2번째 행의 경우 aircost변수의 값이 결측값이므로 이에 의해서 생성된 totcost와 peakair 변수의 값 역시 결측값임을 볼 수 있다.

8.7 ROUND, SUM함수를 이용한 새로운 변수의 생성

```
DATA moretour;
 SET tours;
 roundair=ROUND(aircost,50);
 totcostr=ROUND(aircost+landcost,100);
 sumcost=SUM(aircost,landcost);
 roundsum=ROUND(SUM(aircost,landcost),100);
PROC PRINT DATA=moretour;
 VAR country aircost landcost roundair totcostr sumcost roundsum;
 TITLE 'Rounding and Summing Values';
RUN;
```

위의 프로그램은 SAS 내장함수를 이용하여 새로운 변수를 생성하는 방법에 관한 것이다. moretour DATASET은 tours DATASET의 변수들과 새로이 생성된 roundair, totcostr, sumcost, roundsum변수로 구성된 것이다. 여기에서 변수를 새로이 생성할 때 반올림에 이용되는 ROUND함수와 합계를 구하는 SUM함수를 이용하였다.

ROUND함수는 ROUND(변수, 반올림 숫자)의 형식으로 사용되며, 변수의 값이 (반올림숫자±반올림숫자/2) 사이에 있으면 반올림 숫자가 되고, (반올림숫자–반올림숫자/2)보다 작은 경우 버리고, (반올림숫자+반올림숫자/2)보다 크면 반올림된다. 즉 위의 경우 roundair=ROUND(aircost,50)이라고 하면 aircost변수의 값중 마지막 두자리의 수가 25에서 75 사이인 경우에는 roundair변수의 값의 마지막 두자리는 50의 값을 가지게 된다. 또 aircost변수의 값중 마지막 두자리가 25미만일 경우에는 00으로, 75이상인 경우는 100의 값을 가지게 된다. 예를 들면 aircost변수의 관찰값이 235라면 roundair변수의 관찰값은 250이 되고, aircost변수의 관찰값이 389이면 roundair변수의 관찰값 값은 400이 된다.

SUM함수는 ( )안에 사용된 변수들의 관찰값(행)별로 합을 구하는 내장함수이다. Sumcost변수를 보면 SUM(aircost,landcost)이라고 하여 aircost와 landcost변수의 합으로 만들어진다. 물론 sumcost= aircost+landcost ; 라고 하여도 두 변수의 합으로 sumcost라는 새로운 변수가 생성되나 두 변수들의 관찰값 중 결측값이 존재한다면 sumcost변수의 값은 서로 다른 값을 가진다. SUM함수를 사용할 경우 결측값이 어느 한 변수에 존재할 경우에도 나머지 변수의 관찰값들에 의해 합이 구해지지만, 사칙연산을 사용한 수식에서는 해당 변수에 결측값이 1개라도 존재하면 구해진 관찰값은 결측값으로 인식하므로 주의해야 한다.

Rounding and Summing Values

OBS	country	aircost	landcost	roundair	totcostr	sumcost	roundsum
1	Japan	982	1020	1000	2000	2002	2000
2	Greece	.	748	.	.	748	700
3	New Zealand	1368	1539	1350	2900	2907	2900
4	Ireland	787	628	800	1400	1415	1400
5	Venezuela	426	505	450	900	931	900
6	Italy	852	598	850	1500	1450	1500
7	USSR	1106	1024	1100	2100	2130	2100
8	Switzerland	816	834	800	1700	1650	1700
9	Australia	1299	1169	1300	2500	2468	2500
10	Brazil	682	610	700	1300	1292	1300

나타난 결과에서 살펴보면 roundair변수의 경우 aircost의 마지막 두자리의 값이 25-74이면 50이고, 00-24까지는 00이고, 75-99이면 100인 것을 볼 수 있다.

또한 totcostr변수와 roundsum변수를 비교하여 살펴보면 반올림 숫자가 100이므로 50미만이면 00이고 50이상이면 100이고, 두 변수의 연산을 +를 이용한 경우 2번째 관찰값은 결측값을 가지지만 SUM함수를 이용하여 구한 것은 나머지 관찰값들의 합인 것을 볼 수 있다. 즉 결측값이 없는 2번째 관찰값들을 제외한 나머지 관찰값들은 살펴보면 totcostr변수의 값과 roundsum변수의 값이 동일하지만 2번째 관찰값의 경우 +를 사용한 totcostr변수의 값은 .이지만 roundsum변수의 값은 748을 round시켜 나머지 두자리가 50미만이므로 700의 값을 가지는 것을 볼 수 있다.

ROUND, SUM함수를 이용한 새로운 변수의 생성

- SAS 내장함수를 이용하여 새로운 변수를 생성할 수 있다.

새로운 변수 = ROUND(변수, 반올림 숫자) ;
(반올림 숫자±반올림숫자/2)의 값에 따라 버리거나 반올림한다.
새로운 변수 = SUM(변수 변수…);()안의 변수들의 합을 행별로 구한다.

8.8 새로운 문자 변수 생성

```
DATA depart;
 INPUT country $ 1-9 cities 11-12 usgate $ 14-26 othrgate $ 28-48;
 CARDS;
Japan      5 San Francisco          Tokyo, Osaka
Italy      8 New York               Rome, Naples
Australia 12 Honolulu               Sydney, Brisbane
Venezuela  4 Miami                  Caracas, Maracaibo
Brazil     4                        Rio de Janeiro, Belem
;
RUN;
PROC PRINT DATA=depart;
 TITLE 'DATA SET Depart';
RUN;
```

위의 프로그램은 앞에서 설명한 바와 같이 관찰값들을 읽은 형식이며, 문자변수의 경우 시작 칼럼과 끝 칼럼을 지정하면 관찰값내에 공백뿐만 아니라 ,까지도 포함하여 읽을 수 있음을 보여준다.

```
DATA showchar;
   SET depart;
   schedule='3-4 tours per season';
   remarks="See last year's schedule";
   IF usgate='San Francisco' THEN usairpt='SFO';
   ELSE IF usgate='Honolulu' THEN usairpt='HNL';
RUN;
PROC PRINT DATA=showchar;
   VAR country schedule remarks usgate usairpt;
   TITLE 'Examples of Some Character Variables';
RUN;
```

위의 프로그램은 하나의 변수의 관찰값을 동일하게 넣는 방법과 조건에 맞는 행만 찾아 새로운 변수에 관찰값을 넣는 것이다. 또한 관찰값에 '을 포함하고 있는 경우에 관찰값의 표시는 “ ” 사이에 한다. Showchar DATASET의 경우에 schedule, remarks변수에 같은 관찰값을 입력하고 remarks변수의 값은 '를 포함하므로 “ ”안에 입력하여 준 것을 볼 수 있다.

```
                         DATA SET Depart

OBS   country      cities   usgate          othrgate

 1    Japan           5     San Francisco   Tokyo, Osaka
 2    Italy           8     New York        Rome, Naples
 3    Australia      12     Honolulu        Sydney, Brisbane
 4    Venezuela       4     Miami           Caracas, Maracaibo
 5    Brazil          4                     Rio de Janeiro, Belem
```

위의 결과에서 보면 5번째 행의 usgsate변수의 값이 결측값을 가지고 있으며, othergate변수의 관찰값들 ,와 공백을 포함하여도 시작칼럼과 끝칼럼을 지정하면 된다는 것을 볼 수 있다.

```
                 Examples of Some Character VARiables

 OBS    country           schedule                  remarks

  1     Japan        3-4 tours per season    See last year's schedule
  2     Italy        3-4 tours per season    See last year's schedule
  3     Australia    3-4 tours per season    See last year's schedule
  4     Venezuela    3-4 tours per season    See last year's schedule
  5     Brazil       3-4 tours per season    See last year's schedule

 OBS    usgate           usairpt

  1     San Francisco      SFO
  2     New York
  3     Honolulu           HNL
  4     Miami
  5
```

출력결과를 보면 schedule, remarks변수들의 관찰값들이 동일하게 들어가 있다. IF문을 이용하여 변수의 특정관찰값에 대해 새로운 변수에 값을 가지게 할 경우 조건에 맞는 값에 대해서만 관찰값을 가지는 usairpt변수를 볼 수 있다.

```
DATA aircode2;
   LENGTH usairpt $ 10;
   SET depart;
   IF usgate='San Francisco' THEN usairpt='SFO';
   ELSE IF usgate='Honolulu' THEN usairpt='HNL';
   ELSE IF usgate='New York' THEN usairpt='JFK or EWR';
RUN;
PROC PRINT DATA=aircode2;
   VAR country usgate usairpt;
   TITLE 'Using the Complete Character Value';
RUN;
```

위의 프로그램은 IF문을 이용하여 조건에 맞는 경우에 새로운 변수의 값을 지정하는 것이며, usairpt변수의 관찰값의 길이를 LENGTH를 이용하여 지정한 것이다.

```
DATA aircode3;
   SET depart;
   LENGTH usairpt $ 10;
   IF usgate='San Francisco' THEN usairpt='SFO';
```

```
    ELSE IF usgate='Honolulu' THEN usairpt='HNL';
    ELSE IF usgate='New York' THEN usairpt='JFK or EWR';
    ELSE IF usgate='Miami' THEN usairpt='    MIA     ';
RUN;
PROC PRINT DATA=aircode3;
    VAR country usgate usairpt;
    TITLE 'Alignment of Character Values';
RUN;
```

Aircord3 DATASET을 만드는 프로그램은 aircode2 DATASET을 만드는 경우와 같으며, IF문에서 한가지 조건이 더 추가된 경우이다. 위의 경우에서 보면 usairpt 변수에 관찰값을 지정하는데 문자값이므로 출력결과에서 보면 왼쪽부터 정렬되어 있음을 볼 수 있다. 이를 가운데로 위치하게 하려면 Miami의 경우 처럼 관찰값 앞 뒤로 공백을 넣으면 된다.

IF문을 살펴보면 ELSE IF문을 사용하였으므로 usgate변수의 관찰값이 먼저 'San Francisco'인 경우에 usairpt변수의 값은 'SFO'가 되고, 아니면 usgate변수의 값이 'Honolulu', 'New York', 'Miami'인지를 보고 각각 usairpt변수의 값을 정하게 된다.

```
          Using the Complete Character Value

OBS    country      usgate           usairpt

 1     Japan        San Francisco    SFO
 2     Italy        New York         JFK or EWR
 3     Australia    Honolulu         HNL
 4     Venezuela    Miami
 5     Brazil
```

위의 출력결과를 보면 조건에 해당이 안되는 usairpt변수의 관찰값은 결측값을 가지므로 공백을 가지는 것을 볼 수 있다.

또한 모든 값들이 문자값이므로 왼쪽 기준선을 중심으로 나열되어 있는 것을 볼 수 있다.

```
                 Alignment of Character Values

        OBS    country       usgate           usairpt

         1     Japan         San Francisco    SFO
         2     Italy         New York         JFK or EWR
         3     Australia     Honolulu         HNL
         4     Venezuela     Miami               MIA
         5     Brazil
```

위의 출력결과에서 usairpt변수의 관찰값들의 위치를 살펴보면 4번째 관찰값은 왼쪽에 정렬되어 있는 것이 아니라 가운데 있는 것을 볼 수 있다. 이는 관찰값을 넣을 때 문자 앞에 공백을 넣으면 그 공백도 관찰값으로 인식하고 있는 것을 볼 수 있다. 즉 변수에 관찰값을 대입할 경우 특히 문자변수의 경우 ' ' 사이에 있는 모든 것이 관찰값으로 인식되는 것을 위의 출력결과에서 볼 수 있다.

```
DATA aircode4;
   SET depart;
   LENGTH usairpt $ 10;
   IF usgate='San Francisco' THEN usairpt='SFO';
   ELSE IF usgate='Honolulu' THEN usairpt='HNL';
   ELSE IF usgate='New York' THEN usairpt='JFK or EWR';
   ELSE IF usgate='Miami' THEN usairpt='    MIA     ';
   ELSE IF usgate=' ' THEN usairpt=' ';
RUN;
PROC PRINT DATA=aircode4;
   VAR country usgate usairpt;
   TITLE 'Assigning Missing Character Values';
RUN;
```

위의 프로그램은 조건식에 맞는 관찰값에 대해 새로운 변수를 지정하는데 결측값으로 인식하도록 하는 것이다.

Aircode4 DATASET을 보면 usgate변수를 이용하여 usairpt변수를 생성하는데 있어 usgate변수의 값이 결측값일 경우 usairpt변수의 값 역시 결측값을 가지도록 하는 IF문을 만드는 것이다. 문자변수인 경우 결측값은 공백으로 인식하므로 IF usgate=' ' THEN usairpt=' '; 라고 하면 된다. 또한 숫자변수의 경우 결측값은 . 으로 인식하므로 IF 숫자변수1=. THEN 숫자변수2=. ; 라고 하면 된다. 그리고 숫자변수를 이용하여 문자변수를 만들거나 문자변수를 이용하여 숫자변수를 만들 수도 있다. 즉 IF 숫자변수1=. THEN 문자변수2=' ' ; 또는 IF 문자변수1= ' ' THEN 숫자변수2=. ; 로의 형태로도 사용될 수 있다.

여기서 한가지 주의해야 할 사항은 문자변수의 경우에 ' '안에 있는 관찰값 앞에 있는 공백은 관찰값의 일부분으로 인식되지만 공백만이 있는 경우에는 결측값으로 인식된다는 것이다. 즉 usgate변수의 값이 'Miami'인 경우 usairpt변수의 값은 '   MIA   '로 공백의 갯수도 관찰값으로 인식되지만, usgate변수의 값이 결측값인 경우 usairpt변수 다음에 ' '안에 아무리 많은 공백을 넣어도 공백의 갯수와는 상관없이 결측값으로 인식된다.

```
            Assigning Missing Character Values

    OBS     country        usgate             usairpt

     1      Japan          San Francisco      SFO
     2      Italy          New York           JFK or EWR
     3      Australia      Honolulu           HNL
     4      Venezuela      Miami                 MIA
     5      Brazil
```

나타난 결과를 보면 바로 전에서 설명한 바와 같이 관찰값 앞의 공백은 관찰값의 일부로 인식하지만 값이 없고 공백으로만 이루어진 경우에는 결측값으로 인식되는 것을 usairpt변수의 4, 5번째 관찰값들을 통하여 볼 수 있다.

새로운 문자변수의 생성

- 새로운 문자변수 생성시 그 변수에 해당하는 모든 관찰값이 같은 경우에 새로운 변수명 뒤에 ' '안에 관찰값을 써주면 된다.
- 새로운 변수 생성시 특정변수의 조건식에 맞는 관찰값의 경우에만 특정 관찰값으로 지정할 경우에는 IF문을 사용하면 된다.
- IF문을 이용하여 새로운 문자변수를 생성시 변수명 다음에 ' '안에 해당 관찰값을 써주면 되며, ' '안에 넣은 관찰값 앞에 공백이 있는 경우에 공백도 관찰값의 일부로 인식되지만 공백만 있는 경우에는 공백의 갯수와 상관없이 결측값으로 인식된다.

새로운 변수1 = '관찰값 내용' ;
 - 새로운 변수1의 모든 관찰값은 ' '안의 값으로 구성된다.

IF 조건식 THEN 새로운 변수2 = '관찰값 내용' ;
 - 조건식에 맞는 경우에 한하여 새로운 변수2의 관찰값은 ' '안의 내용이 들어간다.

8.9 새로운 문자변수의 생성시 함수이용 (SCAN, LEFT함수)

```
DATA arvdept;
   SET depart;
   arvgate=SCAN(othrgate,1,',');
   deptgate=LEFT(SCAN(othrgate,2,','));
RUN;

PROC PRINT DATA=arvdept;
   VAR country othrgate arvgate deptgate;
   TITLE 'Dividing Character Values into Terms';
RUN;
```

위의 프로그램은 SCAN함수와 LEFT함수를 이용하여 특수문자나 공백을 포함하는 하나의 문자변수 관찰값의 일부를 분리시켜 새로운 변수를 생성하는 것이다.

SCAN함수는 일정 문자열을 가지고 단어로 나누는 함수로 SCAN(변수, 숫자, 구분자)의 형식으로 사용된다. 변수는 나누고자 하는 변수의 이름이고, 숫자는 해당 변수의 몇 번째 단어(문자열)인지 지정해주는 것이고, 구분자는 단어와 단어를 무엇으로 구분할 것인가를 지정해주는 것이다. 구분자의 종류는 공백, ., 〈, (, +, |, &, !, $, *,), ;, ^, −, /, ,, %, 〉, ₩ 등을 사용할 수 있다.

arvdept DATASET을 보면 arvgate=scan(othrgate,1,',');로 지정하였으므로 othrgate변수의 관찰값중 ,로 구분되어 있는 문자열중 첫 번째에 해당하는 단어를 arvgate변수에 넣는 것이다. 그러므로 첫 번째 관찰값을 보면 othrgate변수의 관찰값인 Tokyo, Osaka중에 Tokyo만이 arvgate변수의 값으로 들어가게 된다.

LEFT함수는 문자변수의 경우 해당 관찰값 앞에 공백이 있는 경우 이를 제거할 때 이용되는 함수이다. Arvdept DATASET을 보면 deptgate= left(scan(othrgate,2,',')); 로 지정하였으므로 먼저 (scan(othrgate,2,',')에 의해 othrgate변수의 관찰값중 ,구분자 뒤의 부분을 취하는데 ,다음에 공백이 있으므로 공백을 포함하여 관찰값으로 지정된 후에 LEFT함수에 의해 관찰값 앞의 공백이 없어진다. 즉 'Tokyo, Osaka'중에서 ,뒤부분인 ' Osaka'가 취해진 후에 LEFT함수에 의해 공백을 제외시키고 'Osaka'만이 arvgate변수의 값으로 들어가게 된다.

```
                  Dividing Character Values into Terms

OBS   country      othrgate                 arvgate           deptgate

 1    Japan        Tokyo, Osaka             Tokyo             Osaka
 2    Italy        Rome, Naples             Rome              Naples
 3    Australia    Sydney, Brisbane         Sydney            Brisbane
 4    Venezuela    Caracas, Maracaibo       Caracas           Maracaibo
 5    Brazil       Rio de Janeiro, Belem    Rio de Janeiro    Belem
```

나타난 결과를 보면 othrgate변수의 값중 SCAN함수를 이용하여 생성된 arvgate변수는 ,를 기준으로 첫 번째에 해당하는 부분으로 구성되어 있는 것을 볼 수 있다. 또한 deptgate변수값의 경우 , 다음에 있는 공백이 제거되고 뒷부분의 단어로 형성된 것을 볼 수 있다.

새로운 문자변수의 생성시 함수이용 (SCAN, LEFT함수)

- SCAN함수는 문자변수의 관찰값이 문자열인 경우 특정 위치의 단어를 따로 취하여 새로운 변수를 생성할 수 있다.
- SCAN함수의 형식에서 숫자는 몇 번째 단어인지를 지정하는 것이고, 구분자는 단어와 단어를 어느 특수문자로 구별할 것인가를 지정해주는 것으로 공백, ., 〈, (, +, |, &, !, $, *,), ;, ^, −, /, ,, %, 〉, ₩ 등이 사용될 수 있다.
- LEFT함수는 문자변수의 경우 관찰값의 왼쪽에 공백이 존재할 경우에 공백을 제거하고 관찰값을 인식하는 경우에 이용된다.

새변수 = SCAN(변수, 숫자, 구분자) ;
새변수 = LEFT(변수) ;

8.10 두 개 이상의 변수값을 합쳐 새로운 문자변수의 생성(연결연산자 ||, TRIM함수)

```
DATA all;
   SET depart;
   allgates=usgate||othrgate;
RUN;
PROC PRINT DATA=all;
   VAR country usgate othrgate allgates;
   TITLE 'Simple Concatenation';
RUN;
```

위의 프로그램은 두 개의 관찰값으로 이루어진 두 개의 문자변수를 가지고, 하나의 문자변수를 만드는 것으로 연결연산자(concatenation operator)인 ||을 이용하였다. All DATASET의 경우를 보면 depart DATASET을 이용하며, allgates변수를 생성하는데 usgate변수와 othrgate변수의 값을 합쳐서 만드는 것이다. usgate||othrgate라고 하면 usgate변수의 값과 othrgate변수의 값이 하나로 연결되어 합쳐져서 allgates변수의 값이 된다는 것이다. 2번째 관찰값을 가지고 예를들면 usgate변수의 값이 'New York'이고, othrgate변수의 값이 'Rome, Naples'이면 이를 연결연산자에 의해 연산된 결과인 allgates변수의 값은 'New York Rome, Naples'가 되는 것을 볼 수 있다.

```
DATA all2;
   SET depart;
   allgate2=TRIM(usgate)||othrgate;
RUN;
PROC PRINT DATA=all2;
   VAR country usgate othrgate allgate2;
   TITLE 'Trimming Blanks in a Concatenation';
RUN;
```

All DATASET에서는 문자변수 2개를 그냥 연결연산자를 사용하여 붙인 반면 all2 DATASET에서는 두 변수의 관찰값을 붙이는데 두 관찰값 사이의 공백을

TRIM함수를 이용하여 제거하는 프로그램이다.

출력결과에서 allgates변수와 allgate2변수를 비교하여 보면 TRIM함수의 사용한 경우에 대해 알 수 있다.

```
                    Simple Concatenation

OBS    country       usgate            othrgate

 1     Japan         San Francisco     Tokyo, Osaka
 2     Italy         New York          Rome, Naples
 3     Australia     Honolulu          Sydney, Brisbane
 4     Venezuela     Miami             Caracas, Maracaibo
 5     Brazil                          Rio de Janeiro, Belem

OBS                  allgates

 1     San FranciscoTokyo, Osaka
 2     New York      Rome, Naples
 3     Honolulu      Sydney, Brisbane
 4     Miami         Caracas, Maracaibo
 5                   Rio de Janeiro, Belem
```

```
               Trimming Blanks in a Concatenation

OBS    country       usgate            othrgate

 1     Japan         San Francisco     Tokyo, Osaka
 2     Italy         New York          Rome, Naples
 3     Australia     Honolulu          Sydney, Brisbane
 4     Venezuela     Miami             Caracas, Maracaibo
 5     Brazil                          Rio de Janeiro, Belem

OBS             allgate2

 1     San FranciscoTokyo, Osaka
 2     New YorkRome, Naples
 3     HonoluluSydney, Brisbane
 4     MiamiCaracas, Maracaibo
 5      Rio de Janeiro, Belem
```

```
DATA all3;
   SET depart;
   allgate3=TRIM(usgate)||', '||othrgate;
   IF country='Brazil' THEN allgate3=othrgate;
RUN;
PROC PRINT DATA=all3;
   VAR country usgate othrgate allgate3;
   TITLE 'Readable Concatenated Values';
RUN;
```

위의 프로그램은 앞에서 연결연산자를 이용하여 두 변수의 값을 하나의 변수에 넣는 경우 관찰값과 관찰값 사이가 붙거나 너무 많은 공백을 차지하고 있어 여기서는 그런 단점을 보완하여 관찰값과 관찰값 사이에 ', '을 넣어 구분시켜 주는 것이다. 이것은 구분자를 넣어 주기 위하여 연결연산자를 한 번 더 사용하면 원하는 형태로 바꿀 수 있다. 즉 allgate3변수를 만들기 위하여 TRIM(usgate)||', '라고만 하면usgate변수의 관찰값 뒤에 ,하고 하나의 공백이 연결된다. 또한 TRIM(usgate)||', '||othrgate라고 하면 공백 뒤에 othrgate변수의 관찰값이 연결된다.

IF문에서 보면 country변수의 값이 'Brazil'이면 allgate3의 값은 othrgate의 값으로 대입시킨다.

```
DATA rebuild2;
   LENGTH arvgate $ 14 deptgate $ 9;
   SET arvdept;
   othrgat2=TRIM(arvgate)||', '||deptgate;
RUN;
PROC PRINT DATA=rebuild2;
   VAR country othrgate othrgat2;
   TITLE 'All Concatenated Pieces Appear';
RUN;
```

Rebuild2 DATASET은 all3 DATASET의 경우와 거의 같게 TRIM함수와 연결연산자를 사용하여 새로운 변수를 생성하며, 앞의 arvdept DATASET에서 생성된 arvgate, deptgate변수를 이용하여 othrgat2변수를 생성한 것이다. 이 절차에 의해서도 마찬가지 결과를 얻을 수 있다.

```
                 Readable Concatenated Values

   OBS    country      usgate           othrgate

    1     Japan        San Francisco    Tokyo, Osaka
    2     Italy        New York         Rome, Naples
    3     Australia    Honolulu         Sydney, Brisbane
    4     Venezuela    Miami            Caracas, Maracaibo
    5     Brazil                        Rio de Janeiro, Belem

   OBS            allgate3

    1     San Francisco, Tokyo, Osaka
    2     New York, Rome, Naples
    3     Honolulu, Sydney, Brisbane
    4     Miami, Caracas, Maracaibo
    5     Rio de Janeiro, Belem
```

위의 출력결과에서 보면 앞장에서 보던 것과 달리 allgate3변수의 경우 upgate 변수와 othrgate변수를 연결하여 중간에 ,를 사용하여 원하는 형태로 된 것을 볼 수 있다. 또한 5번째 관찰값의 경우에 upgate 변수의 관찰값이 결측값이므로 allgate3변수의 관찰값은 ', Rio de Janeiro, Belem'이 되는데 IF문에서 country 변수의 값이 'Brazil'이면 allgate3의 값은 othrgate의 값으로 대입시켰으므로 'Rio de Janeiro, Belem'이 들어가게 된다.

```
                    All Concatenated Pieces Appear

   OBS    country       othrgate                    othrgat2

    1     Japan         Tokyo, Osaka                Tokyo, Osaka
    2     Italy         Rome, Naples                Rome, Naples
    3     Australia     Sydney, Brisbane            Sydney, Brisbane
    4     Venezuela     Caracas, Maracaibo          Caracas, Maracaibo
    5     Brazil        Rio de Janeiro, Belem       Rio de Janeiro, Belem
```

새로운 문자변수의 생성시 함수이용(연결연산자 ||, TRIM함수)

- SCAN함수나 LEFT함수에 의해 분리된 문자값을 연결연산자 ||와 TRIM함수를 이용하여 원하는 형태로 합칠 수 있다.

- 연결연산자 ||는 두 개 이상의 문자변수값을 합쳐서 하나의 문자변수를 생성할 사용된다. 이때 합쳐지는 변수의 값들은 해당 변수값중 가장 길이가 긴 것을 기준으로 하고, 변수값들 중 값의 길이가 최대 길이보다 작은 경우 (최대 관찰값 길이 – 해당관찰값 길이)만큼의 공백이 삽입된다.

- TRIM함수는 문자변수값을 읽을 때 변수값들 중 최대로 길이가 긴 값을 기준으로 하여 읽는 것이 아니라 해당 변수값의 공백을 제외한 실제 값을 읽는다. 이 때 변수값 내에 존재하는 공백은 제외되지 않는다.

- 연결연산자 ||와 TRIM함수를 가지고 여러 개의 문자변수값을 하나의 문자변수에 넣는 경우 마지막에 붙는 변수를 제외한 모든 변수에 TRIM함수를 취하여 주면 앞쪽에 붙는 변수의 공백은 전부 제거되나 변수값의 구별이 안되는 문제가 있다. 이때 변수값을 구별해주기 위하여 ,나 1칸 정도의 공맥을 삽입하면 되고, 방법은 TRIM함수를 사용한 변수들 사이에 || ', ' ||나 || '   ' ||를 넣어 주면 된다.

새변수 = 변수1 || 변수2 [|| 변수3…] ;
새변수 = TRIM(변수1) || [TRIM(변수2) || … ||] 변수n ;
새변수 = TRIM(변수1) || ', ' [TRIM(변수2) || ', ' … ||] || 변수n ;
  – 변수값들 사이에 ,를 넣어주는 경우
새변수 = TRIM(변수1) || '*' [TRIM(변수2) || '*' … ||] || 변수n ;
  – 변수값들 사이에 *를 넣어주는 경우

8.11 문자변수로 취급하는 숫자

```
DATA hotels;
   INPUT country $ 1-9 hotelrnk $ 11 landcost;
   CARDS;
Italy     2  498
Italy     4  698
Australia 2  915
Australia 3 1169
Australia 4 1399
;

PROC PRINT DATA=hotels;
   TITLE 'DATA SET HOTELS with Character Hotel Rankings';
RUN;
```

위의 프로그램은 이미 앞에서 DATASET을 형성할 때 수차례 설명한 것이고, 앞에서 언급한 것들과의 차이점은 숫자값을 문자변수로 읽을 수도 있다는 것이다.

Hotel DATASET에서 보면 11번째 칼럼의 자료는 숫자인데 hotelrnk변수는 INPUT문에서 변수명 뒤에 $을 붙였으므로 문자변수로 인식하게 된다.

이를 출력한 결과는 아래와 같다.

```
         DATA SET HOTELS with Character Hotel Rankings

       OBS     country       hotelrnk     landcost

        1      Italy            2            498
        2      Italy            4            698
        3      Australia        2            915
        4      Australia        3           1169
        5      Australia        4           1399
```

제9장 IF문 사용하기

SAS DATA STEP SAS DATA STEP SAS DATA STEP SAS DATA STEP SAS DATA STEP

9.1 IF ~ ; ELSE문

```
DATA arttour;
   INPUT city $ 1-9 nights 11 landcost 13-16 events 18
         describe $ 20-36 guide $ 38-45 backup $ 47-54;
   CARDS;
Rome 3  750 7 4          M,  3 G          D'Amico     Torres
Paris  8 1680 6 5        M,  1 other      Lucas       Lucas
London          6 1230 5 3        M,  2 G          Wilson      Lucas
New York        6     . 8 5       M,  1 G 2 other Lucas        D'Amico
Madrid          3   370 5 3       M,  2 other      Torres      D'Amico
Amsterdam       4   580 6 3       M,  3 G                      Vandever
;
PROC PRINT DATA=arttour;
   TITLE 'Data Set ARTTOUR';
RUN;
```

Arttour DATASET은 city, nights, landcost, events, describe, guide, backup변수 등 7개의 변수에 6개의 관찰값들로 구성되어 있다.

```
DATA revise;
   SET arttour;
   IF city='Rome' THEN landcost=landcost+30;
   IF events>nights THEN calendar='Check schedule';
   IF guide='Lucas' AND nights>7 THEN guide='Torres';
RUN;
PROC PRINT DATA=revise;
```

```
   VAR city nights landcost events guide calendar;
   TITLE 'Examples of IF-THEN Statements';
RUN;
```

위의 프로그램은 IF문을 이용하여 변수의 관찰값을 변경시키거나, 조건에 맞는 경우에만 특정변수의 값을 변경하거나 조건을 2개 이상을 부여하는 것이다. IF문을 살펴보면 city변수의 값이 'Rome'인 경우에만 landcost=landcost+30;을 시행하고, events변수의 값이 nights변수의 값보다 클 경우에는 calendar변수에 'Check schedule'이라는 값을 넣고, guide변수의 값이 'Lucas'이면서 nights>7인 경우에 guide변수의 값을 'Torres'로 바꾼다.

```
                          Data Set ARTTOUR

OBS city        nights landcost events describe           guide   backup

 1  Rome           3       750      7   4 M,  3 G        D'Amico Torres
 2  Paris          8      1680      6   5 M,  1 other    Lucas   Lucas
 3  London         6      1230      5   3 M,  2 G        Wilson  Lucas
 4  New York       6         .      8   5 M,  1 G 2 other Lucas  D'Amico
 5  Madrid         3       370      5   3 M,  2 other    Torres  D'Amico
 6  Amsterdam      4       580      6   3 M,  3 G                Vandever
```

```
                     Examples of IF-THEN Statements

OBS   city        nights   landcost   events   guide      calendar

 1    Rome           3        780        7     D'Amico    Check schedule
 2    Paris          8       1680        6     Torres
 3    London         6       1230        5     Wilson
 4    New York       6          .        8     Lucas      Check schedule
 5    Madrid         3        370        5     Torres     Check schedule
 6    Amsterdam      4        580        6                Check schedule
```

위의 출력결과 2개를 비교하여 살펴보면 IF문에 의해 변화된 부분을 쉽게 알 수 있다. TITLE이 'Examples of IF-THEN Statements'인 경우의 결과를 보면 city변수의 관찰값 'Rome'인 첫번째 관찰값 중 landcost변수의 값이 780으로 바뀐 것을 볼 수 있다. 또한 events변수 값이 nights변수의 값보다 큰 1, 4, 5, 6번째 관찰값의 calendar변수의 값이 'Check schedule'로 생성되고 조건이 맞지 않는 경우에 대해서는 결측값을 가짐을 볼 수 있다. 또한 특정값을 바꾸는 방법으로 guide

변수의 값이 'Lucas'이면서 nights>7인 경우인 2번째 관찰값의 guide변수의 값이 'Torres'로 바뀌었음을 볼 수 있다.

```
DATA revise2;
   SET arttour;
   IF city='Rome' THEN landcost=landcost+30;
   IF events>nights THEN calendar='Check schedule';
   ELSE calendar='No problems';
   IF guide='Lucas' AND nights>7 THEN guide='Torres';
RUN;

PROC PRINT DATA=revise2;
   VAR city nights landcost events guide calendar;
   TITLE 'Alternative Value Assigned by ELSE';
RUN;
```

위의 프로그램은 revise DATASET을 생성하는 경우와 비슷하며 revise2 DATASET에서는 IF 조건식 THEN 실행문1 ; ELSE 실행문2 ;의 형식으로 조건에 맞는 경우에는 실행문1을 수행하고 그렇지 않은 나머지 경우에 대해서는 실행문2를 수행하는 것이다. 앞에서 사용된 IF문의 경우에는 비교하는 횟수를 줄이기 위하여 ELSE IF를 사용한 것이고 여기서의 IF문은 ELSE와 함께 사용하여 나머지에 해당하는 부분에 대해 특정값을 지정할 때 유용하다.

Revise2 DATASET에서 보면 events>nights인 경우에 대해서는 calendar변수에 'Check schedule'라는 값을 가진다. 그러나 나머지 경우 즉 events<=nights인 경우에는 나머지 관찰값들은 calendar변수에 'No problems'이라는 값을 가지게 된다. 물론 다음과 같이 사용하여도 무방하나 위의 경우처럼 사용하는 것이 효율적이고 결측값이 존재하는 경우 서로 다른 결과를 가질 수도 있다는 점은 주의하여야 하며 이런 경우에 대해서는 뒤에서 언급하도록 할 것이다.

```
IF events>nights THEN calendar='Check schedule';
ELSE calendar='No problems';
= IF events>nights THEN calendar='Check schedule';
   ELSE IF events<=nights calendar='No problems';
```

```
                      Alternative Value Assigned by ELSE

OBS   city        nights   landcost   events   guide      calendar

 1    Rome           3        780        7     D'Amico   Check schedule
 2    Paris          8       1680        6     Torres    No problems
 3    London         6       1230        5     Wilson    No problems
 4    New York       6          .        8     Lucas     Check schedule
 5    Madrid         3        370        5     Torres    Check schedule
 6    Amsterdam      4        580        6               Check schedule
```

출력된 결과를 보면 앞의 결과에서는 조건에 맞는 경우 calendar변수에 'Check schedule'라는 관찰값을 가지도록 했는데 여기서는 조건에 맞지 않을 경우에 calendar변수는 'No problems'이라는 관찰값을 가지게 되는 것을 볼 수 있다.

IF문 사용하기 1 (IF ~ ; ELSE문)

- IF문을 이용하여 조건에 맞는 경우 새로운 변수를 만들거나 기존의 변수의 값을 바꿀 수 있다.
- ELSE문과 같이 사용할 경우에 ELSE 다음에 실행문을 쓰면 앞의 조건에 해당하는 제외하고 나머지는 ELSE 다음의 실행문이 적용된다.
- 조건식은 비교식과 논리식이 같이 공존할 경우에 비교식이 먼저 수행되고 나중에 논리식이 수행된다. 논리식의 경우 AND는 모든 비교식이 참이 될 때 참의 값을 가지고, OR의 경우 비교식들 중 하나이상이 참을 가지면 조건식은 참으로 인식한다.

IF **조건식** THEN **실행문1** ;
ELSE **실행문2** ; 조건식이 맞는 경우에 실행문1이 수행되고 그 나머지의 경우에는 실행문2가 수행된다.

9.2 연속자료의 범주화

```
DATA prices;
  SET arttour;
  IF landcost>=1500 THEN price='High   ';
```

```
   ELSE IF landcost>=700 THEN price='Medium';
   ELSE price='Low';
RUN;
PROC PRINT DATA=prices;
   VAR city landcost price;
   TITLE 'Mutually Exclusive Values';
RUN;
```

위의 프로그램은 IF문을 이용하여 기존의 변수의 관찰값을 몇 개의 범주로 바꾸어 새로운 변수를 생성하는 프로그램이다.

Prices DATASET을 보면 arttour DATASET을 그대로 이용하면서 landcost의 값들을 적절하게 범주로 나누어 price라는 변수를 생성하는 것이다. 여기서 landcost의 값을 가지고 다음과 같이 price변수를 생성하는 것이다.

landcost	price
1500이상	High
700이상 ~ 1500미만,	Medium
700미만	Low

여기서 주의하여야 할 사항은 마지막에서 ELSE price='Low';라고 하였으므로 만약 landcost변수의 관찰값 중 결측값이 있는 경우에 price변수의 관찰값은 'Low'를 가진다는 것이다. 물론 결측값이 없는 경우 아래와 같은 방법으로 사용해도 결과는 같다.

```
IF landcost<700 THEN price='Low';
ELSE IF landcost<1500 THEN price='Medium';
ELSE price='High  ';
```

```
              Mutually Exclusive Values

     OBS    city          landcost    price

      1     Rome             750      Medium
      2     Paris           1680      High
      3     London          1230      Medium
      4     New York          .       Low
      5     Madrid           370      Low
      6     Amsterdam        580      Low
```

출력된 결과를 살펴보면 2번째 관찰값의 경우와 같이 landcost변수의 값이 1500 이상이면 price 변수의 값은 'High'가 되고, 1, 3번째 관찰값과 같이 landcost변수의 값이 700이상 1500이하이면 price변수의 값은 'Medium'이 된다. 또한 5, 6번째 관찰값과 같이 landcost변수의 값이 700미만이면 price변수의 값은 'Low'가 되는 것을 볼 수 있다. 또한 ELSE price='Low'; 라고 하였으므로 landcost변수의 값이 결측값인 경우인 4번째 관찰값의 경우 price변수의 값은 'Low'가 되는 것을 볼 수 있다.

IF문 사용하기 2 (IF ~ ; ELSE문) –연속자료의 범주화

- IF문을 이용하여 연속형 자료를 가지고 이산형 자료 즉 범주화를 시킬 수 있다. 즉 조건식의 자리에 비교연산자를 이용하고 실행문 위치에 새로운 변수의 범주값을 넣으면 된다. 조건식에 해당하는 변수의 값에 결측값이 있는 경우에 결측값은 가장 작은 값으로 인식한다.

IF 조건식1 THEN 실행문1 ; ELSE IF 조건식2 THEN 실행문2 ;
[ELSE IF 조건식3 THEN 실행문3 ; […]] ELSE 실행문n ;

예) IF x=. THEN y=. ; ELSE IF x<50 THEN y=1 ; ELSE IF x<100 THEN y=2 ; ELSE y=3 ; ⇒ x변수의 값이 결측값일 경우 y변수의 값도 결측값으로 지정하고, x가 50미만이면 y=1로, 50이상 100미만이면 y=2, 100 이상이면 y=3으로 범주화시킨 것이다.

9.3 조건식에서 여러 연산자 사용하기

```
DATA changes;
   SET arttour;
   IF nights>=6 THEN stay='Week+';
   ELSE stay='days';
   IF landcost NE . THEN remarks='OK   ';
   ELSE remarks='Redo';
   IF landcost LT 600 THEN budget='Low    ';
   ELSE budget='Medium';
```

```
    IF landcost LT 600 THEN budget='Low    ';
    ELSE budget='Medium';
    IF events/nights>2 THEN pace='Too fast';
    ELSE pace='OK';
RUN;
PROC PRINT DATA=changes;
    VAR city nights landcost events stay remarks budget pace;
    TITLE 'Using Various Conditions';
RUN;
```

위의 프로그램은 IF문의 조건식 자리에서 산술연산자, 비교연산자, 논리연산자 등을 다양하게 사용하는 방법에 대한 것이다.

먼저 비교연산자를 사용하는 경우 각각의 비교연산자를 기호로 사용하거나 약어로 사용하여도 같은 기능을 한다는 것이다. 즉 >= 나 GE, > 나 GT, ^= 나 NE, <= 나 LE, < 나 LT, = 나 EQ 등 같게 쓰인다는 것이다.

Changes DATASET을 보면 nights변수의 관찰값이 6보다 크거나 같으면 stay변수에는 'Week+', 6미만이면 stay변수의 관찰값은 'days'를 갖는다. 또한 landcost의 관찰값이 결측값이 아니면 remarks변수는 'OK ', 결측값이면 'Redo'의 값을 가진다. 또한 landcost가 600미만이면 budget변수의 값은 'Low   '를, 600이상이면 'Medium'값을 가진다.

조건식의 자리에 산술연산자, 비교연산자가 같이 사용되었을때 먼저 괄호로 묶인 부분이 수행되고 산술연산자, 비교연산자 순으로 실행되며 같은 연산자내에서는 각기 연산순서가 빠른 것부터 수행된다. 그러므로 IF events/nights>2 THEN pace='Too fast';의 경우 먼저 events/nights이 먼저 계산된 후에 2보다 크면 pace변수는 'Too fast'의 값을 그렇지 않은 경우에는 'OK'값을 가지게 된다.

```
                    Using Various Conditions

 OBS city       nights landcost events stay  remarks budget pace

  1  Rome         3       750      7   days   OK     Medium Too fast
  2  Paris        8      1680      6   Week+  OK     Medium OK
  3  London       6      1230      5   Week+  OK     Medium OK
  4  New York     6         .      8   Week+  ReDO   Low    OK
  5  Madrid       3       370      5   days   OK     Low    OK
  6  Amsterdam    4       580      6   days   OK     Low    OK
```

위의 출력결과를 보면 landcost변수의 값이 결측값을 가지는 4번째 관찰값은 budget의 값이 'Low'인 것을 볼 수 있다.

IF문 사용하기 3 – 조건식에서 여러 연산자 사용하기

- 조건식에서 비교연산자가 사용될 경우 기호를 사용하거나 약어를 사용하여도 결과는 같다.

기호	>=	>	^=	<=	<	=
약어	GE	GT	NE	LE	LT	EQ

- 산술연산자의 경우 연산자 내에서의 연산순서는 괄호, 제곱, *나 /, +나 – 이며 같은 순위인 경우에는 왼쪽에서 오른쪽으로 수행된다.

(예) IF a ^= 4000 THEN b = . ; 또는 IF a NE 4000 THEN b = . ;
IF x/f > 4000 THEN b = f ; 또는 IF x/f GT 4000 THEN b = f ;

9.4 조건식에서 연산순서

```
DATA showand;
 SET arttour;
 IF city='Paris' AND guide='Lucas' THEN remarks='Bilingual';
 IF 1000<=landcost<=1500 THEN price='1000-1500';
RUN;

PROC PRINT DATA=showand;
 VAR city landcost guide remarks price;
 TITLE 'Making Multiple Comparisons with AND';
RUN;
```

위의 프로그램은 조건식에서 여러 연산자가 혼합하여 사용된 경우에 연산순서와 논리연산자 AND와 비교연산자의 사용시 범위를 지정하는 방법에 대한 프로그램이다.

IF문의 조건식의 자리에는 산술연산자, 비교연산자, 논리연산자가 같이 사용될 수 있으며, 연산순서는 제일 먼저 괄호로 묶인 부분이 수행되고 산술연산자, 비교연산자, 논리연산자의 순으로 실행되며 같은 연산자내에서는 각기 연산순서가 빠른 것부터 수행된다.

Showand DATASET을 살펴보면 IF city = 'Paris' AND guide = 'Lucas' THEN remarks = 'Bilingual'; 의 경우 city변수의 값이 'Paris'이고, guide변수의 값이 'Lucas'인 경우에 remarks변수의 관찰값을 'Bilingual'로 지정하는 것이다. 이처럼 논리연산자 중 하나인 AND는 AND를 사이에 두고 양쪽에 위치하는 조건이 모두 참인 경우에 참이 되어 THEN 이하를 수행하는 것이다. 그러므로 위의 프로그램에서도 city변수의 값만이 'Paris'이든지, guide변수의 값만이 'Lucas'인 경우에는 remarks변수의 관찰값은 생성되지 않게 된다.

또한 IF 1000〈=landcost〈=1500 THEN price='1000-1500';의 경우에는 landcost변수의 값이 1000이상 1500이하인 경우에 price변수에는 '1000-1500'라고 넣는 것이다. 즉 범위를 지정하여 사용할 수 있다는 것이다. 물론 IF landcost 〉= 1000 AND landcost 〈= 1500 THEN price = '1000-1500';라고 하여도 동일한 결과를 얻게 된다.

```
                 Making Multiple Comparisons with AND

OBS    city          landcost     guide       remarks        price

 1     Rome             750       D'Amico
 2     Paris           1680       Lucas       Bilingual
 3     London          1230       Wilson                   1000-1500
 4     New York           .       Lucas
 5     Madrid           370       Torres
 6     Amsterdam        580
```

나타난 결과에서 보면 remarks변수는 조건에 맞는 2번째 경우만 관찰값을 가지며 price변수의 경우도 조건에 맞는 3번째 경우에 대해서만 관찰값을 가진다.

IF문 사용하기 4 – 조건식에서 연산순서

- IF문의 조건식의 자리에는 산술연산자, 비교연산자, 논리연산자가 같이 사용될 수 있으며, 연산순서는 제일 먼저 괄호로 묶인 부분이 수행되고 산술연산자, 비교연산자, 논리연산자의 순으로 실행되며 같은 연산자내에서는 각기 연산순서가 빠른 것부터 수행된다.
- 논리연산자 중 하나인 AND는 AND를 사이에 두고 양쪽에 위치하는 조건이 모두 참인 경우에 대해서만 참으로 인정되어 수행문이 수행된다.
- 비교연산자에서 범위를 지정할 경우에 AND를 이용하거나 직접 범위를 입력하여도 된다.

IF **조건문**1 AND **조건문**2 THEN **실행문**1 ;
 – 조건문1이 참이고 조건문 2가 참이면 실행문 1이 수행된다.

9.6 여러 조건 사용하기

```
DATA showor;    SET arttour;
 IF landcost GT 1500 OR landcost/nights GT 200 THEN level='Deluxe';
RUN;
PROC PRINT DATA=showor;
 VAR city landcost nights level;
 TITLE 'Making Multiple Comparisons with OR';
RUN;
```

위의 프로그램은 조건식에서 여러 연산자가 혼합하여 사용된 경우에 논리연산자가 OR가 사용된 것이다. Showor DATASET에서 IF문의 조건식을 먼저 살펴보면 비교연산자가 논리연산자보다 먼저 수행되므로 landcost GT 1500와 landcost/nights GT 200이 먼저 수행되어 참인지 거짓인지 판명이 된 후에 OR연산을 하게 되고 둘 중 하나라도 참인 것으로 결정되면 THEN 이하의 실행문을 수행하게 된다. 즉 landcost값이 1500 크거나 landcost/nights의 값이 200보다 크면 level변수는 'Deluxe'값을 가지게 된다.

```
DATA test;    SET arttour;
   IF guide NE backup OR guide NE ' ' THEN use_or='OK';
   ELSE use_or='No';
   IF guide NE backup AND guide NE ' ' THEN use_and='OK';
   ELSE use_and='No';
RUN;
PROC PRINT DATA=test;
   VAR city guide backup use_or use_and;
   TITLE 'Negative Operators with OR';
RUN;
```

위의 프로그램은 여러 조건이 요구될 때 논리연산자에서 AND와 OR을 사용한 것을 비교한 것이다. Test DATASET에서 use_or, use_and변수를 만들 때 guide변수의 값과 backup의 값이 다르고, guide변수의 값이 결측값이 아닌 경우에 대해, 조건이 둘 다 참이면 use_and변수는 'OK'를 가지고, 하나 이상이 참이면 use_or변수는 'OK'라는 값을 가지고 둘다 거짓이면 use_or, use_and변수는 'No'값을 가진다.

```
            Making Multiple Comparisons with OR

      OBS    city         landcost    nights    level

       1     Rome            750        3       Deluxe
       2     Paris          1680        8       Deluxe
       3     London         1230        6       Deluxe
       4     New York          .        6
       5     Madrid          370        3
       6     Amsterdam       580        4
```

출력결과를 보면 두 조건 중에서 하나만 참이면 되므로 landcost값이 1500보다 큰 2번째 관찰값의 경우와 landcost/nights의 값이 200보다 큰 1, 2, 3번째 관찰값의 level변수는 'Deluxe'값을 가지게 된다. 즉 2번째 관찰값의 경우 조건 둘다 참인 경우이다.

```
                Negative Operators with OR

OBS    city         guide      backup      use_or    use_and

 1     Rome         D'Amico    Torres        OK        OK
 2     Paris        Lucas      Lucas         OK        No
 3     London       Wilson     Lucas         OK        OK
 4     New York     Lucas      D'Amico       OK        OK
 5     Madrid       Torres     D'Amico       OK        OK
 6     Amsterdam               Vandever      OK        No
```

출력된 결과에서 보면 use_or변수의 경우 guide변수의 값과 backup의 값이 다르거나 guide변수의 값이 결측값이 아닌 경우는 6개 관찰값들 전부에 해당하므로 use_or변수는 전부 'OK'값을 가진다. 그러나 use_and변수에 대해서는 두 조건이 모두 참인 경우에만 가능하므로 한 조건만 참이 되는 2, 6번째 관찰값은 'No'값을 가지고 나머지는 'OK'값을 가진다.

```
DATA combine;
   SET arttour;
   IF (city='Paris' OR city='Rome') AND (guide='Lucas' or
      guide="D'Amico") THEN topic='Art history';
RUN;
PROC PRINT DATA=combine;
   VAR city guide topic;
   TITLE 'Grouping Comparisons with Parentheses';
RUN;
```

위의 프로그램은 조건이 많고 여러 연산자가 혼합되어 있는 경우 ()를 이용하여 먼저 수행해야 하는 부분을 지정하여 조건식을 만들어 참인 경우에 새로운 변수에 값을 부여하는 것이다. Combine DATASET을 보면 연산자의 경우 가장 먼저 수행되는 부분은 ()이고 동급연산자인 경우 왼쪽에서 오른쪽으로 수행되므로 IF문에서 보면 (city='Paris' OR city='Rome')이 수행되고, (guide='Lucas' OR guide="D'Amico")이 수행된 후 둘 다 참이면 실행문을 수행한다는 것이다. 여기서 관찰값 안에 '이 있는 경우 ' '이 아닌 " "로 표시를 해주어야 한다.

```
DATA morecomp;
   SET arttour;
   IF landcost THEN remarks='Ready to budget';
   ELSE remarks='Need land cost';
   IF nights=6 OR nights=8 THEN stay='Medium';
   ELSE stay='Short';
RUN;
PROC PRINT DATA=morecomp;
   VAR city nights landcost remarks stay;
   TITLE 'More About Numeric Comparisons';
RUN;
```

위의 프로그램은 IF 문을 사용하는 것이 앞의 경우와는 다르게 조건식 자리에 변수만 하나 지정된 것을 볼 수 있다. 이는 해당변수가 관찰값을 가지는 경우는 참으로 인식하고, 결측값을 가지는 경우에는 거짓으로 인식된다. 즉 landcost변수의 값이 결측값을 가지면 remarks변수는 'Need land cost'값을 가진다.

```
              Grouping Comparisons with Parentheses

           OBS    city          guide       topic

            1     Rome          D'Amico     Art history
            2     Paris         Lucas       Art history
            3     London        Wilson
            4     New York      Lucas
            5     Madrid        Torres
            6     Amsterdam
```

출력된 결과를 보면 city변수의 값이 'Paris'거나 'Rome'이고, guide변수의 값이 'Lucas'나 "D'Amico"인 경우 topic변수는 'Art history'값을 가지고, 나머지는 결측값을 가지는 것을 볼 수 있다.

```
                     More About Numeric Comparisons

  OBS    city         nights    landcost       remarks           stay

   1     Rome            3         750      Ready to budget    Short
   2     Paris           8        1680      Ready to budget    Medium
   3     London          6        1230      Ready to budget    Medium
   4     New York        6           .      Need land cost     Medium
   5     Madrid          3         370      Ready to budget    Short
   6     Amsterdam       4         580      Ready to budget    Short
```

출력된 결과를 보면 landcost변수가 관찰값을 가지고 있는 경우에 remarks변수는 'Ready to budget'값을 가지고, 결측값을 가지는 4째 관찰값은 'Need land cost'라는 값을 가지는 것을 볼 수 있다. 또한 stay변수의 경우 nights변수의 값이 6이거나 8인 경우만 'Medium'값을 가지고 나머지의 경우 'Short'라는 값을 가지는 것을 볼 수 있다.

```
DATA newguide;
   SET arttour;
   IF UPCASE(city)='MADRID' THEN guide='Duncan';
RUN;

PROC PRINT DATA=newguide;
   VAR city guide;
   TITLE 'Using the UPCASE Function to Make a Comparison';
RUN;
```

위의 프로그램은 IF문의 조건에서 UPCASE함수를 이용하여 조건에 맞는 경우에 특정 변수의 관찰값을 바꾸는 것이다. UPCASE함수는 주로 어떤 변수의 값을 변화시키는데 이용되는 함수이다. 그러나 newguide DATASET의 경우에는 UPCASE(city) = 'MADRID'라고 하여 city = 'MADRID'라고 사용한 것과 같다고 할 수 있다. 즉 city변수의 값이 'MADRID'이면 guide변수의 값을 'Duncan'으로 바꾸라는 것이다.

```
DATA dguide;
   SET arttour;
   IF guide=:'D' THEN chosen='Yes';
   ELSE chosen='No';
RUN;

PROC PRINT DATA=dguide;
   VAR city guide chosen;
   TITLE 'Guides Whose Names Begin with D';
RUN;
```

위의 프로그램은 조건식에서 특정 문자로 시작하는 경우를 찾는 경우로 =:을 사용한 것이다. Dguide DATASET에서 보면 guide변수의 관찰값들 중 'D'로 시작하는 관찰값들을 찾아 chosen변수에 'Yes'라고 넣고, 그렇지 않은 경우에는 'No'로 넣는다.

특정 문자로 시작되는 경우를 지정할 때는 변수 =: '특정문자'로 지정하면 된다.

```
Using the UPCASE Function to Make a Comparison

         OBS    city          guide

          1     Rome          D'Amico
          2     Paris         Lucas
          3     London        Wilson
          4     New York      Lucas
          5     Madrid        Duncan
          6     Amsterdam
```

출력된 결과를 보면 city변수의 값이 'MADRID'인 5번째 관찰값의 경우 guide변수의 값은 arttour DATASET에서는 'Torres'이었는데 'Duncan'으로 바뀐 것을 볼 수 있다.

```
        Guides Whose Names Begin with D

  OBS    city          guide      chosen

   1     Rome          D'Amico     Yes
   2     Paris         Lucas       No
   3     London        Wilson      No
   4     New York      Lucas       No
   5     Madrid        Torres      No
   6     Amsterdam                 No
```

출력된 결과를 보면 guide변수의 관찰값들 중 'D'로 시작하는 관찰값은 1번째만 해당하므로 chosen변수의 값이 'Yes'이고, 나머지는 'No'값을 가지는 것을 볼 수 있다.

```
DATA guidegrp;
   SET arttour;
   IF guide<=:'L' THEN group='A-L';
   ELSE group='M-Z';
RUN;
```

```
PROC PRINT DATA=guidegrp;
   VAR city guide group;
   TITLE 'All Values Beginning with a Range of Characters';
RUN;
```

위의 프로그램은 특정 문자로 시작되는 관찰값들을 찾아 그룹을 지정하는 것으로 앞에서는 숫자의 경우에 비교 연산자와 IF문을 이용하였는데 여기서는 문자이므로 비교연산자 뒤에 :을 함께 사용하여 아스키값이 그 이하인지 이상인지를 인지하는 것이다.

Guidegrp DATASET에서 보면 guide<=:'L' 라고 하면 guide변수의 값중 처음 시작하는 단어가 'L'이하인 것은 참이 되는 것이고 참인 경우에 group변수의 값은 'A-L'이 되고 나머지의 경우 group변수의 값은 'M-Z'가 된다.

```
                All Values Beginning with a Range of Characters

                       OBS    city          guide      group

                        1     Rome          D'Amico     A-L
                        2     Paris         Lucas       A-L
                        3     London        Wilson      M-Z
                        4     New York      Lucas       A-L
                        5     Madrid        Torres      M-Z
                        6     Amsterdam                 A-L
```

위의 출력결과를 보면 guide변수의 값이 A에서 L까지는 group변수값은 A-L이 되고, M에서 Z까지는 group변수의 값이 M-Z가 되는 것을 볼 수 있다.

9.7 특정 관찰값 삭제

```
DATA arts;
   INPUT city $ 1-9 nights 11 landcost 13-16 budget $ 18-23
         guide $ 25-32;
CARDS;
Rome 3  750 Medium D'Amico
Paris 8 1680 High    Lucas
London         6 1230 High         Wilson
```

```
New York    6  .          Lucas
Madrid      3  370 Low    Torres
Amsterdam   4  580 Low
;
RUN;

PROC PRINT DATA=arts;
   TITLE 'Data Set ARTS';
RUN;
```

Arts DATASET은 city, nights, landcost, budget, guide 등 5개의 변수와 6개의 관찰값으로 형성되어 있다.

```
DATA remove;
   SET arts;
   IF landcost=. THEN delete;
RUN;

PROC PRINT DATA=remove;
   TITLE 'Deleting Observations That Lack a Land Cost';
RUN;
```

위의 프로그램은 기존에 생성된 DATASET을 가지고 특정변수의 값이 결측값을 가질 경우 그 관찰값을 지우는 것이다.

Remove DATASET은 이미 생성된 arts DATASET을 이용하여 landcost변수의 값이 결측값을 가질 경우에 그 관찰값을 제외시키고 DATASET을 형성하는 것이다.

```
                         Data Set ARTS

   OBS    city         nights    landcost    budget     guide

    1     Rome           3          750      Medium    D'Amico
    2     Paris          8         1680      High      Lucas
    3     London         6         1230      High      Wilson
    4     New York       6            .                Lucas
    5     Madrid         3          370      Low       Torres
    6     Amsterdam      4          580      Low
```

위의 출력된 결과를 보면 문자변수의 값이 결측값일 가질 경우에는 공백이고, 숫자변수의 값이 결측값을 가질 경우에는 .으로 표시되는 것을 볼 수 있다.

```
              Deleting Observations That Lack a Land Cost

      OBS    city          nights    landcost    budget     guide

       1     Rome            3          750      Medium    D'Amico
       2     Paris           8         1680      High      Lucas
       3     London          6         1230      High      Wilson
       4     Madrid          3          370      Low       Torres
       5     Amsterdam       4          580      Low
```

출력된 결과를 보면 art DATASET의 경우(output 1)에 6개의 관찰값을 가지고 있지만 remove DATASET을 출력한 결과(output 2)는 landcost변수의 값이 결측값을 가지는 4번째 관찰값이 제외되고 나머지 5개만 출력된 것을 볼 수 있다.

9.8 특정 관찰값 선택

```
DATA remove2;
   INPUT city $ 1-9 nights 11 landcost 13-16 budget $ 18-23 guide $ 25-32;
   IF landcost=. THEN delete;
CARDS;
Rome 3  750 Medium D'Amico
Paris  8 1680 High     Lucas
London          6 1230 High    Wilson
New York        6    .          Lucas
Madrid          3  370 Low      Torres
Amsterdam       4  580 Low
;
RUN;
PROC PRINT DATA=remove2;
   TITLE 'Deleting Observations While Inputting Them';
RUN;
```

앞에서는 이미 DATASET을 형성한 후에 특정 관찰값을 삭제하는 반면 위의 프로그램에서는 읽는 과정에서 관찰값을 삭제한 후에 DATASET을 형성하는 것이다.

이때 IF문을 사용하는 위치는 CARDS문 앞에 위치하면 된다.

```
DATA subset6;
   SET arts;
   IF nights=6;
RUN;
PROC PRINT DATA=subset6;
   TITLE 'Producing a Subset with the Subsetting IF Statement';
RUN;
```

위의 프로그램은 이미 생성된 arts DATASET을 이용하여 새로운 subset6 DATASET을 형성하는데 특정 조건에 맞는 관찰값만 취하는 것이다. Subset6 DATASET에서 보면 IF nights=6;이라고 하여 nights변수의 값이 6인 것만 참이 되고 나머지는 거짓이 되므로 nights변수값이 6인 것만 취하여 subset6 DATASET을 형성하게 된다.

```
              Deleting Observations While InPUTting Them

OBS    city          nights    landcost    budget    guide

 1     Rome            3          750      Medium    D'Amico
 2     Paris           8         1680      High      Lucas
 3     London          6         1230      High      Wilson
 4     Madrid          3          370      Low       Torres
 5     Amsterdam       4          580      Low
```

출력결과를 보면 앞에서 output 2와 동일한 결과를 가지는 것을 볼 수 있다. 즉 읽는 과정에서 landcost변수의 값이 결측값일 경우에는 삭제하고 DATASET이 형성된 것을 볼 수 있다.

```
         Producing a Subset with the Subsetting IF Statement

OBS     city        nights    landcost    budget    guide

 1      London        6         1230       High     Wilson
 2      New York      6           .                 Lucas
```

Arts DATASET은 6개의 관찰값을 가지고 있었는데 subset6 DATASET에는 nights변수의 값이 6인 2개의 관찰값만을 가지게 된다.

IF문 사용하여 관찰값 정하기

- IF문을 이용하여 원하는 관찰값만 취하여 DATASET을 만들 수 있으며, 조건식만 쓰는 경우 조건식이 참인 관찰값만 취하게 된다.

IF **조건식** ; – 조건식이 참이 되는 관찰값만 취한다.

9.9 UPCASE 함수를 이용한 특정 관찰값 선택

```
DATA lowmed;
   SET arts;
   IF UPCASE(budget)='HIGH' THEN delete;
RUN;
PROC PRINT DATA=lowmed;
   TITLE 'Deleting High-Priced Tours';
RUN;
```

위의 프로그램은 UPCASE함수를 이용하여 변수값중 특정값을 가지는 관찰값들을 지우는 것이다. Lowmed DATASET의 내용은 budget변수의 값이 'HIGH'인 관찰값들은 제거하고 나머지 관찰값들만 가지고 생성된 것이다.

```
DATA lowmed2;
   SET arts;
   IF UPCASE(budget)='MEDIUM' OR UPCASE(budget)='LOW';
RUN;
PROC PRINT DATA=lowmed2;
   TITLE 'Using SubSETting IF for an Exact Selection';
RUN;
```

위의 프로그램도 역시 UPCASE함수를 이용하여 변수값중 특정값을 가지는 관찰값들만을 선택하는 것이다. 즉 budget변수값이 'MEDIUM'이나 'LOW'인 경우만 선택하여 lowmed2 DATASET을 만드는 것이다.

Lowmed DATASET과 lowmed2 DATASET을 생성할 때 결국 budget변수값은 'HIGH', 'MEDIUM', 'LOW'중 하나를 가지므로 'HIGH'값을 가지는 경우만 삭제를 하는 것이나 'MEDIUM'값과 'LOW'값만 가지는 경우만 취하는 것이나 같은 말이 된다. 그러나 budget변수값이 결측값을 가지는 경우에는 서로 다른 결과가 나오는 것을 출력결과를 통하여 볼 수 있다. 즉 budget변수값이 'MEDIUM', 'LOW'인 것만 가지고 DATASET을 만드는데 있어 IF UPCASE(budget) ='HIGH' THEN delete; 라고 하면 결측값도 포함이 된고 IF UPCASE(budget) ='MEDIUM' OR UPCASE(budget)='LOW';라고 하면 결측값은 제외되고 budget변수값이 'MEDIUM', 'LOW'인 것만 취하게 된다.

```
                  Deleting High-Priced Tours

   OBS    city          nights    landcost    budget    guide

    1     Rome            3          750      Medium    D'Amico
    2     New York        6           .                 Lucas
    3     Madrid          3          370      Low       Torres
    4     Amsterdam       4          580      Low
```

위의 출력결과를 보면 budget변수값이 'HIGH'인 경우만 제외시키므로 budget변수값이 결측값을 포함하고 있는 것을 볼 수 있다.

```
        Producing a Subset with the Subsetting IF Statement

   OBS     city        nights    landcost    budget    guide

    1     London         6         1230       High     Wilson
    2     New York       6           .                 Lucas

            Using SubSETting IF for an Exact Selection

   OBS    city          nights    landcost    budget    guide

    1     Rome            3          750      Medium    D'Amico
    2     Madrid          3          370      Low       Torres
    3     Amsterdam       4          580      Low
```

위의 출력결과는 budget변수 값중 'MEDIUM', 'LOW'인 것만 선택하므로 3개의 관찰값만을 가지게 된다.

여기서 우리가 만일 budget변수 값중 'MEDIUM', 'LOW'인 것만 취하려고 하고 budget변수는 'HIGH', 'MEDIUM', 'LOW'를 갖는다고 할 때

```
 IF UPCASE(budget)='HIGH' THEN delete;
또는,  IF UPCASE(budget)='MEDIUM' OR UPCASE(budget)='LOW';
```

라고 하면 물론 위의 식이 사용하기는 편리하나 budget변수가 결측값을 포함하고 있으면 서로 다를 수 있다. 이처럼 특정변수를 가지고 조건에 맞는 값을 위하여 원하는 새로운 DATASET을 만들고자 할 경우에 주의하지 않으면 다른 결과까지도 포함할 수 있다는 것을 기억해야 한다.

9.10 다수의 DATASET 만들기 (OUTPUT문)

```
DATA ltour othrtour;
   SET arts;
   IF guide='Lucas' THEN OUTPUT ltour;
   ELSE OUTPUT othrtour;
RUN;
PROC PRINT DATA=ltour;
   TITLE "Data Set with Guide='Lucas'";
RUN;
PROC PRINT DATA=othrtour;
   TITLE "Data Set with Other Guides";
RUN;
```

위의 프로그램은 특정조건에 맞는 관찰값들을 취하여 두 개 이상의 새로운 DATASET을 만드는 것이다. 앞에서는 DATA문과 KEEP, DROP을 이용하여 특정 변수만 취하여 두 개 이상의 DATASET을 만들었다. 물론 특정 관찰값들만 취하는 위의 프로그램과 특정 변수만 취하는 앞의 내용을 조합하여 원하는 변수의 원하는 관찰값만 취하여 두 개 이상의 DATASET을 만들 수도 있다.

위에서 보면 arts DATASET을 이용하여 ltour, othrtour DATASET을 만드는 것으로 ltour DATASET에는 guide변수의 값이 'Lucas'인 것만 가지게 되고, othrtour DATASET은 guide변수의 값이 'Lucas'인 것을 제외한 나머지 모든 관찰

값으로 이루어진다. 물론 guide변수의 값이 결측값을 가질 경우에도 othrtour DATASET으로 들어간다.

이렇게 특정 값만 가지는 관찰값을 따로 분리해내는 방법은 IF문과 OUTPUT문을 사용하면 된다. 즉 IF 조건식 THEN OUTPUT 새로운 DATASET명 ; 이라고 하면 조건식에 맞는 관찰값들로 새로운 DATASET을 형성하면 된다. 또한 두 개 이상 만들고자 할 경우 같은 방법으로 ELSE IF 또는 ELSE문을 이용하여 계속 나열하면 된다. 단 새로운 DATASET명은 맨 처음 DATA문에 선언되어 있어야 가능하다. 위에서도 보면 먼저 DATA ltour othrtour; 라고 선언한 후에 IF문에서 OUTPUT 다음에 사용된 것을 볼 수 있다. 여기서 OUTPUT문은 생성결과를 가지고 DATASET을 만드는 역할을 한다. 이를 한 프로그램에서 출력할 때에 PRINT PROCEDURE에서 DATA=다음에 해당 DATASET의 이름을 명시해 주어야 한다.

```
                Data Set with Guide='Lucas'

     OBS    city          nights    landcost    budget    guide

      1     Paris           8         1680       High     Lucas
      2     New York        6           .                 Lucas
```

위의 출력결과는 ltour DATASET을 출력한 것으로 Guide변수의 값을 보면 'Lucas'들로만 구성되어 있는 것을 볼 수 있다.

```
                Data Set with Other Guides

     OBS    city          nights    landcost    budget    guide

      1     Rome            3          750      Medium    D'Amico
      2     London          6         1230      High      Wilson
      3     Madrid          3          370      Low       Torres
      4     Amsterdam       4          580      Low
```

위의 출력결과는 othrtour DATASET을 출력한 것으로 Guide변수의 값을 보면 'Lucas'가 아닌 값들과 결측값인 것으로만 구성되어 있는 것을 볼 수 있다.

특정 관찰값으로 다수의 DATASET 만들기(IF, OUTPUT문)

- IF문과 OUTPUT문을 이용하여 원하는 관찰값만 취하여 두 개이상의 새로운 DATASET을 만들 수 있다.

```
DATA  a1 [a2 … ] aN ; – 생성하고자 하는 DATASET 수만큼 나열
 SET 기생성된 DATASET명 ;
     ...                    – 다른 프로그램
IF 조건식1 THEN OUTPUT  a1 ;
  [ELSE IF 조건식2 THEN OUTPUT a2 ; … ]
  ELSE OUTPUT aN ;
```

```
DATA ltour2 othrtou2;
   SET arts;
   IF guide='Lucas' THEN OUTPUT ltour2;
RUN;

PROC PRINT DATA=ltour2;
   TITLE "Data Set with Guide='Lucas'";
RUN;

PROC PRINT DATA=othrtou2;
   TITLE "Data Set with Other Guides";
RUN;
```

위의 프로그램은 바로 전의 경우와 비슷한데 결과는 전혀 다르게 된다는 것을 보여주는 것이다. 두 개이상의 DATASET을 만드는데 DATA문에서는 지정해주고 다른 수행을 하지 않은 경우 그 DATASET은 어떻게 되는지를 보여주는 프로그램이다.

위의 경우를 살펴보면 DATA문에서 ltour2, othrtou2 DATASET을 생성하는 것으로 지정하였다. 그러나 IF guide='Lucas' THEN OUTPUT ltour2;라고 하여 IF문은 ltour2 DATASET에 대해서만 사용하고 othrtou2 DATASET에는 아무런 제재를 가하지 않았다. 이런 상태에서 PRINT PROCEDURE를 이용하여 각각 2개의 DATASET을 출력하였다.

이때 출력된 결과를 TITLE별로 살펴보면 "Data Set with Guide='Lucas'"인 경우 출력된 것을 볼 수 있지만 "Data Set with Other Guides"인 경우 출력되지 않

은 것을 볼 수 있다. 즉 othrtou2 DATASET에는 아무것도 들어가지 않은 것을 볼 수 있다. 이처럼 DATA문에 지정만 해주고 아무런 작업을 하지 않았을 경우에 아무 내용도 포함되지 않는 것을 위의 프로그램을 통하여 볼 수 있다.

```
                    Data Set with Guide='Lucas'

     OBS    city        nights    landcost    budget    guide

      1     Paris          8        1680       High     Lucas
      2     New York       6          .                 Lucas
```

위의 출력된 결과를 보면 TITLE이 Data Set with Guide='Lucas'인 경우만 출력된 것을 볼 수 있다. TITLE이 "Data Set with Other Guides"인 경우에 대해서는 OUTPUT을 오류로 빼먹은 게 아니라 아무 것도 출력되지 않은 것이니 오해의 소지가 없기를 바란다. 물론

```
PROC PRINT DATA=othrtou2;
   TITLE "Data Set with Other Guides";
RUN;
```

대신에

```
TITLE "Data Set with Other Guides";
PROC PRINT DATA=othrtou2;
RUN;
```

라고 하였으면 TITLE만이라도 출력되지만 위의 경우는 아무 것도 출력되지 않는다.

```
DATA lday othrday;
   SET arts;
   IF guide='Lucas' THEN OUTPUT lday;
   ELSE OUTPUT othrday;
   days=nights+1;
```

```
RUN;
PROC PRINT DATA=lday;
   TITLE "Number of Days in Lucas's Tours";
RUN;
PROC PRINT DATA=othrday;
   TITLE "Number of Days in Other Guides' Tours";
RUN;
```

```
DATA lday2 othrday2;
   SET arts;
   days=nights+1;
   IF guide='Lucas' THEN OUTPUT lday2;
   ELSE OUTPUT othrday2;
RUN;
PROC PRINT DATA=lday2;
   TITLE "Number of Days in Lucas's Tours";
RUN;
PROC PRINT DATA=othrday2;
   TITLE "Number of Days in Other Guides' Tours";
RUN;
```

위의 두 개의 프로그램은 특정 조건에 맞는 관찰값들만 취하여 새로운 두 개의 DATASET을 만들때 새로운 변수를 생성하여 추가시키는 경우 사용위치에 따라 어떻게 다른 지를 보여주는 것이다. Lday, othrday DATASET의 경우와 lday2, othrday2 DATASET의 경우를 비교하여 보면 days = nights+1; 이 어느 위치에 쓰이는 것이 적절한 가를 알 수 있다. 즉 두 개이상의 DATASET을 OUTPUT문을 이용하여 만들고자 할 경우에 새로운 변수를 생성하거나 관찰값을 변화시키는 문장은 그 전에 위치하여야 하고, 만약 OUTPUT문보다 뒤에 있는 경우는 결측값을 가지는 변수만 생성된다. 이는 출력된 결과를 보면 더 잘 알 수 있다.

```
                    Number of Days in Lucas's Tours

OBS    city        nights    landcost    budget    guide    days

 1     Paris          8        1680       High     Lucas      .
 2     New York       6          .                 Lucas      .
```

```
                  Number of Days in Other Guides' Tours

   OBS    city          nights    landcost    budget     guide      days

    1     Rome             3         750      Medium     D'Amico      .
    2     London           6        1230      High       Wilson       .
    3     Madrid           3         370      Low        Torres       .
    4     Amsterdam        4         580      Low                     .
```

위의 두 개의 출력결과는 OUTPUT문 뒤에 새로운 변수를 생성한 것으로 days변수의 값을 보면 nights+1의 값이 아닌 결측값을 가지고 있는 것을 볼 수 있다.

```
                    Number of Days in Lucas's Tours

   OBS    city          nights    landcost    budget    guide     days

    1     Paris            8        1680       High     Lucas       9
    2     New York         6          .                 Lucas       7
```

```
                  Number of Days in Other Guides' Tours

   OBS    city          nights    landcost    budget     guide      days

    1     Rome             3         750      Medium     D'Amico      4
    2     London           6        1230      High       Wilson       7
    3     Madrid           3         370      Low        Torres       4
    4     Amsterdam        4         580      Low                     5
```

위의 두 개의 출력결과는 OUTPUT문 앞에서 새로운 변수를 생성한 것으로 days 변수값을 보면 nights+1의 값을 가지고 있는 것을 볼 수 있다.

```
DATA ltour othrtour weektour daytour;
   SET arts;
   IF guide='Lucas' THEN output ltour;
   ELSE output othrtour;
   IF nights>=6 THEN output weektour;
   ELSE output daytour;
RUN;

PROC PRINT DATA=ltour;
   TITLE "Lucas's Tours";
RUN;
```

```
PROC PRINT DATA=othrtour;
   TITLE "Other Guides' Tours";
RUN;
PROC PRINT DATA=weektour;
   TITLE 'Tours Lasting a Week OR More';
RUN;
PROC PRINT DATA=daytour;
   TITLE 'Tours Lasting Less Than a Week';
RUN;
```

위의 프로그램은 이미 생성된 DATASET을 이용하여 두 개 이상의 DATASET을 만드는데 두 개 이상의 조건을 부여하여 생성하는 것이다. 앞에서는 조건을 하나의 변수만을 가지고 두 개 이상의 DATASET을 생성했던 반면 여기에서는 두 개의 조건을 주어 각기 다른 DATASET을 만드는 것을 보여준다.

프로그램을 살펴보면 arts DATASET을 이용하여 각기 조건을 부여하여 ltour, othrtour, weektour, daytour DATASET 4개를 생성하려는 것이다. 조건문에서 보면 guide변수의 값이 'Lucas'인 경우는 ltour DATASET, 그 외의 경우는 othrtour DATASET을 형성한다. 또한 nights변수의 값이 6이상인 경우에는 weektour DATASET, 그외의 경우에는 daytour DATASET을 형성한다. 이때 두가지 조건은 서로 독립적으로 수행이 된다. 즉 ltour DATASET과 othrtour DATASET을 형성하는 것과 weektour DATASET과 daytour DATASET을 형성하는 것은 전혀 별개로 작동하므로 서로 겹치는 부분에 대해 걱정할 필요가 없다.

```
                      Lucas's Tours

     OBS    city        nights    landcost    budget    guide

      1     Paris         8         1680       High     Lucas
      2     New York      6           .                 Lucas
```

```
                    Other Guides' Tours

    OBS    city         nights    landcost    budget    guide

     1     Rome           3          750      Medium    D'Amico
     2     London         6         1230      High      Wilson
     3     Madrid         3          370      Low       Torres
     4     Amsterdam      4          580      Low
```

```
                  Tours Lasting a Week OR More

     OBS    city        nights    landcost    budget    guide

      1     Paris          8        1680       High     Lucas
      2     London         6        1230       High     Wilson
      3     New York       6          .                 Lucas
```

```
                  Tours Lasting Less Than a Week

     OBS    city        nights    landcost    budget    guide

      1     Rome           3         750      Medium    D'Amico
      2     Madrid         3         370      Low       Torres
      3     Amsterdam      4         580      Low
```

위의 결과를 살펴보면 맨 처음 두 개의 결과는 guide변수의 값이 'Lucas'인 경우와 그 외의 경우로 형성되어 있고, 나중 두 개는 nights변수의 값이 6이상인 경우와 그 외(5이하)의 경우로 나뉘어서 형성되어 출력된 것을 볼 수 있다.

9.11 조건식에 대한 실행문이 여러 개일 경우

```
DATA arts;
 INPUT city $ 1-9 museum 11 gallery 13  other 15 guide $ 17-24
        yrs_exp 26;
   CARDS;
Rome       4 3 . D'Amico   2
Paris      5 . 1 Lucas     5
London     3 2 . Wilson    3
New York   5 1 2 Lucas     5
Madrid     . . 5 Torres    4
Amsterdam  3 3 .           .
;
RUN;
PROC PRINT DATA=arts;
   TITLE 'Data Set ARTS';
RUN;
```

Arts DATASET은 city, museum, gallery, other, guide, yrs_exp 등 6개의 변수에 6개의 관찰값을 가지고 있다.

```
DATA fixit2;
   SET arts;
   IF city='Madrid' THEN
      DO;
         museum=3;
         other=2;
      END;
   ELSE IF city='Amsterdam' THEN
      DO;
         guide='Vandever';
         yrs_exp=4;
      END;
RUN;
PROC PRINT DATA=fixit2;
   TITLE 'Using DO Groups';
RUN;
```

위의 프로그램은 특정 변수의 값이 조건에 맞는 경우에 다수 개의 변수의 값을 바꾸는 것으로 IF문과 DO, END문을 이용하였다. 즉 city변수값이 'Madrid'이면 museum변수값은 3, other변수값은 2로 바꾸고, 또 city변수값이 'Amsterdam'이면 guide변수값은 'Vandever', yrs_exp=4로 바꾸는 것이다.

Data Set ARTS

OBS	city	museum	gallery	other	guide	yrs_exp
1	Rome	4	3	.	D'Amico	2
2	Paris	5	.	1	Lucas	5
3	London	3	2	.	Wilson	3
4	New York	5	1	2	Lucas	5
5	Madrid	.	.	5	Torres	4
6	Amsterdam	3	3	.		.

Using DO Groups

OBS	city	museum	gallery	other	guide	yrs_exp
1	Rome	4	3	.	D'Amico	2
2	Paris	5	.	1	Lucas	5
3	London	3	2	.	Wilson	3
4	New York	5	1	2	Lucas	5
5	Madrid	3	.	2	Torres	4
6	Amsterdam	3	3	.	Vandever	4

두 개의 출력결과를 비교하여 보면 city변수값이 'Madrid'인 5번째 관찰값 museum, other변수값이 바뀌고, city변수값이 'Amsterdam'인 6번째 관찰값중 guide, yrs_exp변수값이 바뀐 것을 볼 수 있다.

IF문 사용하기 6 – 실행문이 여러 개일 경우(DO문과 END문)

- IF문의 사용시 하나의 조건에 맞는 경우 두 개 이상의 실행문을 사용하고자 할 경우 DO문과 END문을 사용하면 된다.

```
IF 조건문1 THEN  DO;
     실행문A1 ;
       …     ;
    실행문An ;
  END;    – 조건문1이 참이면 실행문A1에서 실행문An까지 수행한다.
ELSE  IF 조건문2 THEN  DO;
     실행문B1 ;
       …     ;
    실행문Bn ;
  END;    – 조건문2가 참이면 실행문B1에서 실행문Bn까지 수행한다.
```

제10장 누적값 구하기

10.1 하나의 변수값 누적하기

```
DATA tourrev;
   INPUT country $ 1-11 landcost vendor $ bookings;
   CARDS;
France          575 Express      10
Spain           510 World        12
Brazil          540 World        6
India           489 Express      .
Japan           720 Express      10
Greece          698 Express      20
New Zealand    1489 Southsea     6
Venezuela       425 World        8
Italy           468 Express      9
USSR            924 World        6
Switzerland     734 World        20
Australia      1079 Southsea     10
Ireland         558 Express      9
;
RUN;
PROC PRINT DATA=tourrev;
   TITLE 'SAS Data Set TOURREV';
RUN;
```

위의 tourrev DATASET은 4개의 변수와 13개의 관찰값으로 형성된 것이다.

```
DATA total;
   SET tourrev;
   totbook+bookings;
RUN;
PROC PRINT DATA=total;
   VAR country bookings totbook;
   TITLE 'Total Tours Booked';
RUN;
```

위의 프로그램은 새로운 변수를 생성하여 특정변수의 누적값을 구하는 것이다. 즉 tourrev DATASET을 이용하여 total DATASET을 형성하는데 bookings변수의 값을 계속 누적시켜 totbook변수를 새로이 넣은 것을 볼 수 있다. 여기서 totbook + bookings;라고 하면 totbook=totbook+bookings;와 같은 기능을 하는 것을 볼 수 있다.

```
                    SAS Data Set TOURREV

   OBS    country        landcost    vendor      bookings

     1    France            575      Express        10
     2    Spain             510      World          12
     3    Brazil            540      World           6
     4    India             489      Express         .
     5    Japan             720      Express        10
     6    Greece            698      Express        20
     7    New Zealand      1489      Southsea        6
     8    Venezuela         425      World           8
     9    Italy             468      Express         9
    10    USSR              924      World           6
    11    Switzerland       734      World          20
    12    Australia        1079      Southsea       10
    13    Ireland           558      Express         9
```

```
                 Total Tours Booked

   OBS    country        bookings    totbook

     1    France            10          10
     2    Spain             12          22
     3    Brazil             6          28
     4    India              .          28
     5    Japan             10          38
     6    Greece            20          58
     7    New Zealand        6          64
     8    Venezuela          8          72
     9    Italy              9          81
    10    USSR               6          87
    11    Switzerland       20         107
    12    Australia         10         117
    13    Ireland            9         126
```

위의 출력된 결과를 살펴보면 totbook변수의 값은 bookings변수의 값을 계속 누적시켜 형성된 것을 볼 수 있다. 또한 수식 사용 시 totbook=totbook+bookings; 라고 하지 않아도 동일한 결과를 가지는 것을 볼 수 있으며 결측값을 가지는 경우 그전까지의 누적값이 그대로 사용되고 있는 것을 볼 수 있다.

10.2 누적된 값만 표시하기 (KEEP, END, IF문 이용)

```
DATA total2(KEEP=totbook);
   SET tourrev END=lastobs;
   totbook+bookings;
   IF lastobs;
RUN;
PROC PRINT DATA=total2;
   TITLE 'Last Observation Shows Total Tours Booked';
RUN;
```

위의 프로그램은 특정변수의 관찰값별로 누적값을 구하여 누적값을 구하는 과정은 제외시키고 마지막 누적된 결과만을 출력하는 것이다.

Total2 DATASET은 tourrev DATASET을 사용하는데 KEEP문을 이용하여 totbook변수만을 취하며, totbook변수는 bookings변수값을 누적시켜서 구해지고 IF문의 조건에 맞는 경우의 관찰값으로만 구성된다는 것은 앞의 내용을 토대로 알 수 있는 것이다. 즉, 여기서는 마지막 관찰값만을 취하는 방법에 대한 것으로 END문과 IF문을 이용하였다.

위에서 보면 기존의 DATASET을 이용하는 방법인 SET문에서 기생성된 DATASET명을 쓴 후에 END=하고 특정 이름을 주어지면 마지막 관찰값을 특정이름으로 인식되며, 그 다음에 나오는 IF문에서 특정이름을 지정하여 주면 그 이름에 해당하는 관찰값 즉 마지막 관찰값만을 가지게 된다.

이것을 total2 DATASET으로 설명하면 먼저 totbook변수만으로 형성되고, SET tourrev END=lastobs; 이라고 하면 tourrev DATASET을 가지고 형성하며 마지막 관찰값은 lastobs라고 지정하고, totbook변수는 bookings변수를 누적하여 구하고, 마지막으로 IF lastobs; 라고 하여 lastobs라고 이름을 가지는 관찰값만을 취한다. 그러므로 total2 DATASET에는 lastobs라 이름을 갖는 마지막 관찰값 중 totbook 변수만 존재하므로 bookings변수의 최종 누적된 값 하나만이 존재하게 된다.

```
Last Observation Shows Total Tours Booked

OBS    totbook

 1       126
```

위의 출력결과를 보면 totbook변수에 1개의 관찰값만이 존재하고 있는 것을 볼 수 있다. 즉 bookings변수의 마지막 누적된 값만이 출력된 것을 볼 수 있다.

변수의 값들을 누적시켜 누적된 값만 표시하기(KEEP, END, IF문 이용)

- 기 존재하는 변수의 값을 누적시키는 방법은 누적되어 저장될 변수명 + 누적할 변수명 ; 하면 각 관찰값별로 누적되어 저장될 변수명에 들어가는데 누적되는 과정이 전부 보여지게 된다.
- 누적된 값의 마지막 것만 취하고자 할 경우(특정 변수의 누적된 값만을 원하는 경우) SET문에서 END문을 같이 이용하면 마지막 관찰값에 이름을 부여하고 이것을 IF문을 이용하여 취하면 된다.

```
DATA dataset명 (KEEP = 누적된 변수명) ;
   SET 기생성된 dataset명 END = 마지막 관찰값을 대신할 이름 ;
   누적되어 저장될 변수명 + 누적시킬 변수명 ;
   IF 마지막 관찰값을 대신할 이름 ;
RUN;
```

10.3 범주별로 누적값 구하기

```
PROC SORT DATA=tourrev OUT=sorttour; BY vendor;    RUN;
DATA totalby;
   SET sorttour;
   BY vendor;
   IF first.vendor THEN vendorbk=0;
   vendorbk+bookings;
RUN;
```

```
PROC PRINT DATA=totalby;
   TITLE 'Setting the Sum Variable to 0 for BY Groups';
RUN;
```

위의 프로그램은 특정변수들의 값에 따른 누적합을 구하는 것이다. 위의 경우 vendor변수값에 따라 bookings변수의 누적합을 구하여 출력시키는 것으로 vendor 변수의 값이 바뀔 때마다 bookings변수의 누적합이 들어가는 변수를 0으로 초기화하여 주면 되고 초기화는 FIRST변수를 이용하면 된다. 우선 DATA STEP에서 BY 문을 사용하기 위해서는 먼저 vendor변수에 의해 정렬을 시킨 후에 새로운 totalby DATASET을 만든다. IF first.vendor THEN vendorbk=0;라고 하여 vendor변수 값이 바뀌면, first.vendor변수값은 1이 되고 IF문에서는 참으로 인식하는 것을 이용하여 누적합이 들어가는 vendorbk변수를 0으로 초기화한다.

```
PROC SORT DATA=tourrev OUT=sorttour;  BY vendor; RUN;
DATA totalby(DROP=country landcost bookings);
   SET sorttour;
   BY vendor;
   IF first.vendor THEN vendorbk=0;
   vendorbk+bookings;
   IF last.vendor;
RUN;
PROC PRINT DATA=totalby;
   TITLE 'Last Observation in BY Group Contains Group Total';
RUN;
```

위의 프로그램은 바로전 프로그램을 보완하여 마지막 누적된 값만을 출력하는 것으로 LAST변수를 이용하였다.

Setting the Sum Variable to 0 for BY Groups

OBS	country	landcost	vendor	bookings	vendorbk
1	France	575	Express	10	10
2	India	489	Express	.	10
3	Japan	720	Express	10	20
4	Greece	698	Express	20	40
5	Italy	468	Express	9	49
6	Ireland	558	Express	9	58
7	New Zealand	1489	Southsea	6	6
8	Australia	1079	Southsea	10	16
9	Spain	510	World	12	12
10	Brazil	540	World	6	18
11	Venezuela	425	World	8	26
12	USSR	924	World	6	32
13	Switzerland	734	World	20	52

위의 출력된 결과를 보면 vendor변수의 값이 바뀔 때마다 vendorbk변수의 값은 0으로 초기화된 후에 bookings변수의 값이 누적되는 것을 볼 수 있다. 즉 vendor변수의 값이 'Express'인 경우에 bookings변수의 값이 누적되어 vendorbk변수에 들어가는 것을 볼 수 있으며, vendor변수의 값이 'Southsea'인 경우에 bookings변수의 값이 새로이 누적되어 vendorbk변수에 들어가는 것을 볼 수 있다.

Last Observation in BY Group Contains Group Total

OBS	vendor	vendorbk
1	Express	58
2	Southsea	16
3	World	52

위의 결과는 last.vendor값이 1인 것만 출력된 것으로 앞의 경우와 다른 것은 bookings변수의 값이 누적되는 것들 중 마지막 값들만이 출력된 것을 볼 수 있다.

10.3 범주별 누적값 구하여 새로운 DATASET 생성

```
PROC SORT DATA=tourrev OUT=sorttour; BY vendor; RUN;
DATA details(DROP=grpbook grpmoney)
     vendgrps(KEEP=vendor grpbook grpmoney);
   SET sorttour;
   BY vendor;
   money=landcost*bookings;
   OUTPUT details;
   IF first.vendor THEN
      DO;
         grpbook=0;
         grpmoney=0;
      END;
   grpbook+bookings;
   grpmoney+money;
   IF last.vendor THEN OUTPUT vendgrps;
RUN;
PROC PRINT DATA=details;
   TITLE 'Detail Records: Dollars Spent on Individual Tours';
RUN;
PROC PRINT DATA=vendgrps;
   TITLE 'Group Totals: Dollars Spent and Bookings by Vendor';
RUN;
```

위의 프로그램은 앞에서 기술한 과정인 누적합을 구하는 과정을 이용하여 두 개 이상의 DATASET을 만드는 것이다. 즉 vendor변수에 정렬된 sorttour DATASET을 이용하여 country, landcost, vendor, bookings, money변수를 가지는 details DATASET과 vendor, grpbook, grpmoney변수를 가지는 vendgrp DATASET을 만드는 것이다. 위에서 money변수는 landcost변수와 bookings변수의 곱으로 생성되어 OUTPUT details; 문에 의해 DATASET을 형성하며, vendor변수 값이 바뀔 때마다 grpbook, grpmoney변수는 초기화가 되어 각각 bookings, money변수의 값을 누적시킨 값을 가지며 IF last.vendor THEN OUTPUT vendgrp; 문에 의해 누적된 마지막 값들만을 취하게 된다. 여기서 또한 주의하여 볼 사항은 IF문에서 THEN 다음에 여러 문장을 사용할 경우 DO; 와 END; 사이에 기술하면 된다.

```
          Detail Records: Dollars Spent on Individual Tours

 OBS      country         landcost     vendor      bookings      money

   1      France            575        Express        10          5750
   2      India             489        Express         .             .
   3      Japan             720        Express        10          7200
   4      Greece            698        Express        20         13960
   5      Italy             468        Express         9          4212
   6      Ireland           558        Express         9          5022
   7      New Zealand      1489        Southsea        6          8934
   8      Australia        1079        Southsea       10         10790
   9      Spain             510        World          12          6120
  10      Brazil            540        World           6          3240
  11      Venezuela         425        World           8          3400
  12      USSR              924        World           6          5544
  13      Switzerland       734        World          20         14680
```

```
          Group Totals: Dollars Spent and Bookings by Vendor

                OBS     vendor       grpbook     grpmoney

                 1      Express        58         36144
                 2      Southsea       16         19724
                 3      World          52         32984
```

앞의 프로그램과 연관하여 살펴보면 OUTPUT문까지만 해당 DATASET에 적용되어 각각 DATASET을 형성하는 것을 출력결과를 통하여 볼 수 있다. 즉 details DATASET을 출력한 것은 landcost변수와 bookings변수의 곱인 money변수가 있으며 결측값이 존재하는 경우 곱하여 생성된 변수도 결측값을 가지게 되는 것을 볼 수 있다. 또한 vendgrp DATASET을 보면 IF last.vendor THEN OUTPUT vendgrp; 에 의해 vendor변수값에 따라 마지막 누적된 값들만이 들어가는 것을 볼 수 있다.

10.4 RETAIN문을 이용한 최대값 구하기

```
DATA temp;
 SET tourrev;
 RETAIN holdrev;
 revenue=landcost*bookings;
 OUTPUT;
```

```
 holdrev=revenue;
RUN;
PROC PRINT DATA=temp;
 VAR country landcost bookings revenue holdrev;
 TITLE 'HOLDREV Shows REVENUE from Previous Observation';
RUN;
```

위의 프로그램은 RETAIN문을 이용하여 관찰값을 하나씩 뒤로 밀리는 것을 보여주는 것이다. RETAIN문은 한 변수의 값이 바로 전 DATA단계의 수행에서의 값을 그대로 유지하는 기능을 한다. 위에서도 보면 RETAIN holdrev; 라고 하고 나서 OUTPUT; holdrev=revenue; 를 같이 지정하여 줌으로써 revenue변수값이 holdrev변수에 1개씩 밀려서 들어가는 것을 볼 수 있다. 이때 OUTPUT문이 없으면 revenue변수값과 holdrev변수값은 동일하게 된다.

```
DATA mostrev;
 SET tourrev;
 RETAIN holdrev;
 revenue=landcost*bookings;
 IF revenue>holdrev THEN holdrev=revenue;
RUN;
PROC PRINT DATA=mostrev;
 VAR country landcost bookings revenue holdrev;
 TITLE 'Collecting the Largest Value of REVENUE in HOLDREV';
RUN;
```

위의 프로그램은 앞의 프로그램을 변형하여 특정 변수의 관찰값별로 비교하여 큰 값을 찾는 과정을 보여주는 것으로 revenue변수값과 holdrev변수값을 비교하여 revenue변수값이 큰 경우에만 revenue값이 바뀌어 기억되는 것이다.

HOLDREV Shows REVENUE from Previous Observation

OBS	country	landcost	bookings	revenue	holdrev
1	France	575	10	5750	.
2	Spain	510	12	6120	5750
3	Brazil	540	6	3240	6120
4	India	489	.	.	3240
5	Japan	720	10	7200	.
6	Greece	698	20	13960	7200
7	New Zealand	1489	6	8934	13960
8	Venezuela	425	8	3400	8934
9	Italy	468	9	4212	3400
10	USSR	924	6	5544	4212
11	Switzerland	734	20	14680	5544
12	Australia	1079	10	10790	14680
13	Ireland	558	9	5022	10790

위의 출력된 결과를 보면 revenue변수값이 holdrev변수에 1개씩 밀려서 들어가는 것을 볼 수 있으며, holdrev변수의 첫번째 값을 결측값이 되는 것을 볼 수 있다.

Collecting the Largest Value of REVENUE in HOLDREV

OBS	country	landcost	bookings	revenue	holdrev
1	France	575	10	5750	5750
2	Spain	510	12	6120	6120
3	Brazil	540	6	3240	6120
4	India	489	.	.	6120
5	Japan	720	10	7200	7200
6	Greece	698	20	13960	13960
7	New Zealand	1489	6	8934	13960
8	Venezuela	425	8	3400	13960
9	Italy	468	9	4212	13960
10	USSR	924	6	5544	13960
11	Switzerland	734	20	14680	14680
12	Australia	1079	10	10790	14680
13	Ireland	558	9	5022	14680

위의 출력된 결과를 보면 holdrev변수값은 revenue변수값 중에서 그때까지 나온 값들중 가장 큰 값을 가지게 되는 것을 볼 수 있다.

```
DATA mostrev(KEEP=holdctry holdrev);
  SET tourrev END=lastone;
  RETAIN holdrev holdctry;
```

```
   revenue=landcost*bookings;
   IF revenue>holdrev THEN
      DO;
         holdrev=revenue;
         holdctry=country;
      END;
   IF lastone;
RUN;

PROC PRINT DATA=mostrev;
   TITLE 'Country with the Largest Value of REVENUE';
RUN;
```

위의 프로그램은 특정 변수값들 중 가장 큰 값을 골라내고 그 변수의 값에 해당하는 다른 변수의 값도 취하여 가장 마지막 값만 취하는 것으로 revenue변수의 값이 가장 클 경우에 그에 상응하는 country변수의 값을 찾아 최종 결과인 두 개의 값만 출력하는 것이다. 즉 revenue변수의 값이 가장 큰 도시와 revenue변수값만을 보여주는 것이다.

먼저 마지막 관찰값만 취하기 위해서는 SET tourrev END=lastone; 이라고 하여 마지막 관찰값을 lastone으로 인식하게 하고, 제반 작업을 수행한 후에 IF lastone; 이라고 하면 된다. 또한 최대값을 찾기 위해서는 IF문과 RETAIN문을 적절하게 혼용하면 된다. 즉, RETAIN문을 이용하여 중간 과정에서 구해지는 최대값들을 저장하기 위하여 holdrev, holdctry변수를 지정한 후에 IF문을 이용하여 revenue변수값이 holdrev변수값보다 큰 경우에 holdrev변수값에 revenue변수값을 넣고, holdctry변수값에 country변수값을 저장하게 된다. 즉 holdrev변수값은 처음에 결측값을 가지므로 revenue변수값이 크므로 DO;와 END;사이의 문장을 수행하고, 두번째 관찰값 역시 첫번째보다 크므로 수행하지만 세번째 관찰값의 경우에 작으므로 수행되지 않는다. 이러한 과정이 모든 관찰값까지 적용된 후에 마지막 관찰값을 취하고 DATA문에서 KEEP문을 이용하여 holdctry, holdrev변수만 취하게 된다.

```
      Country with the Largest Value of REVENUE

            OBS    holdrev     holdctry

             1      14680     Switzerland
```

나타난 결과를 보면 revenue변수값이 가장 큰 11번째 관찰값만이 출력되는데 DATA문에서 KEEP문을 이용하여 holdctry, holdrev변수만 취하였으므로 두 변수의 값만 출력된 것을 볼 수 있다.

RETAIN문

- 어느 특정 변수의 값이 바로 전의 DATA 단계의 수행에서 값을 그대로 유지하고자 할 경우에 RETAIN문을 이용하면 된다.
- 또한 RETAIN문을 이용하여 변수를 지정한 후에 그 변수에 대해 아무런 작업을 하지 않으면 결측값만을 가지게 된다.

```
[형식1]  RETAIN 변수명1[…] ;
           변수명1=변수명 ;
         OUTPUT ; – 없으면 변수명1은 변수명과 동일한 값들을 가짐

[형식2] RETAIN 변수명1[…] ;
           IF 조건식 THEN DO ;
              실행문들 ;
           END ;
```

제11장 ARRAY문의 활용

SAS DATA STEP SAS DATA STEP SAS DATA STEP SAS DATA STEP SAS DATA STEP

11.1 DO문과 ARRAY문의 이용

```
DATA changes;
   SET arts;
   ARRAY chglist{3} museum gallery other;
   DO count=1 TO 3;
      IF chglist{count}=. THEN chglist{count}=0;
   END;
RUN;
PROC PRINT DATA=changes;
   TITLE 'Data Set Produced with Array Processing';
RUN;
```

2개 이상의 변수에 동일한 처리를 할 경우에 변수의 수 만큼 IF문을 사용할 수도 있지만 보다 손쉬운 방법은 위와 같이 DO문과 ARRAY문을 이용하면 편리하다. 위의 프로그램은 museum, gallery, other 변수값이 결측값을 가질 경우 전부 0으로 바꾸는 것이다. 프로그램을 보면 ARRAY chglist{3} museum gallery other; 라고 하여 museum, gallery, other 변수를 각각 chglist{1}, chglist{2}, chglist{3}로 인식하게 하였다. 이를 DO문을 이용하여 원하는 만큼인 3번을 반복하게 된다. 여기서 count=1 TO 3; 에서 count변수명은 아무 것이나 사용하여도 상관이 없고 다만 {}안의 변수명과 동일하면 되며 1 TO 3이라고 하면 1에서 3까지 1씩 증가한다는 것이다.

```
DATA chgdrop(DROP=count);
   SET arts;
   ARRAY chglist{3} museum gallery other;
   DO count=1 to 3;
      IF chglist{count}=. THEN chglist{count}=0;
   END;
RUN;
PROC PRINT DATA=chgdrop;
   TITLE 'Data Set After Dropping Index Variable';
RUN;
```

위의 프로그램은 바로 전의 경우와 같으며 DATASET을 형성하는데 불필요하면서 DO문을 반복수행하기 위하여 생성된 count 변수를 제거시킨 것이다. 즉 ARRAY문을 사용할 경우에 반복수행을 위해 사용되어진 변수는 제거하는 것이 바람직하다.

Data Set Produced with Array Processing

OBS	city	museum	gallery	other	guide	yrs_exp	count
1	Rome	4	3	0	D'Amico	2	4
2	Paris	5	0	1	Lucas	5	4
3	London	3	2	0	Wilson	3	4
4	New York	5	1	2	Lucas	5	4
5	Madrid	0	0	5	Torres	4	4
6	Amsterdam	3	3	0		.	4

출력된 결과를 보면 museum, gallery, other 변수값이 결측값이었던 것들이 전부 0으로 바뀐 것을 볼 수 있다. 또한 주의하여 볼 사항은 반복수행을 위하여 사용했던 count변수가 첨가되어 있으며, chglist{1}, chglist{2}, chglist{3}은 출력되지 않는 것을 볼 수 있다. 이는 ARRAY문에 의해 생성된 변수는 프로그램 수행시만 사용이 되고 DATASET에는 들어가지 않는 임시변수인 것을 알 수 있다.

또한 count변수의 값을 보면 전부 4의 값을 가지는 것을 볼 수 있다. 즉 다른 프로그램에서와 마찬가지로 DO문의 수행은 거짓이 될 때까지(3까지만 수행하도록 하였으므로 1이 증가한 4는 거짓이 되지만 conut값은 4까지 변한다) 수행하는 것을 볼 수 있다.

```
                    Data Set After Dropping Index Variable

   OBS    city         museum    gallery    other     guide      yrs_exp

    1     Rome            4         3         0      D'Amico        2
    2     Paris           5         0         1      Lucas          5
    3     London          3         2         0      Wilson         3
    4     New York        5         1         2      Lucas          5
    5     Madrid          0         0         5      Torres         4
    6     Amsterdam       3         3         0                     .
```

위의 출력결과는 불필요한 count 변수를 제거한 후에 실제로 원하는 DATASET을 형성하여 출력한 것이다.

제12장 날짜자료의 형식

12.1 DATE문의 이용

```
DATA dates;
   INPUT country $ 1-11 @13 depart DATE7. nights;
   CARDS;
Japan          13may89        8
Greece         17oct89       12
New Zealand    03feb90       16
Brazil         28feb90        8
Venezuela      10nov89        9
Italy          25apr89        8
USSR           03jun89       14
Switzerland    14jan90        9
Australia      24oct89       12
Ireland        27may89        7
;
RUN;
PROC PRINT DATA=dates;
   TITLE 'Departure Dates with SAS Date Values';
RUN;
```

위의 프로그램은 날짜 형식으로 값을 읽어 DATASET을 형성하는 것으로 dates DATASET을 살펴보면 변수는 country, depart, nights의 3개의 변수로 구성되는데 depart변수의 경우에는 일월년의 날짜형식으로 되어 있는 것을 볼 수 있고, 이를 읽는 방식은 DATE문을 사용하면 된다. 여기에서 날짜변수에 해당하는 depart 변수를 칼럼을 지정하여 문자변수로 읽을 수도 있으나 자료로서의 의미를 상실하게 된다. 그러므로 날짜형식으로 읽는 방법은 DATE문을 이용하면 되고, 읽는 형식은

ddmmmyy 또는 ddmmmyyyy로 d는 날짜로 1-31까지 가질 수 있으며, m은 월로 3문자까지 가능하고, y는 연으로 2또는 4자리가 가능하다. 물론 월이 숫자로 되어 있는 경우도 있는데 이 경우에는 MMDDYY자릿수. 형식을 이용할 수 있다.

위에서는 관찰값이 일은 2자리, 월은 3자리, 년은 2자리로 구성되어 있으므로 date7.이라고 하면 된다. 그런데 날짜값이 저장되는 방식은 읽은 그대로 저장되지 않는 것을 다음 결과를 보면 알 수 있다. 아무런 형식을 지정하지 않고(FORMAT문을 사용하지 않고) 출력한 결과 이상한 숫자로 표시되는 것을 볼 수 있다.

```
              Departure Dates with SAS Date Values

             OBS    country         depart    nights

               1    Japan            10725       8
               2    Greece           10882      12
               3    New Zealand      10991      16
               4    Brazil           11016       8
               5    Venezuela        10906       9
               6    Italy            10707       8
               7    USSR             10746      14
               8    Switzerland      10971       9
               9    Australia        10889      12
              10    Ireland          10739       7
```

위의 출력결과에서 보면 depart변수의 값이 날짜가 아닌 이상한 숫자로 표현된 것을 볼 수 있다. 즉 위에서 숫자가 의미하는 것은 1960년 1월 1일을 기준시점으로 하여 해당 날짜를 일수로 변환된 것이다. 그러므로 첫 번째 관찰값의 경우에 13may89이므로 1989년 5월 13일이고, 이를 1960년 1월 1일을 기준으로 하여 일수로 계산하면 (1989-1960)*365.25+31+28+31+30+13=10725.25로 소숫점 이하는 버리고 정수만 취하면 된다. 여기에서 365.25를 연도에 곱하는 이유는 4년마다 윤년이 존재하므로 이를 포함시키기 위함이고 계산된 값에서 소숫점 이하는 버리면 된다.

날짜 형식 관찰값 읽기 - DATE문 이용

- 관찰값에 날짜가 포함되어 있는 경우 칼럼을 지정하여 문자변수로 읽으면 날짜로서의 의미를 갖지 못하기 때문에 DATE문을 사용하면 날짜로 인식하게 된다.
- DATE문을 이용하여 날짜를 읽는 형식은 ddmmmyy, ddmmmyyyy가 있다.

INPUT **변수명들 … 날짜변수 DATE자릿수. … 변수명들 ;**

12.2 FORMAT문 이용

```
PROC PRINT DATA=dates;
   TITLE 'Departure Dates in Calendar Form';
   FORMAT depart MMDDYY8.;
RUN;
```

위의 프로그램은 앞에서와 달리 날짜가 일수로 환산되어 출력되는 것이 아닌 날짜 형식그대로 출력할 수 있도록 FORMAT문을 이용하였다. 출력형식에는 여러 가지가 있는데 위에서는 MMDDYY8.고 하여 월/일/년의 형태로 각각 연월일은 2자리씩 차지하여 나타나게 한 것이다.

```
DATA tourdate;
   SET dates;
   FORMAT depart DATE7.;
RUN;
PROC CONTENTS DATA=tourdate;
RUN;
```

위의 프로그램은 현재 DATASET의 정보를 보기 위한 것으로 앞에서 설명한 바와 같이 생성일시 및 특징들이 나타난다.

날짜 관찰값 출력하기 – FORMAT문 이용

- PRINT PROCEDURE에서 FORMAT을 지정하여 날짜 형식으로 자료를 출력할 수 있다.

```
PROC PRINT DATA=dataset명 ;
  FORMAT 변수명 날짜형식. ;
RUN;
```

날짜형식	MMDDYY6.	MMDDYY8.	DATE7.	WORDDATE.
출력형식	월일년	월/일/년	일월년 (월은 영문3자리)	영문월 일, 년
예제(89.10.17)	101789	10/17/89	17OCT89	OCTOBER 17, 89

```
                Departure Dates in Calendar Form

         OBS    country            depart    nights

           1    Japan             05/13/89       8
           2    Greece            10/17/89      12
           3    New Zealand       02/03/90      16
           4    Brazil            02/28/90       8
           5    Venezuela         11/10/89       9
           6    Italy             04/25/89       8
           7    USSR              06/03/89      14
           8    Switzerland       01/14/90       9
           9    Australia         10/24/89      12
          10    Ireland           05/27/89       7
```

```
                    Departure Dates in Calendar Form

                          CONTENTS 프로시저

데이터셋 이름   WORK.TOURDATE                                 관측치         10
멤버 유형       DATA                                          변수           3
엔진            V9                                            인덱스         0
생성일          2007년 12월 25일 화 오후 11시49분15초         관측치 길이    32
마지막 수정일   2007년 12월 25일 화 오후 11시49분15초         삭제된 관측치  0
보호                                                          압축여부       NO
데이터셋 유형                                                 정렬           NO
라벨
데이터 표현     WINDOWS_32
엔코딩          euc-kr  Korean (EUC)


                       엔진/호스트 관련 정보

 데이터셋 페이지 크기                 4096
 데이터셋 페이지 번호                 1
 첫 번째 데이터 페이지                1
 페이지 당 최대 관측치 수             126
 첫 번째 데이터 페이지의 관측치 수    10
 데이터셋 수리의 번호                 0
 파일 이름                            E:₩temp₩_TD3800₩tourdate.sas7bdat
 생성된 릴리즈                        9.0101M3
 생성된 호스트                        XP_PRO


                    변수와 속성 리스트(오름차순)

              #    변수       유형    길이    출력형식

              1    country    문자      11
              2    depart     수치       8    DATE7.
              3    nights     수치       8
```

```
PROC PRINT DATA=tourdate;
   TITLE 'Report with Departure Date Spelled Out';
   FORMAT depart WORDDATE18.;
RUN;
```

위의 프로그램은 앞에서와 거의 같으며 날짜 출력형식을 FORMAT문에서 WORDDATE를 이용한 것으로 날짜 출력시 월에 해당하는 것이 영문전체를 보여준다는 것이 특징이다. 즉 영문월 일, 연의 형식으로 18자리로 지정되어 출력되는 것을 오른쪽을 보면 알 수 있다.

```
PROC SORT DATA=tourdate OUT=sortdate;
   BY depart;
RUN;
PROC PRINT DATA=sortdate;
   VAR depart country nights;
   TITLE 'Departure Dates Listed in Chronological Order';
RUN;
```

위의 프로그램은 날짜형식으로 입력된 변수를 이용하여 날짜순으로 정렬하여 출력하는 것을 보여주는 것이다.

SORT PROCEDURE를 이용하여 depart변수에 의해 올림차순 즉 과거날짜에서 현재날짜 순으로 정렬한 결과를 가지고 sortdate DATASET을 형성한 것이다. 이를 PRINT PROCEDURE를 이용하여 출력한 것이다. 여기서 유의해서 볼 사항은 PRINT PROCEDURE에서 FORMAT문을 사용하지 않았는데도 불구하고 depart변수값이 DATE7.형식으로 출력되는 것이다. 이는 바로 전 OUTPUT 17을 출력하는 프로그램에서 tourdate DATASET을 생성 시 DATA Step에서 FORMAT문을 사용하여 지정해 주면 변수값 자체가 특별한 제재가 없는 한은 DATE7. 형식으로 계속 인식한다는 것이다. 즉, FORMAT depart DATE7.;을 DATA Step에서 사용하면 굳이 PROCEDURE에서 FORMAT을 사용하지 않아도 되며 이를 바꾸고자 할 때에만 FORMAT문을 사용하면 된다.

```
            Report with Departure Date Spelled Out
      OBS    country                   depart    nights

        1    Japan                May 13, 1989      8
        2    Greece           October 17, 1989     12
        3    New Zealand      February 3, 1990     16
        4    Brazil          February 28, 1990      8
        5    Venezuela       November 10, 1989      9
        6    Italy              April 25, 1989      8
        7    USSR                June 3, 1989      14
        8    Switzerland      January 14, 1990      9
        9    Australia        October 24, 1989     12
       10    Ireland              May 27, 1989      7
```

위에서 보면 WORDDATE를 이용하였으므로 영문월 일, 연의 형식으로 18자리로 지정되어 출력되었다. 또한 날짜자료는 숫자변수로 취급되므로 country변수와는 다르게 오른쪽 정렬이 되어 있음을 볼 수 있다.

```
Departure Dates Listed in Chronological Order

OBS    depart     country        nights

  1    25APR89    Italy             8
  2    13MAY89    Japan             8
  3    27MAY89    Ireland           7
  4    03JUN89    USSR             14
  5    17OCT89    Greece           12
  6    24OCT89    Australia        12
  7    10NOV89    Venezuela         9
  8    14JAN90    Switzerland       9
  9    03FEB90    New Zealand      16
 10    28FEB90    Brazil            8
```

위의 출력된 결과를 보면 depart변수에 의해 과거날짜에서부터 현재날짜 순으로 정렬된 것을 볼 수 있다.

```
DATA home;
   SET tourdate;
   return=depart+nights;
   FORMAT return DATE7.;
RUN;

PROC PRINT DATA=home;
   TITLE 'Dates of Departure and Return';
RUN;
```

위의 프로그램은 날짜변수의 값과 숫자변수의 값을 더하여 새로운 날짜변수를 생성할 경우에 FORMAT문을 사용하면 된다. 즉 날짜변수 depart변수와 숫자변수 nights변수를 더하여 새로운 return변수를 생성하는데 FORMAT return date7.; 라고 하였으므로 return변수는 DDMMMYY의 형식을 가지게 된다. 이때 더해질 때 일(日)로 환산해서 nights변수와 더해진 후에 이를 다시 날짜형식으로 보여주므로 일이 30이나 31이 넘어가면 그 다음 월로 넘어가게 된다.

```
DATA corrdate;
   SET tourdate;
   IF country='Switzerland' THEN depart='21jan90'd;
RUN;

PROC PRINT DATA=corrdate;
   TITLE 'Corrected Value for Switzerland';
RUN;
```

위의 프로그램은 날짜변수의 값을 IF문을 이용하여 조건에 맞는 경우에 바꾸는 방법에 관한 것이다.

사용하는 방법은 일반 문자변수의 경우와 비슷한데 숫자변수로 인식해야 되므로 다른 점은 맨 마지막에 'd'를 사용하여 날짜변수라는 것을 구별킨다는 것이다.

위의 경우 country변수의 값이 'Switzerland'인 경우에 depart변수의 값을 '21jan90'로 바꾸는 것을 IF country='Switzerland' THEN depart='21jan90'd; 라고 한 것을 볼 수 있다.

```
                  Dates of Departure and Return

     OBS    country          depart    nights      return

       1    Japan           13MAY89       8       21MAY89
       2    Greece          17OCT89      12       29OCT89
       3    New Zealand     03FEB90      16       19FEB90
       4    Brazil          28FEB90       8       08MAR90
       5    Venezuela       10NOV89       9       19NOV89
       6    Italy           25APR89       8       03MAY89
       7    USSR            03JUN89      14       17JUN89
       8    Switzerland     14JAN90       9       23JAN90
       9    Australia       24OCT89      12       05NOV89
      10    Ireland         27MAY89       7       03JUN89
```

위의 출력결과를 보면 1-3번째 관찰값의 경우는 그대로 일에 더한 것과 같고, 4번째 관찰값의 경우에 28FEB90에 8을 더하면 11016+8=11024가 되므로 11024는 1960+INT(11024/365.25)년으로 하고 MOD(11024/365.25)를 월일로 환산하면 1990년 3월 8일이 되는 것을 볼 수 있다.

```
                Corrected Value for Switzerland

          OBS    country          depart    nights

            1    Japan            13MAY89       8
            2    Greece           17OCT89      12
            3    New Zealand      03FEB90      16
            4    Brazil           28FEB90       8
            5    Venezuela        10NOV89       9
            6    Italy            25APR89       8
            7    USSR             03JUN89      14
            8    Switzerland      21JAN90       9
            9    Australia        24OCT89      12
           10    Ireland          27MAY89       7
```

위의 결과를 보면 country변수값이 Switzerland인 경우(8번째 관찰값) depart 변수값이 14JAN90에서 21JAN90으로 바뀐 것을 볼 수 있다.

12.3 PROC APPEND의 형식

```
PROC APPEND BASE=dept1 DATA=dept2; RUN;
PROC PRINT DATA=dept1;
  TITLE 'DEPT1 After Appending DEPT2';
RUN;
```

위의 프로그램도 역시 DATASET을 합치는 것이나 다른 점은 SET문을 이용하는 것이 아닌 APPEND PROCEDURE를 이용하고 여기서는 말 그대로 어느 한쪽을 기준으로 놓고 다른 한쪽을 추가한다는 점에서 약간 다르다. 위에서 보면 PROC APPEND BASE=dept1 DATA=dept2; 라고 하면 dept1 DATASET에 dept2 DATASET이 추가된다.

```
PROC APPEND BASE=dept1 DATA=dept3   FORCE ;   RUN;
PROC PRINT DATA=dept1;
 TITLE 'Using the FORCE Option to Append Data Sets that Contain';
 TITLE2 'DIFferent Variables';
RUN;
```

위의 프로그램은 dept1 DATASET에 dept3 DATASET을 추가하는 것이나 두 DATASET의 변수가 틀린 경우에 해당되고 이런 경우 FORCE를 사용하면 된다. FORCE문은 BASE 다음에 오는 DATASET에 해당 변수가 없으면 그 변수를 삭제시키는 역할을 한다. 위에서도 dept3 DATASET의 sex변수가 삭제되어 추가된 것을 볼 수 있으며, 앞에서 dept1 DATASET은 dept2 DATASET이 추가된 상태에서 다시 추가되는 것이므로 출력되는 dept1 DATASET의 관찰값은 15개가 된다.

PROC APPEND의 형식

- 한 DATASET의 끝에 다른 DATASET을 추가하는데 사용되는 PROCEDURE이다.

```
PROC APPEND [BASE=추가되는 dataset명1]
            [DATA=추가될 dataset명2] [FORCE] ;  RUN ;
```

* DATASET명이 생략될 경우 가장 최근에 사용된 것을 사용함
FORCE : 추가될 DATASET에는 없는 변수가 추가되는 DATASET에 있는 경우 이를 삭제시키는데 이용

```
                    DEPT1 After Appending DEPT2

OBS      ssn        name                   hired     salary     phone

  1   429685482   Martin, Virginia       09AUG80    34800    493-0824
  2   244967839   Singleton, MaryAnn     24APR85    27900    929-2623
  3   996740216   Leighton, Maurice      16DEC83    32600    933-6908
  4   675443925   Freuler, Carl          15FEB88    29900    493-3993
  5   845729308   Cage, Merce            19OCT82    39800    286-0519
  6   324987451   Sayre, Jay             15NOV84    44800    933-2998
  7   596771321   Tolson, Andrew         18MAR88    41200    929-4800
  8   477562122   Jensen, Helga          01FEB81    47400    286-2816
  9   894724859   Kulenic, Marie         24JUN83    41400    493-1472
 10   988427431   Zweerink, Anna         07JUL85    43700    929-3885
```

Using the FORCE Option to Append Data Sets that Contain DIFferent Variables

OBS	ssn	name	hired	salary	phone
1	429685482	Martin, Virginia	09AUG80	34800	493-0824
2	244967839	Singleton, MaryAnn	24APR85	27900	929-2623
3	996740216	Leighton, Maurice	16DEC83	32600	933-6908
4	675443925	Freuler, Carl	15FEB88	29900	493-3993
5	845729308	Cage, Merce	19OCT82	39800	286-0519
6	324987451	Sayre, Jay	15NOV84	44800	933-2998
7	596771321	Tolson, Andrew	18MAR88	41200	929-4800
8	477562122	Jensen, Helga	01FEB81	47400	286-2816
9	894724859	Kulenic, Marie	24JUN83	41400	493-1472
10	988427431	Zweerink, Anna	07JUL85	43700	929-3885
11	744289612	Saparilas, Theresa	09MAY88	33400	
12	824904032	Brosnihan, Dylan	04JAN82	38200	
13	242779184	Chao, Daeyong	28SEP85	37500	
14	544382887	SlIFkin, Leah	24JUL84	45000	
15	933476520	Perry, Marguerite	19APR82	39900	

제13장 자료의 갱신

SAS DATA STEP SAS DATA STEP SAS DATA STEP SAS DATA STEP SAS DATA STEP

13.1 UPDATE문을 이용한 자료의 갱신

```
DATA master;
 INPUT id 1-8 name $ 9-27 street $ 28-47 city $ 48-62  state $ 63-64 zip
$ 67-71;
 CARDS;
1001    Ericson, Jane       111 Clancey Court   Chapel Hill     NC  27514
1002    Dix, Martin         4 Shepherd St.      Norwich         VT  05055
1003    Gabrielli, Theresa  24 Ridgetop Rd.     Westboro        MA  01581
1004    Clayton, Aria       14 Bridge St.       San Francisco   CA  94124
1005    Archuleta, Ruby     Box 108             Milagro         NM  87429
1006    Misiewicz, Jeremy   43-C Lakeview Apts. Madison         WI  53704
1007    Ahmadi, Hafez       5203 Marston Way    Boulder         CO  80302
1008    Jacobson, Becky     1 Lincoln St.       Tallahassee     FL  32312
1009    An, Ing             95 Willow Dr.       Charlotte       NC  28211
1010    Slater, Emily       1009 Cherry St.     York            PA  17407
;
PROC PRINT DATA=master;
   TITLE 'The Master Mailing List Is Sorted by ID';
RUN;
```

```
DATA trans;
 INPUT id 1-8 name $ 9-27 street $ 28-47 city $ 48-62 state $ 63-64 zip $
67-71;
 CARDS;
1002    Dix-Rosen, Martin
1001                                                                    27516
1006                        932 Webster St.
1009                        2540 Pleasant St.   Raleigh                27622
1011   Mitchell, Wayne  28 Morningside Dr.   New York          NY  10017
1002                          R.R. 2, Box 1850      Hanover           NH  03755
1012    Stavros, Gloria   212 Northampton Rd. South Hadley   MA  01075
;
PROC SORT DATA=trans;      BY id;  RUN;
PROC PRINT DATA=trans;
   TITLE 'Transaction Data Set Sorted by ID';
RUN;
```

```
DATA newlist;
   UPDATE master trans;
   BY id;
RUN;
PROC PRINT DATA=newlist;
   TITLE 'Updated Mailing List';
RUN;
```

위의 프로그램은 기준변수에 의해 기존 DATASET을 최신 정보로 바꾸고자 할 경우에 UPDATE문을 이용한 것이다. 즉, newlist DATASET은 id변수를 기준으로 master DATASET의 내용을 trans DATASET의 정보로 고치는 것이다. 여기서 master DATASET의 id변수값 중 동일한 값이 2개 이상이면 안된다.

```
                         Updated Mailing List

                                 s
                                 t                                s
        n                        r                   c            t
  O     a                        e                   i            a    z
  B   i m                        e                   t            t    i
  S   d e                        t                   y            e    p

  1 1001 Ericson, Jane       111 Clancey Court   Chapel Hill   NC 27516
  2 1002 Dix-Rosen, Martin   R.R. 2, Box 1850    Hanover       NH 03755
  3 1003 Gabrielli, Theresa  24 Ridgetop Rd.     Westboro      MA 01581
  4 1004 Clayton, Aria       14 Bridge St.       San Francisco CA 94124
  5 1005 Archuleta, RuBY     Box 108             Milagro       NM 87429
  6 1006 Misiewicz, Jeremy   932 Webster St.     Madison       WI 53704
  7 1007 Ahmadi, Hafez       5203 Marston Way    Boulder       CO 80302
  8 1008 Jacobson, Becky     1 Lincoln St.       Tallahassee   FL 32312
  9 1009 An, Ing             2540 Pleasant St.   Raleigh       NC 27622
 10 1010 Slater, Emily       1009 Cherry St.     York          PA 17407
 11 1011 Mitchell, Wayne     28 Morningside Dr.  New York      NY 10017
 12 1012 Stavros, Gloria     212 Northampton Rd. South Hadley  MA 01075
```

```
                 Transaction Data Set Sorted BY ID

OBS  id          name             street           city         state  zip

 1   1001                                                               27516
 2   1002 Dix-Rosen, Martin
 3   1002                   R.R. 2, Box 1850    Hanover       NH       03755
 4   1006                   932 Webster St.
 5   1009                   2540 Pleasant St.   Raleigh                27622
 6   1011 Mitchell, Wayne   28 Morningside Dr.  New York      NY       10017
 7   1012 Stavros, Gloria   212 Northampton Rd. South Hadley  MA       01075
```

```
                         Updated Mailing List

                                 s
                                 t                                s
        n                        r                   c            t
  O     a                        e                   i            a    z
  B   i m                        e                   t            t    i
  S   d e                        t                   y            e    p

  1 1001 Ericson, Jane       111 Clancey Court   Chapel Hill   NC 27516
  2 1002 Dix-Rosen, Martin   R.R. 2, Box 1850    Hanover       NH 03755
  3 1003 Gabrielli, Theresa  24 Ridgetop Rd.     Westboro      MA 01581
  4 1004 Clayton, Aria       14 Bridge St.       San Francisco CA 94124
  5 1005 Archuleta, RuBY     Box 108             Milagro       NM 87429
  6 1006 Misiewicz, Jeremy   932 Webster St.     Madison       WI 53704
  7 1007 Ahmadi, Hafez       5203 Marston Way    Boulder       CO 80302
  8 1008 Jacobson, Becky     1 Lincoln St.       Tallahassee   FL 32312
  9 1009 An, Ing             2540 Pleasant St.   Raleigh       NC 27622
 10 1010 Slater, Emily       1009 Cherry St.     York          PA 17407
 11 1011 Mitchell, Wayne     28 Morningside Dr.  New York      NY 10017
 12 1012 Stavros, Gloria     212 Northampton Rd. South Hadley  MA 01075
```

```
DATA yrsales;
   INPUT title $ 1-25 author $ 27-50 sales;
   CARDS;
The Milagro Beanfield War Nichols, John          303
The Golden Gate           Seth, Vikran           150
Always Coming Home        LeGuin, Ursula          79
Falling through Space     Gilchrist, Ellen       128
Ender's Game              Card, Orson Scott       87
The Handmaid's Tale       Atwood, Margaret        64
;
PROC SORT DATA=yrsales;
   BY title;
RUN;
PROX PRINT DATA=yrsales;
   TITLE 'Sales to Date';
   TITLE2;
   TITLE3 'Sorted by TITLE';
RUN;
```

```
DATA weeklist;
   INPUT title $ 1-25 author $ 27-50 sales;
   CARDS;
The Milagro Beanfield War Nichols, John          32
The Golden Gate           Seth, Vikran           17
Always Coming Home        LeGuin, Ursula         10
Falling through Space     Gilchrist, Ellen       12
The Accidental Tourist    Tyler, Anne            15
The Handmaid's Tale       Atwood, Margaret        8
;
PROC SORT DATA=weeklist;
   BY title;
RUN;
PROC PRINT DATA=weeklist;
   TITLE 'This Week''s Sales Sorted by TITLE';
RUN;
```

위의 프로그램은 yrsales DATASET과 weeklist DATASET을 형성하는 것으로 둘 다 title, author, sales변수로 구성되어 있으며, title변수값에 의해 올림차순으로 정렬되어 있다.

```
                    Sales to Date

                   Sorted BY TITLE

OBS   TITLE                        author              sales

 1    Always Coming Home           LeGuin, Ursula        79
 2    Ender's Game                 Card, Orson Scott     87
 3    Falling through Space        Gilchrist, Ellen     128
 4    The Golden Gate              Seth, Vikran         150
 5    The Handmaid's Tale          Atwood, Margaret      64
 6    The Milagro Beanfield War    Nichols, John        303
```

```
           This Week's Sales Sorted BY TITLE

OBS   TITLE                        author              sales

 1    Always Coming Home           LeGuin, Ursula        10
 2    Falling through Space        Gilchrist, Ellen      12
 3    The Accidental Tourist       Tyler, Anne           15
 4    The Golden Gate              Seth, Vikran          17
 5    The Handmaid's Tale          Atwood, Margaret       8
 6    The Milagro Beanfield War    Nichols, John         32
```

UPDATE문을 이용한 자료의 갱신

- UPDATE문은 기존의 DATASET을 새로운 정보가 있는 DATASET을 적용하여 갱신하기 위해 사용된다.
- 이때 갱신하기 위한 기준 변수가 있어야 하고 기준 변수는 BY문 뒤에 사용되며 정렬이 되어 있어야 하고 두 개 이상의 관찰값을 가져서는 안된다.

UPDATE 기존 dataset명1 새로운 정보의 dataset명2 ;
BY 변수명 ;

13.2 기존의 값에 새로운 값을 추가하기

```
DATA totsales;
   UPDATE yrsales weeklist (RENAME=(sales=newsales));
   BY title;
   sales=SUM(sales,newsales);
   DROP newsales;
RUN;
PROC PRINT DATA=totsales;
   TITLE 'Updated Year-to-Date Sales';
RUN;
```

위의 프로그램은 UPDATE문을 이용하여 DATASET을 바꾸고자 할 경우 특정변수의 값을 고치는 것 뿐만 아니라 기존의 값에 새로운 값을 추가하여 더하는 것이다.

Totsales DATASET을 이용하여 설명하면 yrsales DATASET에 weeklist DATASET의 정보를 추가하는데 sales변수의 값을 누적시키고자 하므로 weeklist DATASET의 sales변수를 newsales변수의 명칭을 바꾼 후에 sales=SUM(sales, newsales); 라고 하여 합을 구하여 sales변수에 다시 넣고 불필요한 newsales변수는 삭제한다. 여기서 sales=sales+newsales라고 하지 않는 이유는 yrsales DATASET의 sales변수에 결측값이 존재하는 경우에 누적된 값도 결측값이 되므로 이를 피하기 위해서이다.

```
DATA merged;
   MERGE master trans;
   BY id;
RUN;
PROC PRINT DATA=merged;
   TITLE 'Merging the Master and Transaction Data Sets';
   TITLE2 'instead of Updating Them';
RUN;
```

위의 프로그램은 MERGE문을 사용하는 경우로 UPDATE문을 사용한 경우와 차이점을 비교해 본 것이다.

Id변수값이 동일한 것이 존재하는 경우 UPDATE문은 새로운 값으로 갱신되는 반면에 MERGE문은 관찰값이 추가된다. 즉, UPDATE문은 동일한 변수에 대해 trans DATASET의 변수값이 존재하면 그 값으로 바뀌고, MERGE문은 새로운 관찰값으로 인식한다는데 차이가 있다.

```
                     Updated Year-to-Date Sales

   OBS   TITLE                          author               sales

    1    Always Coming Home             LeGuin, Ursula         89
    2    Ender's Game                   Card, Orson Scott      87
    3    Falling through Space          Gilchrist, Ellen      140
    4    The Accidental Tourist         Tyler, Anne            15
    5    The Golden Gate                Seth, Vikran          167
    6    The Handmaid's Tale            Atwood, Margaret       72
    7    The Milagro Beanfield War      Nichols, John         335
```

```
              Merging the Master and Transaction Data Sets
                       instead of Updating Them

                           s
                           t                           s
              n            r                   c       t
 O            a            e                   i       a   z
 B  i         m            e                   t       t   i
 S  d         e            t                   y       e   p

 1 1001                                                  27516
 2 1002 Dix-Rosen, Martin
 3 1002                    R.R. 2, Box 1850    Hanover       NH 03755
 4 1003 Gabrielli, Theresa 24 Ridgetop Rd.     Westboro      MA 01581
 5 1004 Clayton, Aria      14 Bridge St.       San Francisco CA 94124
 6 1005 Archuleta, RuBY    Box 108             Milagro       NM 87429
 7 1006                    932 Webster St.
 8 1007 Ahmadi, Hafez      5203 Marston Way    Boulder       CO 80302
 9 1008 Jacobson, Becky    1 Lincoln St.       Tallahassee   FL 32312
10 1009                    2540 Pleasant St.   Raleigh          27622
11 1010 Slater, Emily      1009 Cherry St.     York          PA 17407
12 1011 Mitchell, Wayne    28 Morningside Dr.  New York      NY 10017
13 1012 Stavros, Gloria    212 Northampton Rd. South Hadley  MA 01075
```

제 3 부

Reporting & Writing

제14장 출력 형식

SAS DATA STEP SAS DATA STEP SAS DATA STEP SAS DATA STEP SAS DATA STEP

14.1 PROC PLOT의 형식

```
OPTIONS LS=132;
DATA sats1;
   INPUT test $ @18 sex $1. year score;
   CARDS;
verbal           m 1967 463
verbal           f 1967 468
verbal           m 1970 459
verbal           f 1970 461
     (중간 생략)
math             m 1985 499
math             f 1985 452
math             m 1986 501
math             f 1986 451
;
TITLE 'Using the PRINT Procedure';
PROC PRINT DATA=sats1;
RUN;
```

```
OPTIONS LINESIZE=120 NONUMBER NODATE;
PROC SORT DATA=sats1;
   BY test;
RUN;
PROC PLOT DATA=sats1;
   BY test;
RUN;
PROC PLOT DATA=sats1;
   BY test;
```

```
    LABEL score='SAT score';
    PLOT score*year / HAXIS=1967 1970 1975 1977 1980
         1981 1982 1983 1984 1985 1986;
    TITLE1 'SAT Scores by Year, 1967-1976';
    TITLE3 'Separate Statistics by Test Type';
    FOOTNOTE1 '1967 and 1970 SAT scores estimated based on total number';
    FOOTNOTE2 'of people taking the SAT';
RUN;
```

Sats1 DATASET은 test, sex, year, score변수로 구성되어 있으며, 132칼럼으로 지정되어 출력된다. 그 다음 프로그램을 보면 OPTIONS LINESIZE=120 NONUMBER NODATE; 이라고 하면 120칼럼으로 지정되며, 쪽번호와 날짜를 출력하지 않는다.

PLOT PROCEDURE는 두 변수 사이의 관계를 그래프 형식으로 표현하는 것으로 test변수를 기준으로 삼는다. PLOT score*year라고 하면 Y축은 score변수로 X축은 year변수로 그래프를 그리며, LABEL score='SAT score';라고 하여 Y축 제목으로 붙는다. 또한 HAXIS=1967 1970 1975 1977 1980 1981 1982 1983 1984 1985 1986라고 하여 X축을 구성한다.

```
                 Using the PRINT Procedure

        OBS     test      sex     year     score

          1     verbal     m      1967      463
          2     verbal     f      1967      468
          3     verbal     m      1970      459
          4     verbal     f      1970      461
          5     verbal     m      1975      437
          6     verbal     f      1975      431
          7     verbal     m      1977      431
          8     verbal     f      1977      427
          9     verbal     m      1980      428
         10     verbal     f      1980      420
         11     verbal     m      1981      430
         12     verbal     f      1981      418
         13     verbal     m      1982      431
         14     verbal     f      1982      421
         15     verbal     m      1983      430
         16     verbal     f      1983      420
         17     verbal     m      1984      433
         18     verbal     f      1984      420
         19     verbal     m      1985      437
         20     verbal     f      1985      425
         21     verbal     m      1986      437
         22     verbal     f      1986      426
         23     math       m      1967      514
```

```
24    math    f    1967    467
25    math    m    1970    509
26    math    f    1970    465
27    math    m    1975    495
28    math    f    1975    449
29    math    m    1977    497
30    math    f    1977    445
31    math    m    1980    491
32    math    f    1980    443
33    math    m    1981    492
34    math    f    1981    443
35    math    m    1982    493
36    math    f    1982    443
37    math    m    1983    493
38    math    f    1983    445
39    math    m    1984    495
40    math    f    1984    449
41    math    m    1985    499
42    math    f    1985    452
43    math    m    1986    501
44    math    f    1986    451
```

출력결과를 비교하여 보면 OPTION문의 역할을 알 수 있으며 전체 제목은 TITLE문을 이용하면 되고, 결과 마지막에는 FOOTNOTE문을 사용하면 되고 사용방법은 TITLE문과 동일하다. 또한 PLOT에서 BY test라고 하여 math와 verbal값을 가지는 두 개의 그래프가 출력된다.

```
SAT Scores by Year, 1967-1976
Separate Statistics by Test Type
TEST=math
               Plot of SCORE*YEAR.  Legend: A = 1 obs, B = 2 obs, etc.
       |
   520 |
       |  A
   510 |         A
       |
   500 |                                                                  A        A
       |                           A
       |                  A                                      A
 S     |                                    A        A        A
 A 490 |                                    A
 T     |
 s 480 |
 c     |
 o     |
 r     |
 e 470 |
       |  A
       |         A
   460 |
       |                                                                  A
   450 |                  A                                      A                 A
       |                           A                          A
       |                                    A        A        A
   440 |
|---------1967-----1970-----1975-----1977-----1980-----1981-----1982-----1983-----1984-----1985-----1986
                                                YEAR
1967 and 1970 SAT scores estimated based on total number
of people taking the SAT
```

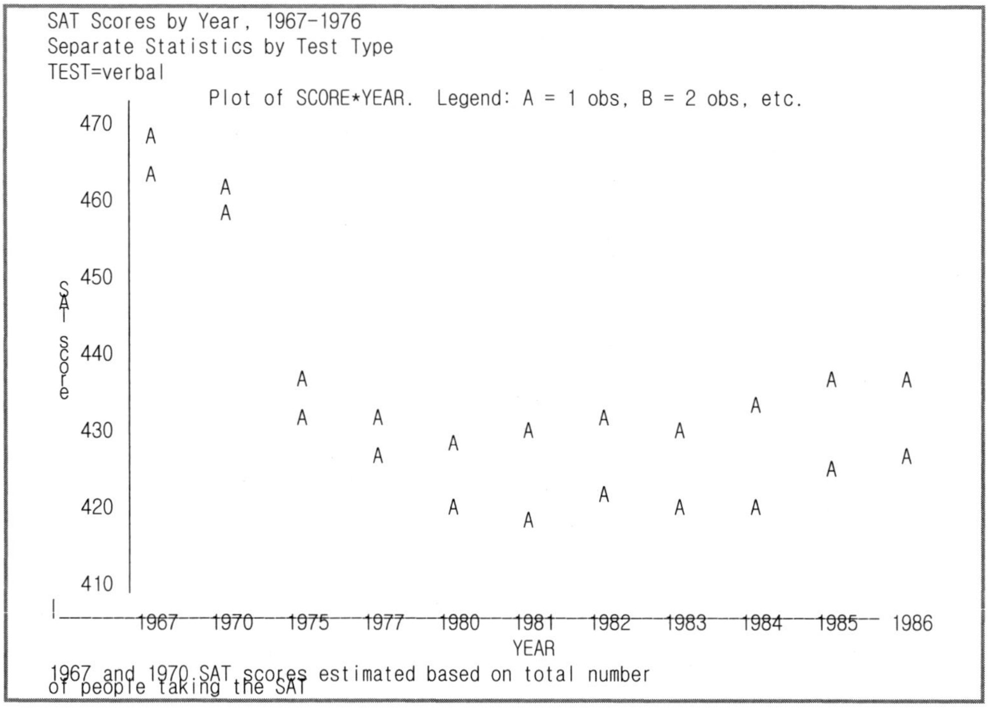

14.2 조건에 의한 출력

```
OPTIONS LINESIZE=64 NOCENTER NUMBER DATE;
DATA hisats;
   SET sats1;
   IF score < 500 THEN delete;
RUN;
PROC PRINT;
   TITLE 'Changing Option Settings to Customize OutPUT';
RUN;
```

위의 프로그램은 OPTIONS문을 바꾼 것으로 칼럼길이를 64로 주고, NOCENTER라고 하여 출력결과를 가운데 정렬을 하지 않으며 NUMBER를 사용하여 PAGE번호가 나타나게 하였으며, DATE를 사용하여 출력날짜가 나타나게 하였다. 또한 score변수의 값이 500이상인 것만 취하도록 하였다.

```
DATA sats2;
   INPUT test $ 1-8 sex $ 18 year 20-23  score 25-27;
   CARDS;
verbal           m 1967
verbal           f 1967
verbal           m 1970
verbal           f 1970
math             m 1967
math             f 1967
math             m 1970
math             f 1970
;
PROC SORT DATA=sats2;
   BY test;
RUN;
PROC PRINT DATA=sats2;
   BY test;
   TITLE 'Processing Missing Values--the Default';
RUN;
```

위의 프로그램은 PRINT PROCEDURE를 사용할 때 BY문을 사용하는 것이다. 위의 경우 test변수에 의해 정렬된 후에 PRINT된 것은 test변수 값에 따라 나뉘어서 출력되는 것을 볼 수 있다. 한가지 주의할 점은 score변수의 값인 25-27칼럼에 값이 존재하지 않으므로 앞에서 배운 바와 같이 .이 결측값으로 입력된다.

```
Changing Option Settings to Customize OutPUT
                         2007년 12월 26일 수요일 오전 02시01분51초

OBS    test    sex    year    score

 1     math     m     1967     514
 2     math     m     1970     509
 3     math     m     1986     501

    1967 and 1970 SAT scores estimated based on total number
    of people taking the SAT
```

위의 출력결과를 보면 왼쪽으로 정렬된 것을 볼 수 있으며 FOOTNOTE를 해제하지 않았으므로 그대로 출력되는 것을 볼 수 있다.

```
Processing Missing Values--the Default
                              2007년 12월 26일 수요일 오전 02시01분51초

test=math

OBS    sex    year    score

 1      m     1967      .
 2      f     1967      .
 3      m     1970      .
 4      f     1970      .

test=verbal

OBS    sex    year    score

 5      m     1967      .
 6      f     1967      .
 7      m     1970      .
 8      f     1970      .
    1967 and 1970 SAT scores estimated based on total number
    of people taking the SAT
```

출력결과를 보면 BY test라고 하여 test변수값이 'math'인 경우와 'verbal'인 경우로 나뉘어서 출력되는 것을 볼 수 있다. 또한 OPTION문에서 CENTER라고 다시 지정하지 않았으므로 왼쪽 정렬이 된 상태로 출력된다.

14.3 결측값을 문자로 출력

```
OPTIONS MISSING='M';

PROC PRINT DATA=sats2;
   TITLE 'Processing Missing Values—the MISSING= Option';
RUN;
```

위의 프로그램은 OPTIONS문에서 결측값을 디폴트가 아닌 다른 문자로 표시하는 것이다. 보통 결측값은 숫자변수인 경우 .으로 문자변수인 경우 공백으로 나타나는데 특정 문자로 지정하고 싶을 경우 위와 같이 하면 된다.

위의 경우 결측값을 M으로 바꾸는 것으로 OPTIONS MISSING='M';이라고 하면 된다. 이를 출력한 결과를 보면 score변수의 값이 .에서 M으로 바뀐 것을 볼

수 있다.

```
PROC FORMAT;
  VALUE xscore .='scores unavailable';
RUN;

PROC PRINT DATA=sats2;
  FORMAT score xscore.;
  TITLE 'Customizing Missing Values--the FORMAT Procedure';
RUN;
```

위의 프로그램은 FORMAT PROCEDURE를 이용하여 결측값을 문자열로 바꾸는 것으로 문자열의 내용은 영문이나 한글 모두 가능하다. 위의 경우는 결측값을 'scores unavailable'로 바꾸는 것으로 먼저 FORMAT procedure에서 VALUE를 지정하는데 VALUE xscore .='scores unavailable'; 라고 하면 된다. 이를 PRINT PROCEDURE에서 사용할 경우 FORMAT문을 이용하면 되고, FORMAT 다음에 적용될 변수명을 쓰고, 지정 VALUE변수.을 하면 된다. 즉, score변수의 지정형식은 xscore의 값으로 지정하려면 FORMAT score xscore.; 라고 하면 된다. 여기서 FORMAT PROCEDURE를 사용하였어도 PRINT PROCEDURE에서 FOTMAT문이 없으면 그대로 .으로 출력된다.

```
Processing Missing Values--the MISSING= Option
                        2007년 12월 26일 수요일 오전 02시01분51초

OBS     test      sex    year    score

 1      math       m     1967      M
 2      math       f     1967      M
 3      math       m     1970      M
 4      math       f     1970      M
 5      verbal     m     1967      M
 6      verbal     f     1967      M
 7      verbal     m     1970      M
 8      verbal     f     1970      M

    1967 and 1970 SAT scores estimated based on total number
    of people taking the SAT
```

```
Customizing Missing Values--the FORMAT Procedure
                          2007년 12월 26일 수요일 오전 02시01분51초

OBS     test     sex    year          score

 1      math      m     1967    scores unavailable
 2      math      f     1967    scores unavailable
 3      math      m     1970    scores unavailable
 4      math      f     1970    scores unavailable
 5      verbal    m     1967    scores unavailable
 6      verbal    f     1967    scores unavailable
 7      verbal    m     1970    scores unavailable
 8      verbal    f     1970    scores unavailable

    1967 and 1970 SAT scores estimated based on total number
    of people taking the SAT
```

출력결과를 보면 결측값에 해당하는 score변수의 값이 'M'으로 바뀌고, 'scores unavailable'로 바뀐 것을 볼 수 있다.

제15장 PROC PRINT문의 활용

SAS DATA STEP SAS DATA STEP SAS DATA STEP SAS DATA STEP SAS DATA STEP

15.1 PROC PRINT 형식

```
DATA travel;
   INPUT country $ nights aircost landcost vendor $;
 CARDS;
 France        8        793        575 Major
 Spain         10       805        510 Hispania
 India 10      .        489 Royal
 Peru 7        722      590 Mundial
;
RUN;
PROC PRINT DATA=travel;
   TITLE 'Data Set Travel';
RUN;
```

위의 프로그램은 문자형 관찰값이 있는 경우에 문자변수를 읽는 방식이다. 문자변수로 관찰값을 읽는 방법은 앞에서도 언급한 바와 같이 INPUT문에서 변수명 다음에 $을 써주면 문자변수로 인식을 하고 그냥 변수명만 나열하면 숫자변수로 인식한다. 그러므로 country와 vendor변수 다음에 $을 사용하여 문자변수로 인식하고, nights, aircost, landcost변수는 뒤에 $이 없으므로 숫자변수로 인식한다.

또 INPUT문에서 변수명들 다음에 시작 칼럼과 끝 칼럼을 지정하지 않았으므로 CARDS문 다음에 오는 관찰값은 공백으로 분리되어야 하고 결측값이 있는 경우에는 .으로 표시를 해 주어야 한다. 결측값을 공백으로 처리하려면 변수명 뒤에 시작 칼럼과 끝 칼럼을 지정하면 된다. 즉 아래와 같이 하면 세 번째 관찰값의 .을 공백으로 두어도 같은 형태로 읽게 된다.

```
INPUT country $ 2-7 nights 9-10  aircost 13-15 landcost 18-20 vendor $ 22-29 ;
= INPUT country $  nights  aircost 13-15 landcost  vendor $ ;
```

```
                    DATA SET Travel
OBS   country   nights   aircost   landcost   vendor

 1    France       8       793       575      Major
 2    Spain       10       805       510      Hispania
 3    India       10        .        489      Royal
 4    Peru         7       722       590      Mundial
```

PROC PRINT의 형식

- SAS DATASET에 있는 내용을 출력하는 PROCEDURE이다.
- DATA= 다음에 출력하고자 하는 DATASET명을 써주면 되고 이를 지정하지 않으면 가장 최근에 생성된 DATASET이 이용된다.
- 인쇄되는 관찰값의 시작과 끝을 지정할 수 있다. FIRSTOBS= 다음에 오는 숫자(n1)번째부터 시작하고, OBS= 다음의 숫자(n2)로 최종관찰값은 지정된다. 물론 이를 생략하면 DATASET의 처음부터 끝까지 출력된다.
- DOUBLE은 출력할 때 빈칸을 두 칸 띄며, NOOBS는 OBS번호를 출력하지 않고, LABEL은 출력시 변수명 대신에 해당 LABEL이 출력된다.
- N은 끝에 해당 DATASET의 수를 출력하고, UNIFORM은 페이지당 출력되는 변수의 관찰값들을 지정한다.

```
 PROC PRINT [DATA=dataset명[FIRSTOBS=n1 OBS=n2]]
            [DOUBLE] [NOOBS] [LABEL] [N] [UNIFORM]  ;
   VAR 변수명들 ;  - 출력할 변수의 지정, 생략하면 모든 변수 출력
   ID 변수명 ;  - OBS 번호대신에 지정 변수값이 출력
   BY 변수명들 ; - BY 다음의 변수에 의해 정렬되어 있는 경우 각 수준별로 출력
   PAGEBY 변수명 ; - PAGEBY 다음의 변수의 값이 바뀔 때마다 새 페이지에
  출력
   SUM 변수명들 ; -지정된 변수의 합계가 출력된다.
   SUMBY  변수명들 ; - BY나 SUMBY 변수의 값이 변할 때마다 합계 출력
RUN ;
```

15.2 관찰값의 번호 부여 형식

```
OPTIONS  LS=132;

DATA allyear;
   INPUT mth $ qtr $ salesrep $14. type $ units price;
   amtsold=units*price;
CARDS;
01 1 Hollingsworth Deluxe     260 29.50
01 1 Smith         Standard    41 19.95
01 1 Hollingsworth Standard   330 19.95
01 1 Jones         Standard   110 19.95
01 1 Smith         Deluxe     715 29.50
01 1 Jones         Standard   675 19.95
02 1 Smith         Standard  2045 19.95
02 1 Smith         Deluxe      10 29.50
02 1 Smith         Standard    40 19.95
02 1 Hollingsworth Standard  1030 19.95
02 1 Jones         Standard   153 19.95
                      (생략)
11 4 Jones         Standard    70 19.95
11 4 Smith         Standard   120 19.95
11 4 Hollingsworth Deluxe     150 29.50
12 4 Smith         Standard  1000 19.95
12 4 Jones         Standard   876 19.95
12 4 Hollingsworth Deluxe     125 29.50
12 4 Jones         Standard  1254 19.95
12 4 Hollingsworth Standard   175 19.95
;
RUN;
```

위의 프로그램은 allyear DATASET을 형성하는 것으로 문자형 변수인 mth, qtr, salesrep, type와 숫자형 변수인 units, price변수로 구성되어 있다. 또한 units변수와 price변수의 곱으로 amtsold변수를 생성하였다. 이때 새로운 변수를 생성할 경우에 CARDS;문 앞에 사용되는 것을 볼 수 있다.

OPTIONS문에서 보면 LS=132라 하여 폭을 132칼럼으로 지정하여 준 것이다.

```
DATA qtr01 qtr02 qtr03 qtr04;
   SET allyear;
   IF qtr='1' THEN OUTPUT qtr01;
   IF qtr='2' THEN OUTPUT qtr02;
   IF qtr='3' THEN OUTPUT qtr03;
   IF qtr='4' THEN OUTPUT qtr04;
RUN;
```

위의 프로그램은 이미 생성되어 있는 DATASET을 이용하여 새로운 4개의 DATASET을 형성하는 것이다. 즉 allyear DATASET을 이용하여 qtr변수값별로 새로운 qtr01, qtr02, qtr03, qtr04 DATASET을 만드는 것이다. 여기서는 IF문을 이용하여 IF qtr='1' THEN OUTPUT qtr01;라고 하면 qtr변수값이 '1'인 관찰값만 뽑아 qtr01 DATASET을 만든다.

```
PROC PRINT DATA=qtr01;
   TITLE 'Printing All Variables';
RUN;
```

위의 프로그램은 qtr01 DATASET을 출력한 것이다.

```
PROC PRINT DATA=qtr01 NOOBS;
   TITLE 'Suppressing the Observation Column';
RUN;
```

위의 프로그램은 qtr01 DATASET을 출력하는데 NOOBS 옵션을 사용하여 OBSERVATION 번호를 출력하지 않는 것이다.

```
PROC PRINT DATA=qtr01;
   ID salesrep;
   TITLE 'Using the ID Statement with Unsorted Data';
RUN;
```

위의 프로그램은 qtr01 DATASET을 출력하는데 ID문을 사용하여 salesrep변수값을 관찰값의 구별변수로 출력하는 것으로 OBS자리에 출력된다.

Printing All Variables

OBS	mth	qtr	salesrep	type	units	price	amtsold
1	01	1	Hollingsworth	Deluxe	260	29.50	7670.00
2	01	1	Smith	Standard	41	19.95	817.95
3	01	1	Hollingsworth	Standard	330	19.95	6583.50
				(생략)			
16	03	1	Hollingsworth	Standard	25	19.95	498.75
17	03	1	Jones	Standard	525	19.95	10473.75
18	03	1	Smith	Standard	310	19.95	6184.50

Suppressing the Observation Column

mth	qtr	salesrep	type	units	price	amtsold
01	1	Hollingsworth	Deluxe	260	29.50	7670.00
01	1	Smith	Standard	41	19.95	817.95
01	1	Hollingsworth	Standard	330	19.95	6583.50
			(생략)			
03	1	Hollingsworth	Standard	25	19.95	498.75
03	1	Jones	Standard	525	19.95	10473.75
03	1	Smith	Standard	310	19.95	6184.50

Using the ID Statement with Unsorted Data

salesrep	mth	qtr	type	units	price	amtsold
Hollingsworth	01	1	Deluxe	260	29.50	7670.00
Smith	01	1	Standard	41	19.95	817.95
Hollingsworth	01	1	Standard	330	19.95	6583.50
			(생략)			
Hollingsworth	03	1	Standard	25	19.95	498.75
Jones	03	1	Standard	525	19.95	10473.75
Smith	03	1	Standard	310	19.95	6184.50

결과를 보면 OUTPUT 1과 OUTPUT 2를 비교하여 보면 OBS가 출력되지 않은 것을 볼 수 있고, OUTPUT 2와 OUTPUT 3을 비교하여 보면 ID문에서 지정된 salesrep변수가 OBS대신에 출력된 것을 볼 수 있다. 여기서 3개의 OUTPUT 모두 VAR문을 사용하지 않았으므로 DATASET의 변수순으로 출력된 것이다.

```
PROC SORT DATA=qtr01;
   BY salesrep;
RUN;

PROC PRINT DATA=qtr01;
   ID salesrep;
   TITLE 'Using the ID Statement with Sorted Data';
RUN;
```

위의 프로그램은 qtr01 DATASET을 관찰값 구별 변수에 의해 올림차순 정렬하여 출력하는 것이다. 즉 salesrep변수값을 올림차순으로 정렬을 하고 ID문에 의해서 salesrep변수값의 순으로 출력하는 것이다. 이는 DATASET을 출력할 때 입력된 순서가 아닌 특정 구별변수(예를들면 이름이나, 사번, 주민등록번호 등)에 의해 정렬시켜 출력할 경우에 유용하다.

ID문에 의해 OBS 번호 대신에 salesrep변수값이 출력되는데 SORT POCEDURE에서 올림차순 정렬되어 있으므로 알파벳순으로 출력된다.

```
PROC PRINT DATA=qtr01 NOOBS;
     VAR salesrep mth units amtsold;
     TITLE 'Printing Selected Variables';
RUN;
```

위의 프로그램은 VAR문을 이용하여 DATASET을 형성하는 변수들 중에서 원하는 변수들만 골라서 출력하는 것이다. 즉 qtr01 DATASET을 출력하는데 NOOBS라하여 OBS번호는 출력하지 않으며, VAR문에 의해서 출력되는 변수명을 지정하는 것이다. 여기서는 salesrep, mth, units, amtsold변수가 출력된다.

VAR문에서 사용되는 변수는 반드시 지정 DATASET 내에 존재하는 변수만 가능하며, 출력되는 순서는 DATASET을 구성하는 순서가 아닌 VAR문에서 나열된 변수명의 순서대로이다. 물론 VAR문이 생략되면 DATASET 내의 모든 변수가 출력된다.

```
                 Using the ID Statement with Sorted Data

salesrep         mth    qtr      type       units     price      amtsold

Hollingsworth    01      1      Deluxe        260     29.50      7670.00
Hollingsworth    01      1      Standard      330     19.95      6583.50
Hollingsworth    02      1      Standard     1030     19.95     20548.50
Hollingsworth    03      1      Standard      125     19.95      2493.75
Hollingsworth    03      1      Standard       25     19.95       498.75
Jones            01      1      Standard      110     19.95      2194.50
Jones            01      1      Standard      675     19.95     13466.25
                                 (생략)
Smith            03      1      Standard      118     19.95      2354.10
Smith            03      1      Standard      310     19.95      6184.50
```

출력된 결과를 보면 salesrep변수값에 의해 올림차순 정렬되어 있는 것을 볼 수 있다.

```
                  Printing Selected Variables

              salesrep         mth     units     amtsold

              Hollingsworth    01        260     7670.00
              Hollingsworth    01        330     6583.50
              Hollingsworth    02       1030    20548.50
              Hollingsworth    03        125     2493.75
              Hollingsworth    03         25      498.75
              Jones            01        110     2194.50
              Jones            01        675    13466.25
                                  (생략)
              Smith            03        118     2354.10
              Smith            03        310     6184.50
```

VAR문에 의해서 지정된 순서대로 salesrep, mth, units, amtsold변수가 출력된 것을 볼 수 있다.

15.3 WHERE문을 이용한 조건의 지정

```
PROC PRINT DATA=qtr01 NOOBS;
    VAR salesrep mth units amtsold;
    WHERE salesrep='Smith';
    TITLE 'Making a Single Comparison';
RUN;
```

위의 프로그램은 PRINT PROCEDURE에서 원하는 관찰값을 출력하기 위하여 WHERE문을 이용하는 것이다. 앞에서는 DATA Step에서 조건을 지정하여 원하는 관찰값으로 DATASET을 형성한 후에 이를 출력하였으나 여기서는 DATASET은 그대로 두고 WHERE문을 이용하여 원하는 관찰값만 출력하는 것이다. 즉 qtr01 DATASET에서 salesrep, mth, units, amtsold변수를 출력하는데 salesrep변수값이 'Smith'인 것만 출력하는 것이다.

```
PROC PRINT DATA=qtr01 NOOBS;
     VAR salesrep mth units amtsold;
     WHERE salesrep='Smith' AND mth='01';
     TITLE 'Testing for Two Conditions';
RUN;
```

위의 프로그램은 salesrep변수값이 'Smith'이고, mth변수값이 '01'인 관찰값만 출력하는 것으로 두 개의 조건을 동시에 만족하는 AND 연산자를 사용한 것을 볼 수 있다. WHERE문에서 사용되는 조건은 IF문에서 사용하는 조건식과 지정방식은 동일한 것을 볼 수 있다.

```
PROC PRINT DATA=qtr01 NOOBS;
    VAR salesrep mth units amtsold;
    WHERE units>500 OR amtsold>20000;
    TITLE 'Testing for One Condition or Another';
RUN;
```

위의 프로그램은 units변수값이 500보다 크거나 amtsold변수값이 20000보다 큰 관찰값을 출력하는 것으로 OR 연산자를 사용한 것이다.

```
              Making a Single Comparison

       salesrep    mth    units     amtsold

        Smith      01        41      817.95
        Smith      01       715    21092.50
        Smith      02      2045    40797.75
        Smith      02        10      295.00
        Smith      02        40      798.00
        Smith      02        98     1955.10
        Smith      03       118     2354.10
        Smith      03       310     6184.50
```

출력결과를 보면 salesrep변수값이 'Smith'인 것만 출력된 것을 볼 수 있다.

```
              Testing for Two Conditions

        salesrep    mth    units    amtsold

         Smith      01       41      817.95
         Smith      01      715    21092.50
```

결과를 보면 salesrep변수값이 'Smith'이고, mth변수값이 '01'인 관찰값만 출력하므로 OUTPUT 6과 비교하여 보면 2개의 관찰값만 출력되는 것을 볼 수 있다.

```
          Testing for One Condition or Another

     salesrep          mth    units    amtsold

     Hollingsworth     02     1030    20548.50
     Jones             01      675    13466.25
     Jones             03      525    10473.75
     Smith             01      715    21092.50
     Smith             02     2045    40797.75
```

조건에서 OR 연산자를 사용하였으므로 units변수값이 500보다 크거나 amtsold변수값이 20000보다 큰 관찰값만 출력된 것을 볼 수 있다.

15.4 SUM문을 이용한 합계의 출력

```
PROC PRINT DATA=qtr02 NOOBS;
    VAR salesrep mth units amtsold;
    WHERE units>500 OR amtsold>20000;
    FORMAT units COMMA7.
           amtsold DOLLAR14.2;
    TITLE 'Specifying Output Formats of Variables';
  RUN;
```

위의 프로그램은 바로 전의 프로그램과 유사하며 출력되는 변수값에 ,나 $표시를 붙이기 위하여 FORMAT문을 사용한 것이다. 즉 qtr02 DATASET의 salesrep, mth, units, amtsold변수를 출력하는데 units변수값이 500보다 크거나 amtsold 변수값이20000보다 큰 관찰값만 출력하는데 units변수값은 3자리마다 ,를 찍고, amtsold변수값 앞에는 화폐단위($표시와 3자리마다 ,)로 출력하는 것이다. FORMAT문에서 자릿수를 지정할 경우 부족하면 형식을 지정하였어도 출력이 안되거나 숫자값이 일부만 출력되는 경우도 있으므로 주의하여야 한다.

FORMAT문의 경우에 DATA Step에서 사용되면 항상 지정된 형식을 인식하지만 PROCEDURE에서 사용되면 해당 PROCEDURE에서만 적용된다는 점이 다르다.

```
PROC PRINT DATA=qtr02 NOOBS;
    VAR salesrep mth units amtsold;
    WHERE units>500 OR amtsold>20000;
    FORMAT units COMMA7.
           amtsold DOLLAR14.2;
    SUM units amtsold;
    TITLE 'Summing Numeric Variables';
RUN;
```

위의 프로그램은 OUTPUT 9를 생성하는 프로그램과 동일하며 SUM문을 이용하여 관찰값 출력 후에 맨 마지막 줄에 합계를 출력하도록 한 것이다. 즉 SUM units amtsold;이라 하여 units, amtsold변수의 합계를 출력한다.

SUM문은 지정된 변수들의 합계를 마지막 줄에 출력한다.

```
              Specifying Output Formats of Variables

      salesrep         mth       units           amtsold

      Hollingsworth    04          530        $10,573.50
      Jones            04        1,110        $22,144.50
      Smith            04        1,715        $34,214.25
      Jones            04          675        $13,466.25
      Hollingsworth    05        1,120        $22,344.00
      Hollingsworth    05        1,030        $20,548.50
      Smith            06          512        $10,214.40
      Smith            06        1,000        $19,950.00
```

출력결과를 보면 units변수값이 500보다 크거나 amtsold변수값이20000보다 큰 관찰값만 출력하는데 units변수값은 3자리마다 ,를 찍고, amtsold변수값 앞에는 $표시와 3자리마다 ,가 출력된 것을 볼 수 있다.

```
                    Summing Numeric Variables

salesrep          mth        units           amtsold

Hollingsworth     04           530        $10,573.50
Jones             04         1,110        $22,144.50
Smith             04         1,715        $34,214.25
Jones             04           675        $13,466.25
Hollingsworth     05         1,120        $22,344.00
Hollingsworth     05         1,030        $20,548.50
Smith             06           512        $10,214.40
Smith             06         1,000        $19,950.00
                           =======    ==============
                             7,692       $153,455.40
```

출력결과를 보면 OUTPUT 10과 같으며, 맨 마지막에 units, amtsold변수의 합계가 출력된 것을 볼 수 있다. 합계출력시 amtsold변수의 FORMAT이 해당 자릿수를 넘어갈 경우에는 ,나 $표시가 출력되지 않으므로 충분하게 잡는 것이 좋다. 위에서는 전체 14자리중 소수점 2자리를 지정하였으므로 상관이 없다.

15.5 범주별 합계 구하기

```
PROC SORT DATA=qtr02;
   BY salesrep;
RUN;
PROC PRINT DATA=qtr02 NOOBS;
   VAR mth units amtsold;
   WHERE units>500 OR amtsold>20000;
   FORMAT units COMMA7.
          amtsold DOLLAR14.2;
   SUM units amtsold;
   BY salesrep;
   TITLE 'Grouping Observations with the by Statement';
RUN;
```

위의 프로그램은 OUTPUT 10의 출력결과에서 salesrep변수값별로 합계를 구하는 부분이 추가된 것이다. 여기서 salesrep변수값별로 합계를 구하기 위하여 BY문을 사용하면 되고, BY문을 사용하기 위해서는 정렬이 이미 되어 있어야 가능하므로 SORT PROCEDURE를 이용하여 salesrep변수값을 올림차순 정렬한 것이다.

```
PROC PRINT DATA=qtr02;
   VAR mth units amtsold;
   WHERE units>500 OR amtsold>20000;
   FORMAT units COMMA7.
            amtsold DOLLAR14.2;
   SUM units amtsold;
   BY salesrep;
   ID salesrep;
   TITLE 'Grouping Observations with the BY and ID Statements';
  RUN;
```

위의 프로그램 역시 salesrep변수값별로 합계를 구하는 것이나 OUTPUT 11보다 보다 보기 편리하게 하기 위하여 ID문을 더 추가한 것이다.

오른쪽의 출력된 결과 OUTPUT 11과 OUTPUT 12를 비교하여 보면 BY문과 ID문이 동시에 사용되면 분류변수가 앞에 있으므로 편리하다.

```
               Grouping Observations with the by Statement

            ---------- salesrep=Hollingsworth ----------

               mth            units            amtsold

               04               530         $10,573.50
               05             1,120         $22,344.00
               05             1,030         $20,548.50
               --------     -------     --------------
               salesrep       2,680         $53,466.00

            -------------- salesrep=Jones --------------

               mth            units            amtsold

               04             1,110         $22,144.50
               04               675         $13,466.25
               --------     -------     --------------
               salesrep       1,785         $35,610.75
```

```
-------------- salesrep=Smith -------------

mth            units          amtsold

04             1,715       $34,214.25
06               512       $10,214.40
06             1,000       $19,950.00
--------     -------    --------------
salesrep       3,227       $64,378.65
             =======    ==============
               7,692      $153,455.40
```

```
Grouping Observations with the BY and ID Statements

salesrep        mth      units           amtsold

Hollingsworth   04         530        $10,573.50
                05       1,120        $22,344.00
                05       1,030        $20,548.50
-------------          -------    --------------
Hollingsworth            2,680        $53,466.00

Jones           04       1,110        $22,144.50
                04         675        $13,466.25
-------------          -------    --------------
Jones                    1,785        $35,610.75

Smith           04       1,715        $34,214.25
                06         512        $10,214.40
                06       1,000        $19,950.00
-------------          -------    --------------
Smith                    3,227        $64,378.65
                       =======    ==============
                         7,692       $153,455.40
```

```
PROC PRINT DATA=qtr02;
    VAR units amtsold;
    WHERE units>500 OR amtsold>20000;
    FORMAT units COMMA7.
           amtsold DOLLAR14.2;
    SUM units amtsold;
    BY salesrep mth;
    TITLE 'Grouping Observations with Multiple BY Variables';
  RUN;
```

위의 프로그램은 분류변수가 2개일 때 각 수준별로 합계를 구한 것이다. 즉 units변수값이 500보다 크거나 amtsold변수값이 20000보다 클 경우에 units, amtsold변수의 합계를 salesrep와 mth변수별로 구하는 것이다. 앞의 OUTPUT 11

과 비슷한 것이며, 다만 분류변수가 2개이므로 salesrep, mth변수의 수준별 조합의 수만큼 출력된다. 또한 NOOBS를 지정하지 않았으므로 해당 관찰값의 번호가 출력된다.

```
PROC PRINT DATA=qtr02;
    VAR units amtsold;
    WHERE units>500 OR amtsold>20000;
    FORMAT units COMMA7.
           amtsold DOLLAR14.2;
    SUM units amtsold;
    BY salesrep mth;
    ID salesrep mth;
    SUMBY salesrep;
    TITLE 'Summing in Groups';
  RUN;
```

위의 프로그램은 바로 전 프로그램과 유사하며, ID문과 SUMBY문이 추가되어 보다 일목요연하게 결과를 출력하게 한 것이다. SUMBY문은 BY문이나 SUMBY문에서 지정한 변수의 값이 변할 때마다 합계를 출력하도록 하는 것이다.

```
               Grouping Observations with Multiple BY Variables

               --------- salesrep=Hollingsworth mth=04 ----------

                         OBS       units           amtsold

                           2         530        $10,573.50

               --------- salesrep=Hollingsworth mth=05 ----------

                         OBS       units           amtsold

                           3       1,120        $22,344.00
                           4       1,030        $20,548.50
                    --------     -------    --------------
                         mth       2,150        $42,892.50
                    salesrep       2,680        $53,466.00

               ------------ salesrep=Jones mth=04 -------------

                         OBS       units           amtsold

                           7       1,110        $22,144.50
                           8         675        $13,466.25
                    --------     -------    --------------
                         mth       1,785        $35,610.75
                    salesrep       1,785        $35,610.75
```

```
------------- salesrep=Smith mth=04 -------------

          OBS     units           amtsold

           14     1,715        $34,214.25

------------- salesrep=Smith mth=06 -------------

          OBS     units           amtsold

           17       512        $10,214.40
           18     1,000        $19,950.00
     --------   -------    --------------
          mth     1,512        $30,164.40
     salesrep     3,227        $64,378.65
                =======    ==============
                  7,692       $153,455.40
```

```
                  Summing in Groups

salesrep         mth      units           amtsold

Hollingsworth    04         530        $10,573.50

Hollingsworth    05       1,120        $22,344.00
                          1,030        $20,548.50
-------------    ---    -------    --------------
Hollingsworth             2,680        $53,466.00

Jones            04       1,110        $22,144.50
                            675        $13,466.25
-------------    ---    -------    --------------
Jones                     1,785        $35,610.75

Smith            04       1,715        $34,214.25

Smith            06         512        $10,214.40
                          1,000        $19,950.00
-------------    ---    -------    --------------
Smith                     3,227        $64,378.65
                        =======    ==============
                          7,692       $153,455.40
```

```
PROC PRINT DATA=qtr02 NOOBS;
    VAR units amtsold;
    WHERE units>500 OR amtsold>20000;
    FORMAT units COMMA7.
           amtsold DOLLAR14.2;
    SUM units amtsold;
    BY salesrep mth;
    ID salesrep mth;
```

```
    SUMBY salesrep;
    PAGEBY salesrep;
    TITLE 'Grouping Observations on Separate Pages';
RUN;
```

위의 프로그램은 앞에서 출력된 결과가 합계별로 서로 다른 PAGE에 출력되도록 하는 것이다.

프로그그램을 살펴보면 qtr02 DATASET을 이용하여 units변수값이 500보다 크거나 amtsold변수값이20000보다 큰 관찰값만 골라서 salesrep, mth변수별로 합계를 구하는데 각 값이 바뀔 때마다 합계를 구하는데 구분변수는 salesrep, mth변수로 지정을 하고, salesrep변수값이 비뀔 때마다 PAGE를 달리하도록 한 것이다.

PAGEBY문은 그 다음에 사용된 변수값이 바뀔 때마다 새로운 PAGE에 출력하는 것이다. 여기서는 PAGEBY salesrep;라고 지정하였으므로 salesrep변수값이 각각 'Hollingsworth', 'Jones', 'Smith'이므로 3PAGE에 걸쳐 합계를 구해 출력하게 되고 맨 마지막엔 전체의 합계가 출력된다.

```
          Grouping Observations on Separate Pages

    salesrep         mth      units          amtsold

    Hollingsworth    04         530       $10,573.50

    Hollingsworth    05       1,120       $22,344.00
                              1,030       $20,548.50
    -------------    ---    -------    -------------
    Hollingsworth             2,680       $53,466.00
```

```
          Grouping Observations on Separate Pages

    salesrep         mth      units          amtsold

    Jones            04       1,110       $22,144.50
                                675       $13,466.25
    -------------    ---    -------    -------------
    Jones                     1,785       $35,610.75
```

```
          Grouping Observations on Separate Pages

     salesrep         mth        units            amtsold

     Smith            04         1,715         $34,214.25

     Smith            06           512         $10,214.40
                                 1,000         $19,950.00
     -------------    ---      -------     --------------
     Smith                       3,227         $64,378.65
                               =======     ==============
                                 7,692        $153,455.40
```

15.6 제목의 지정(TITLE, FOOTNOTE, LABEL문)

```
PROC PRINT DATA=qtr02 NOOBS;
    VAR salesrep mth units amtsold;
    WHERE mth='04';
    FORMAT units COMMA7.  amtsold DOLLAR14.2;
    SUM units amtsold;

    TITLE1 'Adding Titles and Footnotes';
    TITLE3 'TruBlend Coffee Makers, Inc.';
    FOOTNOTE1 'April Sales Totals';
    FOOTNOTE2 'COMPANY CONFIDENTIAL INFORMATION';
RUN;
```

위의 프로그램은 qtr02 DATASET을 이용하여 mth변수값이 '04'인 관찰값만 골라 salesrep, mth, units, amtsold변수와 units, amtsold변수의 합을 구하여 출력하는 것으로 TITLE문과 FOOTNOTE문을 이용하여 적절한 제목이 출력되도록 한 것이다.

TITLE문은 앞에서도 설명한 바와 같이 출력결과의 앞에 제목을 붙이는 것이고, FOOTNOTE는 출력결과의 하단에 제목을 붙으며, 번호는 해당 줄을 의미한다.

```
PROC PRINT DATA=qtr02 NOOBS LABEL;
    VAR salesrep mth units amtsold;
    WHERE mth='04';
    FORMAT units COMMA7. amtsold DOLLAR14.2;
    SUM units amtsold;
    TITLE 'Defining Labels';
    FOOTNOTE;
    LABEL salesrep = 'Sales Rep.'
          mth      = 'Month'
          units    = 'Units Sold'
          amtsold  = 'Amt Sold';
  RUN;
```

위의 프로그램은 변수명 대신에 라벨을 지정하는 것으로 LABEL이라는 옵션을 사용하면 변수명 대신에 지정된 라벨이 출력되도록 하는 것이다. 또한 LABEL문은 DATA Step에서 뿐만 아니라 PROCEDURE에서도 사용할 수 있지만 PROCEDURE에서 사용된 경우는 RUN;문을 지나면 무시된다.

```
                 Adding Titles and Footnotes

                 TruBlend Coffee Makers, Inc.

   salesrep          mth       units            amtsold

   Hollingsworth     04          260          $5,187.00
   Hollingsworth     04          530         $10,573.50
   Jones             04        1,110         $22,144.50
   Jones             04          675         $13,466.25
   Smith             04          150          $2,992.50
   Smith             04        1,715         $34,214.25
                             =======     ==============
                               4,440         $88,578.00

                        April Sales Totals
                COMPANY CONFIDENTIAL INFORMATION
```

결과를 보면 1번째 줄에 'Adding Titles and Footnotes', 3번째 줄에 'TruBlend Coffee Makers, Inc.'이라고 출력되며, 하단의 경우 1번째 줄은 'April Sales Totals', 2번째 줄은 'COMPANY CONFIDENTIAL INFORMATION'이라고 출력된 것을 볼 수 있다.

```
                    Defining Labels

                                  Units
Sales Rep.          Month          Sold           Amt Sold

Hollingsworth        04             260          $5,187.00
Hollingsworth        04             530         $10,573.50
Jones                04           1,110         $22,144.50
Jones                04             675         $13,466.25
Smith                04             150          $2,992.50
Smith                04           1,715         $34,214.25
                                =======     ==============
                                  4,440         $88,578.00
```

출력된 결과에서 보면 변수명 대신에 지정된 라벨이 사용된 것을 볼 수 있다.

```
PROC PRINT DATA=qtr02 NOOBS SPLIT='/';
    VAR salesrep mth units amtsold;
    WHERE mth='04';
    FORMAT units COMMA7.
           amtsold DOLLAR14.2;
    SUM units amtsold;
    TITLE 'Splitting Labels Onto Two Lines';
    LABEL salesrep = 'Sales/Representative'
          mth      = 'Month'
          units    = 'Units/Sold'
          amtsold  = 'Amount/Sold';
  RUN;
```

위의 프로그램은 OUTPUT 19와 동일한데 변수명 대신에 해당 라벨로 출력할 때 디폴트가 아닌 원하는 형태로 출력하는 것이다. 여기서는 SPLIT라는 옵션을 사용하여 라벨 내용의 길이에 따라 자동으로 줄이 바뀌는 것이 아니라 '/'표시가 나오면 다음 줄로 바뀌게 하는 것이다. 즉 salesrep변수명 대신에 'Sales Representative' 라는 라벨이 출력되는데 첫 줄에는 Sales이, 두 번째 줄에는 Representative이 각각 출력되도록 하는 것이다.

```
PROC PRINT DATA=qtr02 NOOBS SPLIT='/' DOUBLE;
     VAR salesrep mth units amtsold;
     WHERE mth='04';
     FORMAT units COMMA7.
            amtsold DOLLAR14.2;
     SUM units amtsold;
     TITLE 'Adding DOuble Spacing';
     LABEL salesrep = 'Sales/Representative'
           mth      = 'Month'
           units    = 'Units/Sold'
           amtsold  = 'Amount/Sold';
  RUN;
```

위의 프로그램은 DOUBLE이라는 옵션을 사용하여 줄간격을 2배로 늘이는 것이다.

```
                 Splitting Labels Onto Two Lines

      Sales                          Units              Amount
  Representative      Month           Sold                Sold

  Hollingsworth        04              260           $5,187.00
  Hollingsworth        04              530          $10,573.50
  Jones                04            1,110          $22,144.50
  Jones                04              675          $13,466.25
  Smith                04              150           $2,992.50
  Smith                04            1,715          $34,214.25
                                   =======      ==============
                                     4,440          $88,578.00
```

```
                      Adding DOuble Spacing

      Sales                          Units              Amount
  Representative      Month           Sold                Sold

  Hollingsworth        04              260           $5,187.00

  Hollingsworth        04              530          $10,573.50

  Jones                04            1,110          $22,144.50

  Jones                04              675          $13,466.25

  Smith                04              150           $2,992.50

  Smith                04            1,715          $34,214.25

                                   =======      ==============

                                     4,440          $88,578.00
```

OUTPUT 20과 OUTPUT 21을 비교하여 보면 OUTPUT 21의 경우 줄간격이 2배로 늘어난 것을 볼 수 있다.

```
PROC SORT DATA=qtr03;
   BY salesrep;
RUN;
PROC PRINT DATA=qtr03 SPLIT='/' UNIFORM;
   VAR salesrep mth units amtsold;
   FORMAT units COMMA7.
          amtsold DOLLAR14.2;
   SUM units amtsold;

   TITLE 'Printing Variables in Uniform Columns';
   LABEL salesrep = 'Sales/Representative'
         mth      = 'Month'
         units    = 'Units/Sold'
         amtsold  = 'Amount/Sold';
RUN;
```

위의 프로그램은 qtr03 DATASET을 salesrep변수에 의해 올림차순 정렬을 하여 salesrep, mth, units, amtsold변수와 units, amtsold변수의 합계를 출력하는 것으로 UNIFORM옵션을 사용한 것이다. UNIFORM옵션은 한 변수의 값들을 각 페이지에서 동일한 열에 인쇄하는 것이다.

```
            Printing Variables in Uniform Columns

              Sales                        Units          Amount
   OBS    Representative     Month         Sold            Sold

     1    Hollingsworth       07             60       $1,770.00
     2    Hollingsworth       07             30         $885.00
     3    Hollingsworth       07            130       $2,593.50
     4    Hollingsworth       07             60       $1,770.00
     5    Hollingsworth       07            330       $6,583.50
     6    Hollingsworth       08            120       $2,394.00
                                    (생략)
     56      Smith              09            412       $8,219.40
     57      Smith              09            100       $1,995.00
                                           =======   ==============
                                            17,116     $355,502.70
```

15.7 TITLE문에서의 매크로 사용

```
PROC SORT DATA=qtr04;     BY salesrep;  RUN;
PROC PRINT DATA=qtr04 NOOBS SPLIT='/' UNIFORM;
   VAR salesrep mth units amtsold;
   FORMAT units COMMA7.  amtsold DOLLAR14.2;
   SUM units amtsold;
   TITLE1 'Using Automatic Macro Variables';
   TITLE2 "Printed &SYSDATE";
   LABEL salesrep = 'Sales/Representative'

         mth      = 'Month'
         units    = 'Units/Sold'
         amtsold  = 'Amount/Sold';
RUN;
```

위의 프로그램은 OUTPUT 22와 동일한 것으로 qtr04 DATASET을 이용한 것이다. 다만 TITLE2의 경우 현재의 SYSTEM 날짜가 출력되도록 매크로를 사용한 것이다. "Printed &SYSDATE"라고 하면 그대로 2번째 줄에 출력되는 것이 아니라 &SYSDATE은 매크로 함수로 현재의 시스템 날짜를 인식하여 출력해주는 것이다.

```
%LET Qtr=Fourth;  %LET Yr=1989;
  PROC PRINT DATA=qtr04 NOOBS SPLIT='/' UNIFORM;
   VAR salesrep mth units amtsold;
   FORMAT units COMMA7.  amtsold DOLLAR14.2;
   SUM units amtsold;
   TITLE1 'Using Your Own Macro Variables';
   TITLE2 "Printed &SYSDATE";
   TITLE3 "&Qtr Quarter &Yr Sales Totals";
   LABEL salesrep = 'Sales/Representative'   mth      = 'Month'
         units    = 'Units/Sold'   amtsold  = 'Amount/Sold';
  RUN;
```

위의 프로그램은 OUTPUT 22는 시스템 날짜를 자동인식하는 것인 반면에 우리가 특정 문자를 지정해주고 그것이 출력되도록 하는 것이다. 즉 %LET문을 이용하여 정의한 후에 &를 이용하여 사용하면 된다. 즉 &Qtr은 항상 Fourth라고, &Yr는

1989라고 대체해서 출력해준다.

```
                Using Automatic Macro Variables
                        Printed 26DEC07

     Sales                       Units                Amount
  Representative    Month         Sold                  Sold

  Hollingsworth      10            530            $10,573.50
  Hollingsworth      10            265             $5,286.75
                           (생략)

  Jones              12          1,254            $25,017.30
  Smith              10            250             $4,987.50
  Smith              10            365             $7,281.75
  Smith              11            198             $3,950.10
  Smith              11            120             $2,394.00
  Smith              12          1,000            $19,950.00
                                =======       ==============
                                 8,091           $164,041.70
```

출력된 결과를 보면 2번째 줄에 결과가 출력된 날짜가 인쇄된 것을 볼 수 있다.

```
           Using Your Own Macro Variables
                  Printed 26DEC07
         Fourth Quarter 1989 Sales Totals

     Sales                       Units             Amount
  Representative    Month         Sold               Sold

  Hollingsworth      10            530         $10,573.50
  Hollingsworth      10            265          $5,286.75
                           (생략)
   Jones              12          1,254         $25,017.30
   Smith              10            250          $4,987.50
   Smith              10            365          $7,281.75
   Smith              11            198          $3,950.10
   Smith              11            120          $2,394.00
   Smith              12          1,000         $19,950.00
                                 =======    ==============
                                  8,091        $164,041.70
```

제16장 TABLE 작성

SAS DATA STEP SAS DATA STEP SAS DATA STEP SAS DATA STEP SAS DATA STEP

16.1 PROC TABULATE의 형식

```
DATA year;
   INPUT mth $ qtr $ salesrep $14. type $ units price;
   amtsold=units*price;
   CARDS;
01 1 Hollingsworth Deluxe     260 29.50
01 1 Smith         Standard    41 19.95
01 1 Hollingsworth Standard   330 19.95
01 1 Jones         Standard   110 19.95
          (중간생략)
12 4 Hollingsworth Deluxe     125 29.50
12 4 Jones         Standard  1254 19.95
12 4 Hollingsworth Standard   175 19.95
RUN;
PROC TABULATE DATA=year FORMAT=COMMA10.;
   TITLE 'Counting Frequencies of Occurrence';
   CLASS salesrep;
   TABLE salesrep;
RUN;
```

위의 프로그램은 TABULATE PROCEDURE를 이용하여 여러가지 도표를 만드는 것 중 하나로 FORMAT=COMMA10.이라고 하면 각 테이블 셀이 ,를 포함하여 10으로 지정되고, CLASS salesrep; TABLE salesrep; 이라고 하면 salesrep변수별로 분류하여, 해당 도수를 구하게 된다. 여기서 특정 통계량을 지정하지 않으면 디폴트로 해당 도수를 구하게 된다.

```
PROC TABULATE DATA=year FORMAT=COMMA10.;
 TITLE 'Obtaining Totals for Single Variables in Two Dimensions';
 CLASS salesrep;
 VAR amtsold;
 TABLE salesrep, amtsold;
RUN;
```

위의 프로그램은 2차원의 도표를 만드는 것으로 TABLE salesrep, amtsold; 라고 하면 salesrep변수는 왼쪽 세로, amtsold변수는 상단 가로의 형태로 작성되며, CLASS salesrep; VAR amtsold;라고 하면 salesrep변수값별로 amtsold변수의 합을 구하게 된다. 여기서는 특정 통계량을 지정하지 않아 VAR문에 의해 디폴트로 합이 구해진다.

```
              Counting Frequencies of Occurrence

              ------------------------------------
              |             salesrep             |
              |----------------------------------|
              |Hollingsw-|          |            |
              |   orth   |  Jones   |   Smith    |
              |----------+----------+------------|
              |    N     |    N     |     N      |
              |----------+----------+------------|
              |        32|        38|          40|
              ------------------------------------
```

위의 출력결과를 보면 salesrep변수값별로 그에 해당하는 도수를 구한 것을 볼 수 있다.

```
     Obtaining Totals for Single Variables in Two Dimensions

          ---------------------------------------------------
          |                                    | amtsold    |
          |                                    |------------|
          |                                    |    Sum     |
          |------------------------------------+------------|
          |salesrep                            |            |
          |------------------------------------|            |
          |Hollingsworth                       |     221,324|
          |------------------------------------+------------|
          |Jones                               |     295,111|
          |------------------------------------+------------|
          |Smith                               |     327,606|
          ---------------------------------------------------
```

위의 출력결과를 보면 salesrep변수값별로 amtsold변수의 합을 구한 것을 볼 수 있다. 또한 FORMAT=COMMA10.이라고 하여 SUM을 구한 값에 ,를 포함하고 있는 것을 볼 수 있다. 여기서 보면 CLASS문 다음에 사용되는 변수는 범주형 자료로 인식하는 반면 VAR문 다음에 사용되는 변수는 연속형 변수로 인식한다. 그러므로 TABLE문에서 특정 통계량을 지정하지 않은 경우에 CLASS문만 있는 경우에는 디폴트로 도수를 구해주고, VAR문이 있는 경우에는 합이 구해진다.

16.2 3차원 분류표의 형식

```
PROC TABULATE DATA=year FORMAT=COMMA10.;
 TITLE 'Obtaining Totals for Single Variables in Three Dimensions';
 CLASS salesrep qtr;
 VAR amtsold;
 TABLE salesrep,
          qtr,
          amtsold;
RUN;
```

위의 프로그램은 3차원의 TABLE을 작성하는 것으로 TABLE문 다음에 해당되는 것을 ,로 구분하여 주면 된다. 위의 경우에 TABLE salesrep, qtr, amtsold;라고 하면 salesrep변수값별로 표가 분리되고 qtr변수와 amtsold변수간에 도표가 된다. 즉 CLASS salesrep qtr;라고 하였으므로 salesrep변수값 별로 표가 구분이 되므로 3개의 표가 작성되고, qtr변수값별로 amtsold변수값의 합을 구하게 된다(VAR amtsold;라고 하였으므로).

```
PROC TABULATE DATA=year FORMAT=COMMA10.;
 TITLE 'Obtaining Totals for Subgroups by Crossing Variables';
 CLASS salesrep type;
 VAR amtsold;
 TABLE salesrep*type,
          amtsold*F=DOLLAR16.2;
RUN;
```

위의 프로그램은 한 쪽에 2개 이상의 변수를 매치시키고 특정 변수에 해당하는 셀의 출력양식을 지정하는 것이다. 위의 경우를 보면 먼저 분류변수를 salesrep변수와 type변수로 지정하고 TABLE salesrep*type, amtsold*F=DOLLAR16.2; 라고 하면 왼쪽 세로는 salesrep변수와 type변수의 조합으로, 가로상단은 amtsold변수의 합으로 구성된다. 또한 amtsold셀의 출력양식을 지정하는데 amtsold*F=DOLLAR16.2;라고 하면 amtsold변수의 합을 출력하는데 값 앞에 $표시가 붙게 되며, 자릿수는 16.2를 가지게 된다는 것이다. 즉, 변수*F= 다음에 원하는 출력형태를 쓰면 된다.

```
            Obtaining Totals for Single Variables in Three Dimensions

                 salesrep Hollingsworth
                 ---------------------------------------------
                 |                                 | amtsold  |
                 |                                 |----------|
                 |                                 |   Sum    |
                 |---------------------------------+----------|
                 |qtr                              |          |
                 |---------------------------------|          |
                 |1                                |    37,795|
                 |---------------------------------+----------|
                 |2                                |    61,884|
                 |---------------------------------+----------|
                 |3                                |    69,642|
                 |---------------------------------+----------|
                 |4                                |    52,003|
                 ---------------------------------------------
            Obtaining Totals for Single Variables in Three Dimensions

                 salesrep Jones
                 ---------------------------------------------
                 |                                 | amtsold  |
                 |                                 |----------|
                 |                                 |   Sum    |
                 |---------------------------------+----------|
                 |qtr                              |          |
                 |---------------------------------|          |
                 |1                                |    32,259|
                 |---------------------------------+----------|
                 |2                                |    48,139|
                 |---------------------------------+----------|
                 |3                                |   141,237|
                 |---------------------------------+----------|
                 |4                                |    73,476|
                 ---------------------------------------------
            Obtaining Totals for Single Variables in Three Dimensions

                 salesrep Smith
                 ---------------------------------------------
                 |                                 | amtsold  |
                 |                                 |----------|
                 |                                 |   Sum    |
                 |---------------------------------+----------|
                 |qtr                              |          |
                 |---------------------------------|          |
                 |1                                |    74,295|
                 |---------------------------------+----------|
                 |2                                |    70,124|
                 |---------------------------------+----------|
                 |3                                |   144,624|
                 |---------------------------------+----------|
                 |4                                |    38,563|
                 ---------------------------------------------
```

Obtaining Totals for Subgroups by Crossing Variables

		amtsold
		Sum
salesrep	type	
Hollingsworth	Deluxe	$22,420.00
	Standard	$198,903.50
Jones	Deluxe	$24,190.00
	Standard	$270,921.00
Smith	Deluxe	$27,877.50
	Standard	$299,728.80

16.3 TABLE에서 통계량 출력

```
PROC TABULATE DATA=year FORMAT=COMMA10.;
 TITLE 'Obtaining Two Sets of Totals by Concatenating Variables';
 CLASS salesrep type;
 VAR amtsold;
 TABLE salesrep*type,
       amtsold*F=DOLLAR16.2 amtsold*N;
RUN;
```

위의 프로그램은 출력양식을 지정할 경우 2개의 통계량을 동시에 출력하는 것이다. 즉 나머지 부분은 바로 전의 프로그램과 동일하고 다만 TABLE문에서 amtsold*N이 추가된 것을 볼 수 있다. 이는 앞에서는 amtsold변수의 합계만 출력하였는데 여기서는 도수까지 출력하는 것이다.

```
PROC TABULATE DATA=year FORMAT=COMMA10.;
   TITLE 'Obtaining Averages';
   CLASS salesrep type;
   VAR amtsold;
   TABLE salesrep*type,
```

```
        amtsold*F=DOLLAR16.2 amtsold*MEAN*F=DOLLAR16.2 amtsold*N;
RUN;
```

위의 프로그램 역시 바로 전과 동일하고 amtsold*MEAN*F=DOLLAR16.2라고 하여 amtsold변수의 평균값도 출력하며 $표시를 붙여 16.2로 표시하라는 것이다. 이처럼 특정 통계량을 출력하고자 할 경우 변수*통계량*F=출력형식이라고 하면 된다.

```
PROC TABULATE DATA=year FORMAT=COMMA10.;
   TITLE 'Obtaining Totals for All CLASS Variables';
   CLASS salesrep type;
   VAR amtsold;
   TABLE salesrep*type ALL,
        amtsold*F=DOLLAR16.2 amtsold*MEAN*F=DOLLAR16.2 amtsold*N;
RUN;
```

위의 프로그램은 TABLE문에서 ALL을 사용하면 해당 변수에 대한 합계가 구해지는 것을 보여주는 것이다.

Obtaining Two Sets of Totals by Concatenating Variables

salesrep	type	amtsold Sum	amtsold N
Hollingsworth	Deluxe	$22,420.00	8
	Standard	$198,903.50	24
Jones	Deluxe	$24,190.00	4
	Standard	$270,921.00	34
Smith	Deluxe	$27,877.50	4
	Standard	$299,728.80	36

Obtaining Averages

salesrep	type	amtsold Sum	amtsold Mean	amtsold N
Hollingsworth	Deluxe	$22,420.00	$2,802.50	8
	Standard	$198,903.50	$8,287.65	24
Jones	Deluxe	$24,190.00	$6,047.50	4
	Standard	$270,921.00	$7,968.26	34
Smith	Deluxe	$27,877.50	$6,969.38	4
	Standard	$299,728.80	$8,325.80	36

Obtaining Totals for All CLASS Variables

salesrep	type	amtsold Sum	amtsold Mean	amtsold N
Hollingsworth	Deluxe	$22,420.00	$2,802.50	8
	Standard	$198,903.50	$8,287.65	24
Jones	Deluxe	$24,190.00	$6,047.50	4
	Standard	$270,921.00	$7,968.26	34
Smith	Deluxe	$27,877.50	$6,969.38	4
	Standard	$299,728.80	$8,325.80	36
All		$844,040.80	$7,673.10	110

제17장 출력형식의 지정


```
DATA labels;
   INPUT name   $ 1-20
         street $ 22-42
         city   $ 44-64
         state  $ 66-67
         zip    $ 69-73;
CARDS;
Johnson, Lee. R.      P. O. Box 243         Montgomery,           AL 57806
Abbott, Brenda K.     568 Trillion Ct.      Denver,               CO 37201
Rodriquez, Juan       619 Powell Dr.        Charleston,           SC 71607
Stevenson, Mary K.    22 Meredith Blvd.     Austin,               TX 07611
Hawks, Patrick E.     Rt. 1, Box 523        Taylorsville,         WA 68681
Lee, Chen             123 Maple St.         Raleigh,              NC 27408
Weinstein, Joseph M.  Rt. 4, Box 466        Dixon,                IL 17191
Baskowski, Bonnie G.  P. O. Box 42          Sacramento,           CA 26701
RUN;
PROC SORT DATA=labels;
   BY zip;
RUN;
```

```
PROC FORMS DATA=labels;
   LINE 1 name;
   LINE 2 street;
   LINE 3 city state zip;
RUN;
```

위의 프로그램은 FORMS PROCEDURE를 이용하여 변수값을 출력할 때에 출력되는 줄을 지정하는 것이다. 이것은 편지봉투나 서식지에 주소나 인적사항을 출력할 경우에 주로 사용된다.

형식을 살펴보면 가장 기본적인 형태로 PROC FORMS DATA=labels;라고 하면 lables DATASET을 이용하여, 원하는 줄에 원하는 변수를 찍고자 할 경우 LINE 해당번호 변수;의 형식으로 사용하면 된다. 즉 LINE 1 name; LINE 2 street; LINE 3 city state zip; 이라고 하면 첫번째 줄에 name변수값을, 두번째 줄에 street변수값을, 세번째 줄에 city, state, zip변수의 값을 출력하게 된다.

```
                                          Obtaining Totals for All CLASS Variables
  Stevenson, Mary K.
  22 Meredith Blvd.
  Austin,                TX 07611

  Weinstein, Joseph M.
  Rt. 4, Box 466
  Dixon,                 IL 17191

  Baskowski, Bonnie G.
  P. O. Box 42
  Sacramento,            CA 26701

  Lee, Chen
  123 Maple St.
  Raleigh,               NC 27408

  Abbott, Brenda K.
  568 Trillion Ct.
  Denver,                CO 37201

  Johnson, Lee. R.
  P. O. Box 243
  Montgomery,            AL 57806

  Hawks, Patrick E.
  Rt. 1, Box 523
  Taylorsville,          WA 68681

  Rodriquez, Juan
  619 Powell Dr.
  Charleston,            SC 71607
```

위의 결과를 보면 첫번째 줄에 name변수값이, 두번째 줄에 street변수값이, 세번째 줄에 city, state, zip변수의 값이 출력된 것을 볼 수 있다. 이 경우 용지 규격을 편지봉투로 바꾸어 직접 출력하면 된다.

제18장 PLOT의 형식

SAS DATA STEP SAS DATA STEP SAS DATA STEP SAS DATA STEP SAS DATA STEP

18.1 PROC PLOT의 기본형식

```
DATA highlow;
   INPUT year @7 hdate date7. high @24 ldate date7. low;
   FORMAT hdate ldate date7.;
CARDS;
1954  31DEC54  404.39  11JAN54  279.87
1955  30DEC55  488.40  17JAN55  388.20
1956  06APR56  521.05  23JAN56  462.35
1957  12JUL57  520.77  22OCT57  419.79
1958  31DEC58  583.65  25FEB58  436.89
1959  31DEC59  679.36  09FEB59  574.46
          (중간생략)
1983  29NOV83 1287.20  03JAN83 1027.04
1984  06JAN84 1286.64  24JUL84 1086.57
1985  16DEC85 1553.10  04JAN85 1184.96
1986  02DEC86 1955.57  22JAN86 1502.29
1987  25AUG87 2722.42  19OCT87 1738.74
RUN;
PROC PRINT DATA=highlow;
   TITLE 'The SAS Data Set highlow';
RUN;
```

```
OPTIONS PAGESIZE=40 LINESIZE=76;
PROC PLOT DATA=highlow;
   PLOT high*year;
RUN;
```

Highlow DATASET은 year, hdate, high, ldate, low변수로 구성되어져 있다.

위의 프로그램은 PLOT PROCEDURE를 이용하여 두 변수에 의한 2차원의 그림을 그리는 가장 기본적인 형태이다. 위의 경우 highlow DATASET이 내용 중 high변수와 year변수를 이용하는데 high변수를 Y축으로, year변수를 X축으로 지정하기 위하여 PLOT high*year; 이라고 하면 되고, 위의 경우는 연도별 high변수값의 양상을 그려주게 된다. 그래프 지정 방식은 PLOT Y축*X축 ; 이라고 하면 되고, 각 지점은 디폴트로 A라는 문자로 찍히며, 한 지점에 관찰값이 2개 이상 겹치는 경우 B(2개), C(3개), D(4개), … 등으로 찍힌다.

The SAS Data Set highlow

OBS	year	hdate	high	ldate	low
1	1954	31DEC54	404.39	11JAN54	279.87
2	1955	30DEC55	488.40	17JAN55	388.20
3	1956	06APR56	521.05	23JAN56	462.35
4	1957	12JUL57	520.77	22OCT57	419.79
5	1958	31DEC58	583.65	25FEB58	436.89
6	1959	31DEC59	679.36	09FEB59	574.46
7	1960	05JAN60	685.47	25OCT60	568.05
8	1961	13DEC61	734.91	03JAN61	610.25
9	1962	03JAN62	726.01	26JUN62	535.76
10	1963	18DEC63	767.21	02JAN63	646.79
11	1964	18NOV64	891.71	02JAN64	768.08
12	1965	31DEC65	969.26	28JUN65	840.59
13	1966	09FEB66	995.15	07OCT66	744.32
14	1967	25SEP67	943.08	03JAN67	786.41
15	1968	03DEC68	985.21	21MAR68	825.13
16	1969	14MAY69	968.85	17DEC69	769.93
17	1970	29DEC70	842.00	06MAY70	631.16
18	1971	28APR71	950.82	23NOV71	797.97
19	1972	11DEC72	1036.27	26JAN72	889.15
20	1973	11JAN73	1051.70	05DEC73	788.31
21	1974	13MAR74	891.66	06DEC74	577.60
22	1975	15JUL75	881.81	02JAN75	632.04
23	1976	21SEP76	1014.79	02JAN76	858.71
24	1977	03JAN77	999.75	02NOV77	800.85
25	1978	08SEP78	907.74	28FEB78	742.12
26	1979	05OCT79	897.61	07NOV79	796.67
27	1980	20NOV80	1000.17	21APR80	759.13
28	1981	27APR81	1024.05	25SEP81	824.01
29	1982	27DEC82	1070.55	12AUG82	776.92
30	1983	29NOV83	1287.20	03JAN83	1027.04
31	1984	06JAN84	1286.64	24JUL84	1086.57
32	1985	16DEC85	1553.10	04JAN85	1184.96
33	1986	02DEC86	1955.57	22JAN86	1502.29
34	1987	25AUG87	2722.42	19OCT87	1738.74

```
                         The SAS Data Set highlow
   high*year 의 도표.  범례: A = 1개 관측치, B = 2개 관측치, 등.
high |
3000 +
     |
     |                                       A
     |
2500 +
     |
     |
     |
2000 +                                      A
     |
     |
     |
1500 +                                     A
     |                                   AA
     |                                  A
1000 +                 AAAAA AAA  AA  AA
     |                A     A   AA  AA
     |             AAA
     |          AAA
 500 +       AAA
     |      A
     |
     |
   0 +
     |
    ---+---------+---------+---------+---------+--
      1950      1960      1970      1980      1990

                         year
```

18.2 그래프의 형식 지정하기

```
OPTIONS PAGESIZE=40;
PROC PLOT DATA=highlow;
   PLOT high*year;
   TITLE 'Dow Jones Industrial Average';
   LABEL high='Highest Value'
         year='Year';
RUN;
```

위의 프로그램은 LABEL문은 이용하여 그래프의 축에 축제목을 넣는 것이다. 바로 전의 경우 각 축에 변수명이 찍히는데 이를 원하는 문자열로 넣어주는 것이다. 즉 Y(세로)축은 'Highest Value', X축은 'Year'라고 찍히게 된다.

```
OPTIONS PAGESIZE=40;
PROC PLOT DATA=highlow;
   PLOT high*year / HAXIS=1950 TO 1990 BY 5;
   TITLE 'Dow Jones Industrial Average';
   LABEL high='Highest Value'
         year='Year';
RUN;
```

위의 프로그램은 그래프를 그릴 경우 시작점과 끝점, 축의 간격 등을 지정하는 것으로 HAXIS를 이용하여 X축의 값들을 지정하는 것이다. PLOT high*year / HAXIS=1950 TO 1990 BY 5; 이라고 하면 X축을 1950년부터 1990년까지 지정하고, 간격은 5씩 증가하므로 1950, 1955, …, 1990의 값을 가지게 된다.

```
OPTIONS PAGESIZE=40;
PROC PLOT DATA=highlow;
   PLOT high*year='*' / HAXIS=1950 TO 1990 BY 5;
   TITLE 'Dow Jones Industrial Average';
   LABEL high='Highest Value'
         year='Year';
RUN;
```

위의 프로그램은 그래프에서 각 점이 영문자로 찍히는 것을 원하는 특정문자로 바꾸어서 하는 것으로 PLOT high*year='특정문자'라고 하면 원하는 특정문자로 찍히게 된다. 위의 경우는 *로 찍는 것이다.

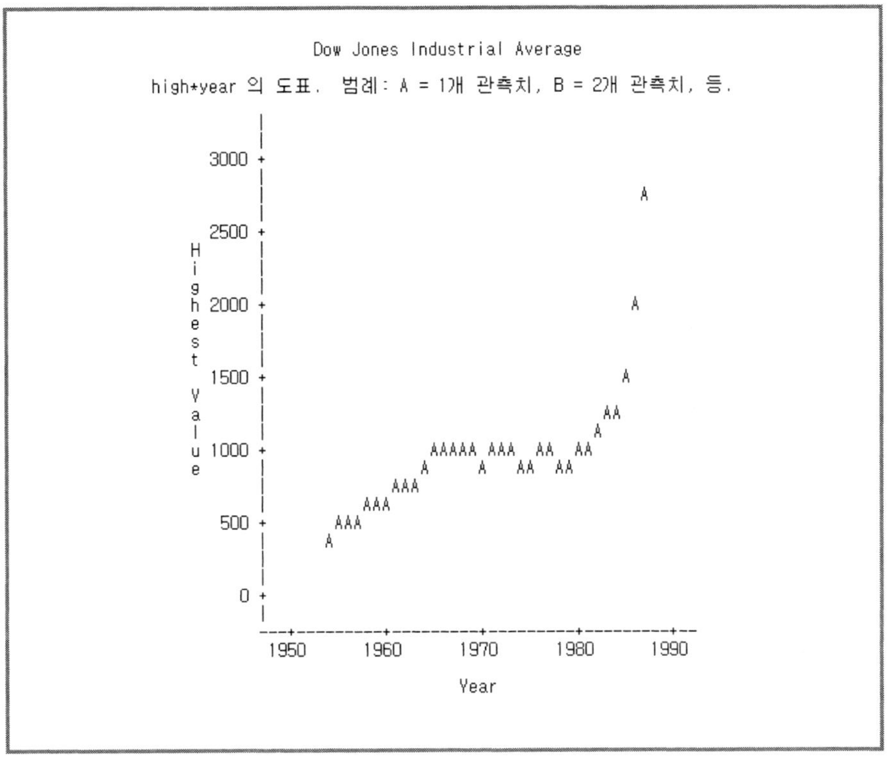
Dow Jones Industrial Average
high*year 의 도표. 범례: A = 1개 관측치, B = 2개 관측치, 등.
Highest Value
0
500
1000
1500
2000
2500
3000
1950
1960
1970
1980
1990
Year

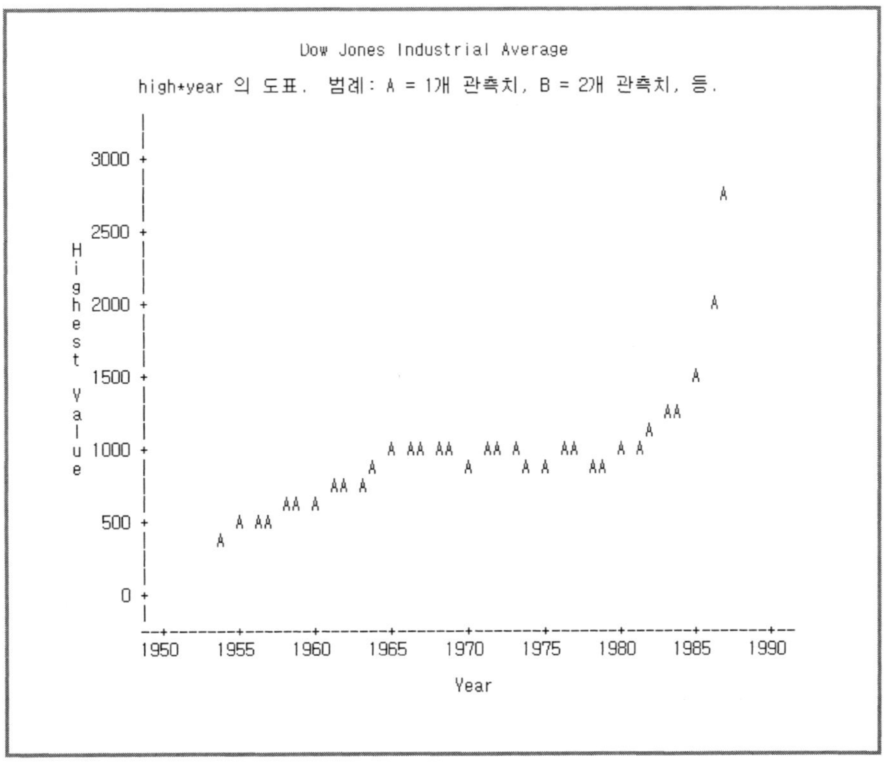
Dow Jones Industrial Average
high*year 의 도표. 범례: A = 1개 관측치, B = 2개 관측치, 등.
Highest Value
0
500
1000
1500
2000
2500
3000
1950
1955
1960
1965
1970
1975
1980
1985
1990
Year

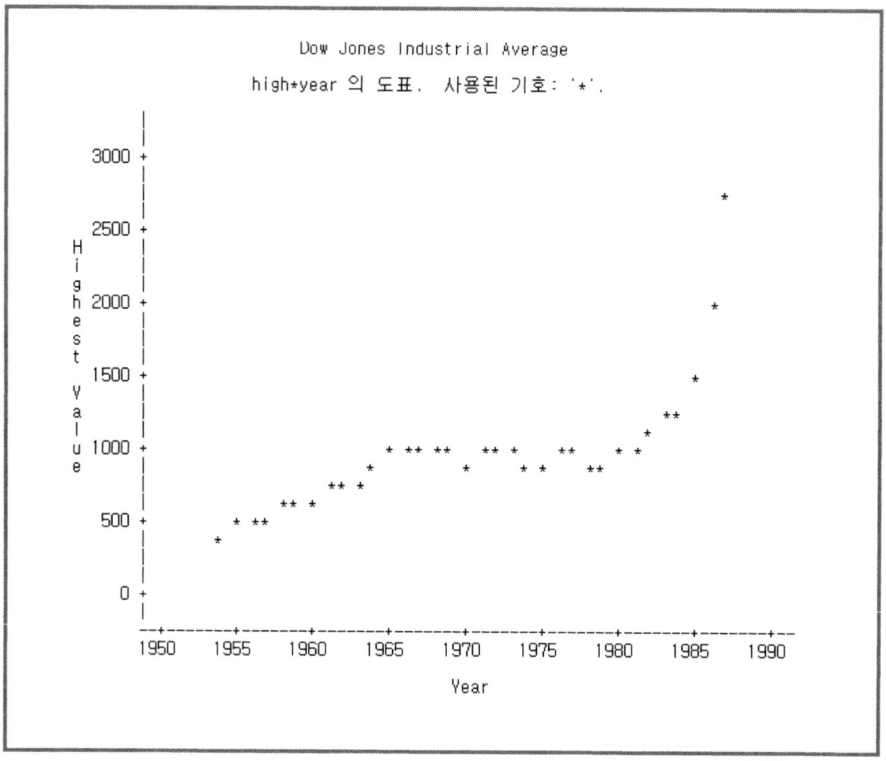

18.3 두 개의 그래프를 동시에 그리기

```
OPTIONS PAGESIZE=40;
PROC PLOT DATA=highlow;
   PLOT high*year='*' low*year='o' / HAXIS=1950 TO 1990 BY 5;
   TITLE 'Dow Jones Industrial Average';
   LABEL high='Highest Value'
          low='Lowest Value'
         year='Year';
RUN;
```

위의 프로그램은 같은 형식과 크기로 다른 변수들에 의해 두 개 이상의 그래프를 그리고자 할 경우 PLOT문의 사용법에 관한 것으로 이 경우에 그래프가 각각 그려진다. 즉, PLOT문 다음에 그리고자 하는 그래프를 나열해 주면 된다.

위에서도 high변수와 year변수의 그래프와 low변수와 year변수의 그래프를 그리는 것으로 PLOT high*year='*' low*year='o' / HAXIS=1950 TO 1990 BY 5;라고 지정하면 된다. 그리고 사용되는 축 이름은 한꺼번에 LABEL high='Highest Value'　low='Lowest Value' year='Year'; 라고 하면 된다.

```
OPTIONS PAGESIZE=40;
PROC PLOT DATA=highlow VPERCENT=50;
   PLOT high*year='*' low*year='o' / HAXIS=1950 TO 1990 BY 5;
   TITLE 'Dow Jones Industrial Average';
   LABEL high='Highest Value'
          low='Lowest value'
         year='Year';
RUN;
```

위의 프로그램은 VPERCENT옵션을 이용하여 세로축의 길이를 조절하는 것으로 수직축의 길이의 조절은 전체 페이지 길이에 백분율로 표현된다. 다음 출력결과를 토대로 보면 위쪽 그래프는 PAGESIZE 대로 출력된 것이고, 아래는 VPERCENT=50이라고 하였으므로 세로축을 50%로 줄여서 출력한 것이다. 또한 HPERCENT를 이용하여 가로축의 길이를 조절할 수 있다.

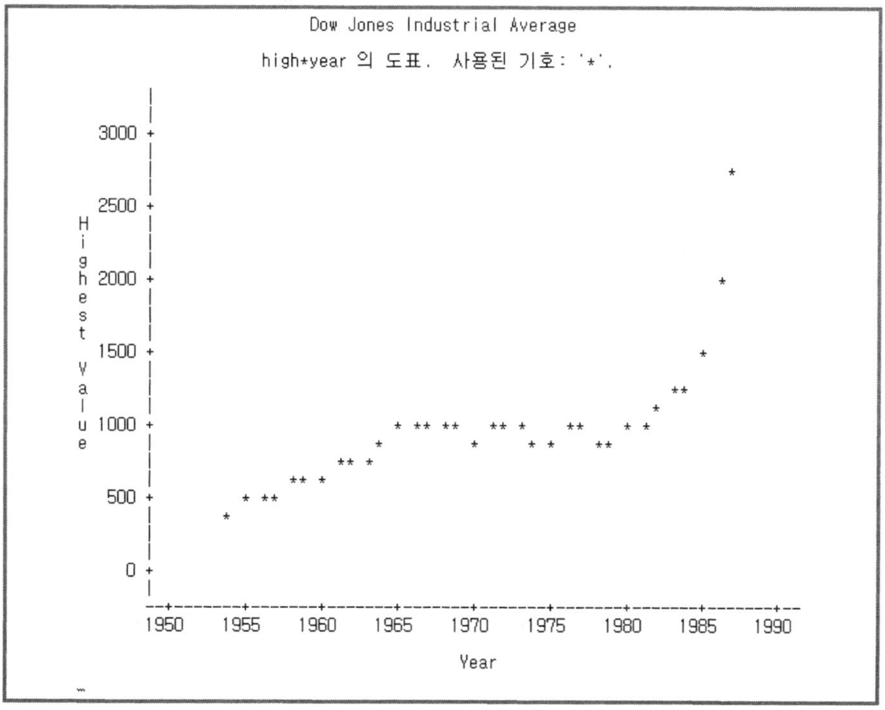

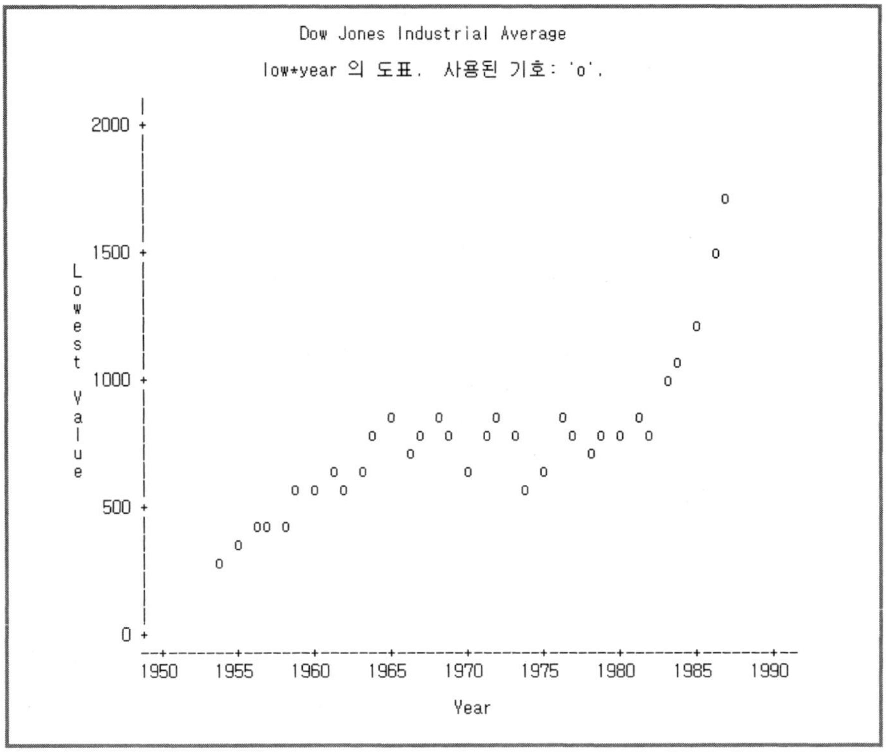
Dow Jones Industrial Average
low*year 의 도표. 사용된 기호: 'o'.
Lowest Value
2000
1500
1000
500
0
1950 1955 1960 1965 1970 1975 1980 1985 1990
Year

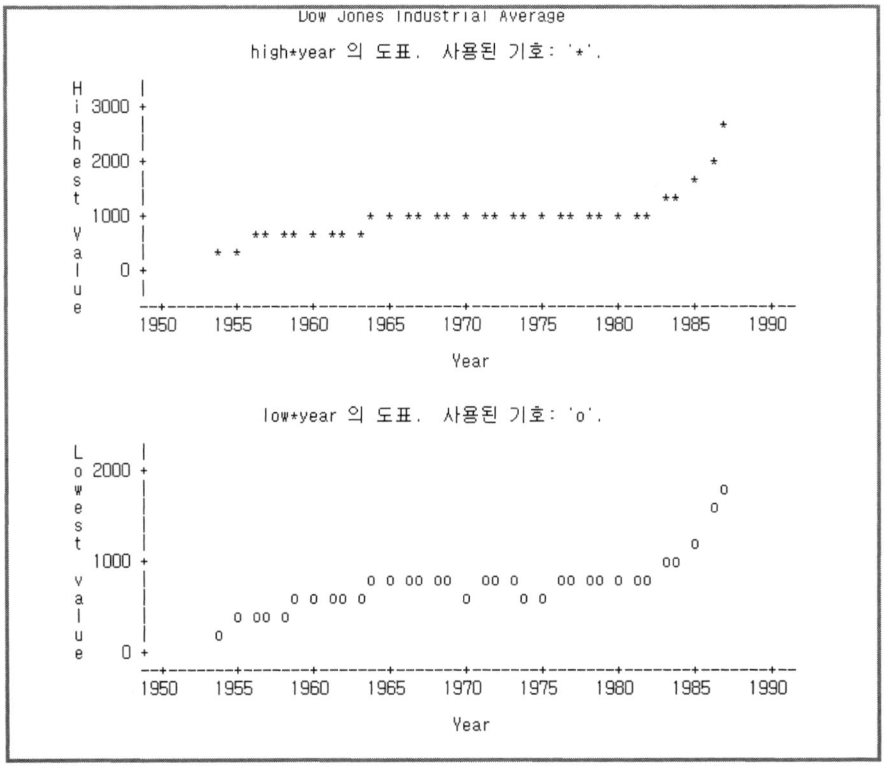
Dow Jones Industrial Average
high*year 의 도표. 사용된 기호: '*'.
Highest Value
3000
2000
1000
0
1950 1955 1960 1965 1970 1975 1980 1985 1990
Year
low*year 의 도표. 사용된 기호: 'o'.
Lowest Value
2000
1000
0
1950 1955 1960 1965 1970 1975 1980 1985 1990
Year

출력결과는 동일함 비율로 줄간격을 줄인 것이다.

18.4 두 그래프를 겹쳐서 그리기(OVERLAY문)

```
OPTIONS PAGESIZE=40;
PROC PLOT DATA=highlow;
   PLOT high*year='*' low*year='o' / HAXIS=1950 TO 1990 BY 5
                                     OVERLAY;
   TITLE 'Dow Jones Industrial Average';
   LABEL high='High or Low'
         year='Year';
RUN;
```

위의 프로그램은 그래프를 겹쳐서 출력하는 것으로 두개의 그래프를 시각적으로 비교하는데 용이하다. Year와 high변수의 그래프와 year와 low변수의 그래프를 비교하는 것으로 각각 출력되는 경우에는 비교하기 어렵다. 위의 경우는 연도별로 high변수와 low변수의 값을 그리는 것으로 high변수의 값은 *로, low변수의 값은 o로 표시하여 하나의 그래프에 나타낸다.

사용방법은 PLOT문에서 옵션으로 OVERLAY라고 하면 된다.

```
OPTIONS PAGESIZE=40;
PROC PLOT DATA=highlow nolegend;
   PLOT high*year='*' low*year='o' / HAXIS=1950 TO 1990 BY 5
                                     OVERLAY BOX;
   TITLE 'Dow Jones Industrial Average';
   LABEL high='High or Low'
         year='Year';
RUN;
```

위의 프로그램은 그래프 가장자리에 경계선을 그리는 것으로 나머지 부분은 동일하고 PLOT문에서 옵션으로 BOX라고 하면 오른쪽 하단의 그래프 처럼 BOX안에 들어가게 된다. 또한 그래프에서 보면 값이 겹치게 되어 찍히지 않은 관찰값이 3개가 있고, 이는 마지막 줄에 NOTE라고 하여 그래프에 표현되지 않은 관찰값의 수를 나타내 준다.

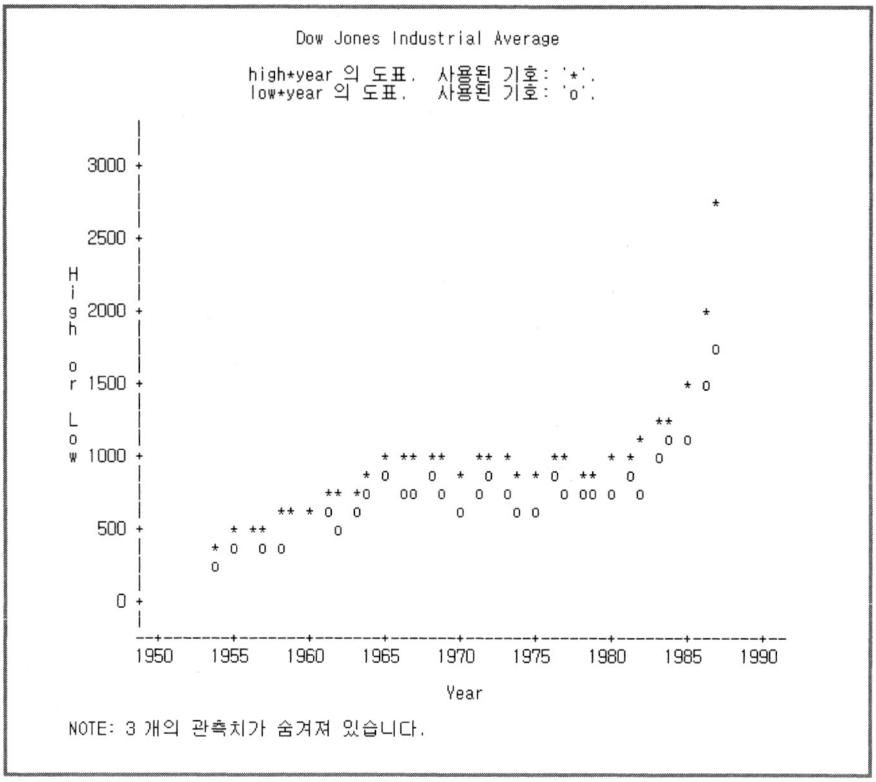
Dow Jones Industrial Average
high*year 의 도표. 사용된 기호: '*'.
low*year 의 도표. 사용된 기호: 'o'.
High or Low
3000
2500
2000
1500
1000
500
0
1950
1955
1960
1965
1970
1975
1980
1985
1990
Year
NOTE: 3 개의 관측치가 숨겨져 있습니다.

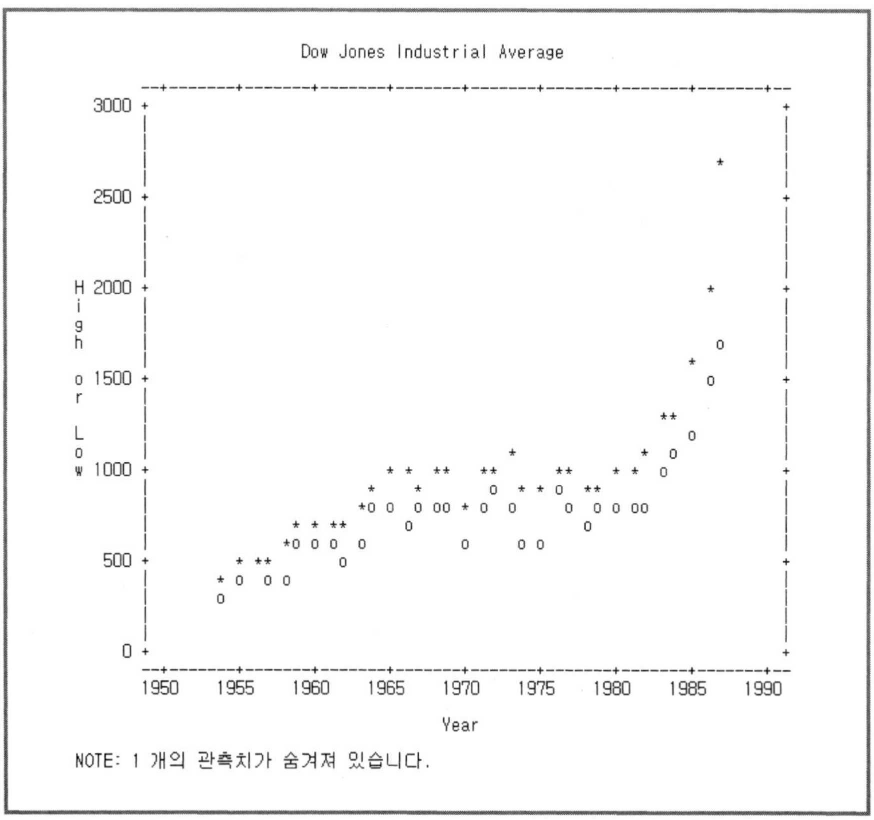
Dow Jones Industrial Average
High or Low
3000
2500
2000
1500
1000
500
0
1950
1955
1960
1965
1970
1975
1980
1985
1990
Year
NOTE: 1 개의 관측치가 숨겨져 있습니다.

제19장 CHART의 형식

19.1 여러 가지 그래프 그리기

```
OPTIONS LS=132 PAGESIZE=60;
DATA grades;
   INPUT name $ 1-14 sex $ 15 section $ 17-19 grade;
CARDS;
Abdallah        F Mon  46
Anderson         M Wed  75
Aziz            F Wed  67
Bayer            M Wed  77
Black           M Fri  79
Blair           F Fri  70
Blue            F Mon  63
   (중간생략)
SwIFt           M Wed  63
Wolfe           F Fri  79
Wolfson         F Fri  89
Zabriski       M Fri  89
RUN;
PROC PRINT DATA=grades;
   TITLE 'The SAS Data Set grades';
RUN;
```

Grades DATASET은 name, sex, section, grade변수로 구성된 것이다.

```
OPTIONS PAGESIZE=40;
PROC CHART DATA=grades;
   VBAR grade;
   TITLE 'Vertical Bar Chart';
RUN;
```

위의 프로그램은 CHART PROCEDURE를 이용하여 세로막대그래프를 그리는 것이다. 세로막대를 그리는 것은 VBAR를 사용하면 된다. 위에서는 grades DATASET을 이용하여 grade변수에 대해 세로막대그래프를 그린 것으로 디폴트로 도수에 대해 그려진다.

```
                 The SAS Data Set grades

OBS     name          sex     section     grade

  1     Abdallah       F        Mon         46
  2     Anderson       M        Wed         75
  3     Aziz           F        Wed         67
  4     Bayer          M        Wed         77
  5     Black          M        Fri         79
  6     Blair          F        Fri         70
  7     Blue           F        Mon         63
  8     Brown          M        Wed         58
  9     Bush           F        Mon         63
 10     Chung          M        Wed         85
 11     Davis          F        Fri         89
 12     Drew           F        Mon         49
 13     DuPont         M        Mon         41
 14     Elliott        F        Wed         85
 15     Farmer         F        Wed         58
 16     Franklin       F        Wed         59
 17     Freeman        F        Mon         79
 18     Friedman       M        Mon         58
 19     Gabriel        M        Fri         75
 20     Grant          M        Mon         79
 21     Harding        M        Mon         49
 22     Hazelton       M        Mon         55
 23     Hinton         M        Fri         85
 24     Hope           F        Fri         98
 25     Jackson        F        Wed         64
 26     Janeway        F        Wed         51
 27     Jones K        F        Mon         39
 28     Jones M        M        Mon         63
 29     Judson         F        Fri         89
 30     Keller         F        Mon         89
 31     LeBlanc        F        Fri         70
 32     Lee            M        Fri         48
 33     Litowski       M        Fri         85
 34     Malloy         M        Wed         79
 35     Meyer          F        Fri         85
 36     Nichols        M        Mon         58
 37     Oliver         F        Mon         41
 38     Parker         F        Mon         77
 39     Patton         M        Wed         73
 40     Randleman      F        Wed         46
 41     Robinson       M        Fri         64
 42     Shien          M        Wed         55
 43     Simonson       M        Wed         62
 44     Smith N        M        Wed         71
 45     Smith R        M        Mon         79
 46     Sullivan       M        Fri         77
 47     SwIFt          M        Wed         63
 48     Wolfe          F        Fri         79
 49     Wolfson        F        Fri         89
 50     Zabriski       M        Fri         89
```

```
                              Vertical Bar Chart
빈도

14 +                            *****
   |                            *****
13 +                            *****
   |                            *****
12 +                            *****
   |                            *****
11 +                            *****                 *****
   |                            *****                 *****
10 +                            *****                 *****      *****
   |                            *****                 *****      *****
 9 +                            *****                 *****      *****
   |                            *****                 *****      *****
 8 +                            *****                 *****      *****
   |                            *****                 *****      *****
 7 +                            *****                 *****      *****
   |                            *****                 *****      *****
 6 +                 *****      *****                 *****      *****
   |                 *****      *****                 *****      *****
 5 +                 *****      *****      *****      *****      *****
   |                 *****      *****      *****      *****      *****
 4 +                 *****      *****      *****      *****      *****
   |                 *****      *****      *****      *****      *****
 3 +      *****      *****      *****      *****      *****      *****
   |      *****      *****      *****      *****      *****      *****
 2 +      *****      *****      *****      *****      *****      *****
   |      *****      *****      *****      *****      *****      *****
 1 +      *****      *****      *****      *****      *****      *****      *****
   |      *****      *****      *****      *****      *****      *****      *****
   ----------------------------------------------------------------------------------
           40         50         60         70         80         90         100

                                 grade 중간점
```

출력결과를 보면 X축이 grade변수의 값이 되고, Y축은 그에 해당하는 도수가 되는 것을 볼 수 있다.

```
OPTIONS PAGESIZE=40;

PROC CHART DATA=grades;
   PIE grade;
   TITLE 'Pie Chart';
RUN;
```

위의 프로그램은 grades DATASET을 이용하여 grade변수의 원그래프를 그린 것이다.

```
OPTIONS PAGESIZE=40;
OPTIONS LINESIZE=120;

PROC CHART DATA=grades;
```

```
   BLOCK grade;
   TITLE 'Block Chart';
RUN;
```

위의 프로그램은 grades DATASET을 이용하여 grade변수의 3차원 막대그래프를 그린 것이다. 막대의 높이는 디폴트로 도수가 지정된다.

```
OPTIONS PAGESIZE=40;
PROC CHART DATA=grades;
   HBAR grade;
   TITLE 'Horizontal Bar Chart';
RUN;
```

위의 프로그램은 grades DATASET을 이용하여 grade변수의 가로 막대그래프를 그린 것이다. 가로 막대그래프의 경우 그래프 오른쪽에 도수, 누적도수, 백분률, 누적백분률의 통계량이 디폴트로 출력된다.

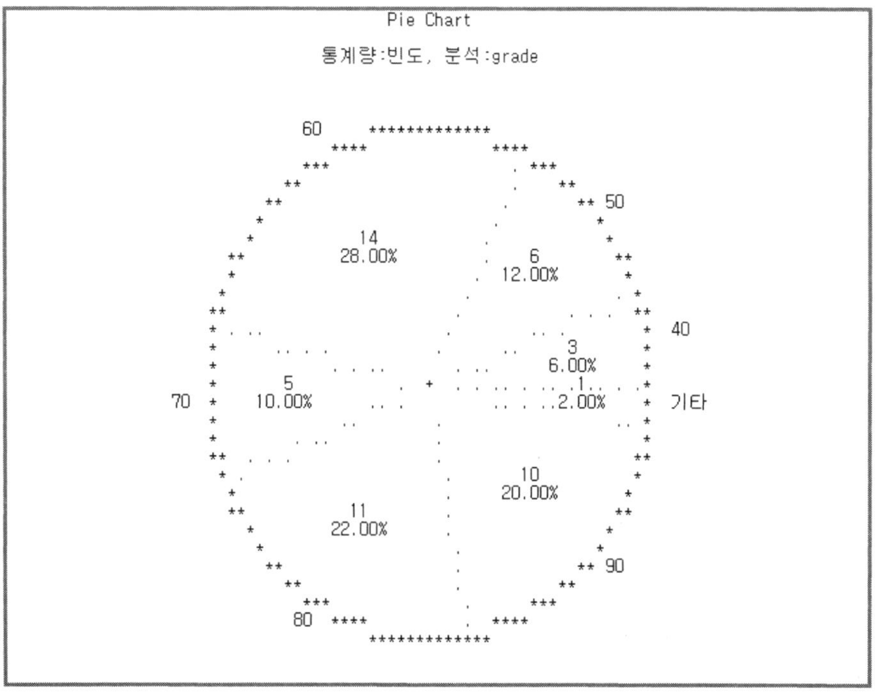

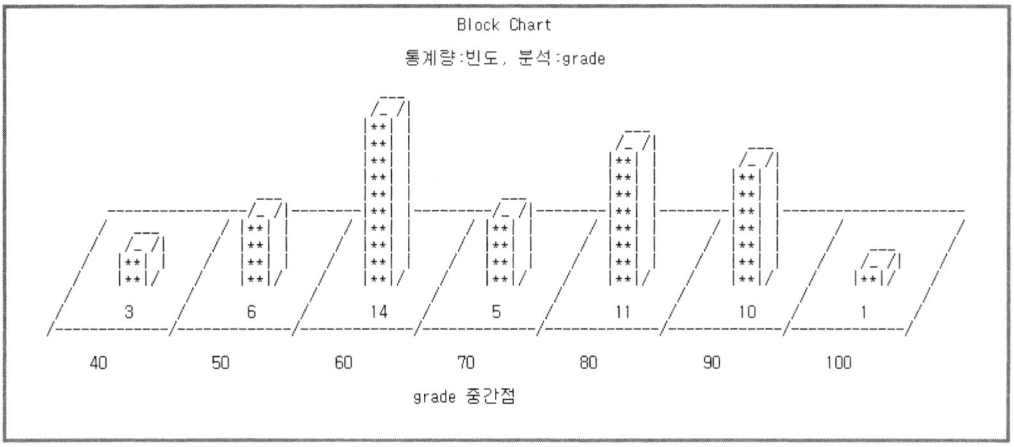


```
                           Horizontal Bar Chart
 grade                                                          누적            누적
중간점                                                     빈도  빈도  백분율  백분율
      |
   40 |***************                                        3     3     6.0    6.00
      |
   50 |******************************                         6     9    12.0   18.00
      |
   60 |**********************************************************************   14    23    28.0   46.00
      |
   70 |*************************                              5    28    10.0   56.00
      |
   80 |*******************************************************   11    39    22.0   78.00
      |
   90 |**************************************************    10    49    20.0   98.00
      |
  100 |*****                                                  1    50     2.0  100.00
      |
      ----+----+----+----+----+----+----+----+----+----+----+----+----+----+
          1    2    3    4    5    6    7    8    9   10   11   12   13   14
                                    빈도
```

19.2 그래프의 그리기의 OPTIONS

```
OPTIONS PAGESIZE=40;

PROC CHART DATA=grades;
    HBAR grade / NOSTAT;
   TITLE 'Removing Statistics from a Horizontal Bar Chart';
RUN;
```

위의 프로그램은 가로막대그래프를 그리는데 디폴트로 그릴 경우 그래프 오른쪽에 도수, 퍼센트, 누적도수, 누적 퍼센트의 값이 출력되는데 이를 없애기 위한 것으로 NOSTAT을 사용하면 통계량을 출력되지 않고 그래프만 출력된다.

```
OPTIONS PAGESIZE=40;

PROC CHART DATA=grades;
   VBAR grade / MIDPOINTS=55 TO 95 BY 10;
   TITLE 'SpecIFying Your Own MIDpoints';
RUN;
```

위의 프로그램은 세로막대그래프를 그릴 경우 X축의 범위를 지정해 줄 수가 있고, 이 경우 MIDPOINTS을 사용하면 된다. 즉 VBAR grade / MIDPOINTS=55 TO 95 BY 10; 라고 하면 X축을 형성하는데 최소값이 55이고 최대값이 95이고 10씩 증가하여 형성하는 것이다.

```
OPTIONS PAGESIZE=40;
PROC CHART DATA=grades;
   VBAR grade / LEVELS=5;
   TITLE 'SpecIFying Five MIDpoints';
RUN;
```

위의 프로그램은 세로막대그래프를 그릴 경우 X축의 수준을 바꾸는 것으로 LEVELS를 사용하면 된다. 즉 VBAR grade / LEVELS=5; 라고 하면 X축의 수준을 5개로 하여 그래프를 그리므로 그려지는 막대의 수가 5개가 된다.

```
              Removing Statistics from a Horizontal Bar Chart

 grade
중간점
         |
   40    |***************
         |
   50    |******************************
         |
   60    |**********************************************************************
         |
   70    |*************************
         |
   80    |*******************************************************
         |
   90    |**************************************************
         |
  100    |*****
         |
         -----+-----+-----+-----+-----+-----+-----+-----+-----+-----+-----+-----+-----+-----+
              1     2     3     4     5     6     7     8     9    10    11    12    13    14

                                       빈도
```

```
                       SpecIFying Your Own MIDpoints

빈도

16 +        *****
   |        *****
15 +        *****                   *****
   |        *****                   *****
14 +        *****                   *****
   |        *****                   *****
13 +        *****                   *****
   |        *****                   *****
12 +        *****                   *****
   |        *****                   *****
11 +        *****                   *****
   |        *****                   *****
10 +        *****                   *****       *****
   |        *****                   *****       *****
 9 +        *****                   *****       *****
   |        *****                   *****       *****
 8 +        *****       *****       *****       *****
   |        *****       *****       *****       *****
 7 +        *****       *****       *****       *****
   |        *****       *****       *****       *****
 6 +        *****       *****       *****       *****
   |        *****       *****       *****       *****
 5 +        *****       *****       *****       *****
   |        *****       *****       *****       *****
 4 +        *****       *****       *****       *****
   |        *****       *****       *****       *****
 3 +        *****       *****       *****       *****
   |        *****       *****       *****       *****
 2 +        *****       *****       *****       *****
   |        *****       *****       *****       *****
 1 +        *****       *****       *****       *****       *****
   |        *****       *****       *****       *****       *****
   ----------------------------------------------------------------------
             55          65          75          85          95

                               grade 중간점
```

```
                        SpecIFying Five MIDpoints

빈도
   |                                            *****
20 +                                            *****
   |                                            *****
   |                                            *****
   |                                            *****
   |                                            *****
15 +                                            *****
   |                                            *****
   |                    *****                   *****
   |                    *****       *****       *****
   |                    *****       *****       *****
10 +                    *****       *****       *****
   |                    *****       *****       *****
   |                    *****       *****       *****
   |                    *****       *****       *****
   |                    *****       *****       *****
 5 +                    *****       *****       *****
   |                    *****       *****       *****
   |        *****       *****       *****       *****
   |        *****       *****       *****       *****
   |        *****       *****       *****       *****       *****
   ----------------------------------------------------------------------
            37.5        52.5        67.5        82.5        97.5

                               grade 중간점
```

```
OPTIONS PAGESIZE=40;

PROC CHART DATA=grades;
   VBAR grade / DISCRETE;
   TITLE 'SpeclFying a Bar for Each Value of GRADE';
RUN;
```

위의 프로그램은 DISCRETE OPTION을 사용하여 명시된 변수를 이산으로 인식하고자 할 경우 사용된다. 오른쪽의 출력결과를 보면 이산값으로 인식하여 모든 값을 항목으로 인식하여(동일한 값은 도수가 됨) 그린 것을 볼 수 있다.

```
OPTIONS PAGESIZE=40;
PROC CHART DATA=grades;
   VBAR section;
   TITLE 'Frequency Chart for SECTION';
RUN;
```

위의 프로그램은 세로막대그래프를 그리는데 문자변수를 이용한 것으로 section 변수를 이용하였다. 이때 X축은 문자이고 디폴트로 출력할 경우 알파벳 순으로 출력되어 ' Fri', 'Mon', 'Wed' 순으로 되는 것을 오른쪽 결과를 통해 볼 수 있다.

```
OPTIONS PAGESIZE=40;

PROC CHART DATA=grades;
   VBAR section / MIDPOINTS='Mon' 'Wed' 'Fri';
   TITLE 'SpeclFying MIDpoints for a Character Variable';
RUN;
```

위의 프로그램은 바로 전 그래프에서 X축이 ' Fri', 'Mon', 'Wed'순으로 나오는 것을 되는 것을 MIDPOINTS를 이용하여 'Mon', 'Wed', 'Fri'순으로 바꾸는 것이다. 즉 문자변수일 경우 MIDPOINTS 다음에 원하는 순서대로 나열해 주면 되고 값과 값의의 구별은 ' '안에 넣어주면 된다.

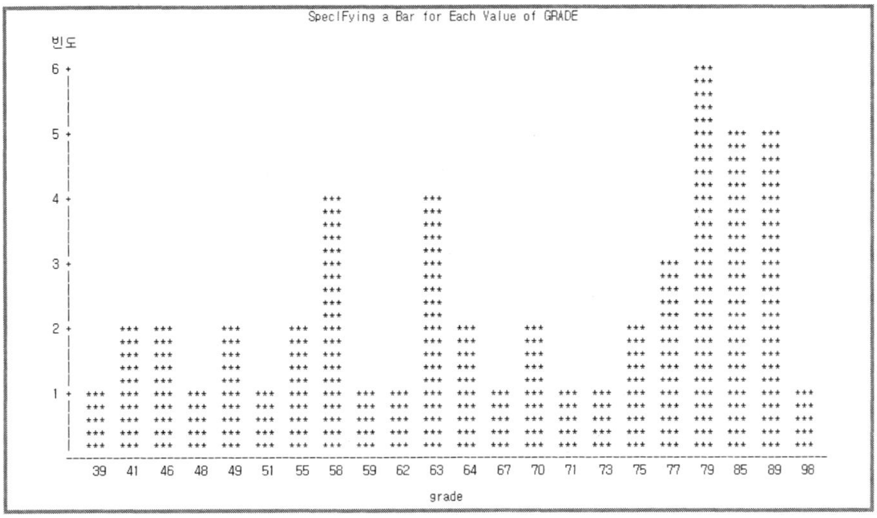
SpecIFying a Bar for Each Value of GRADE
빈도
6
5
4
3
2
1
39 41 46 48 49 51 55 58 59 62 63 64 67 70 71 73 75 77 79 85 89 98
grade

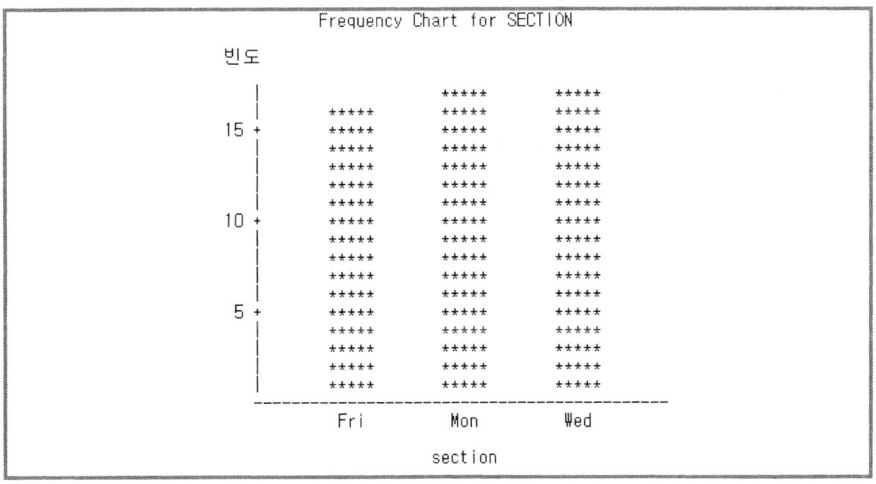
Frequency Chart for SECTION
빈도
15
10
5
Fri Mon Wed
section

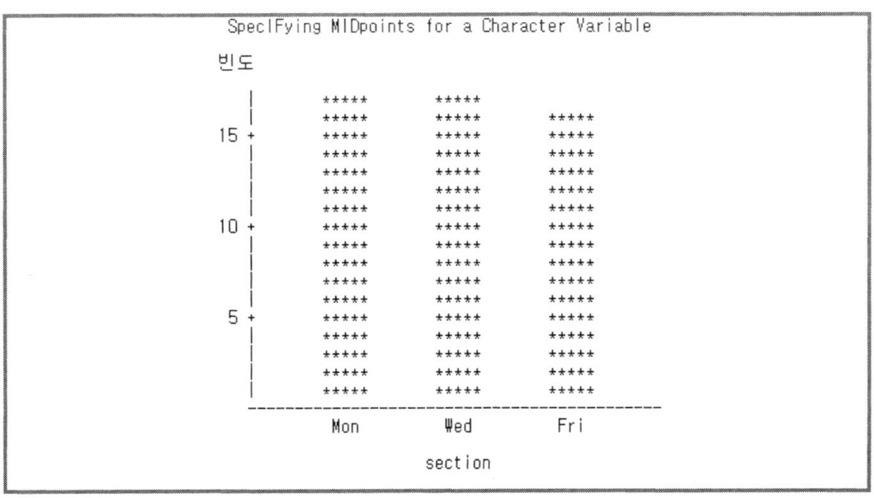
SpecIFying MIDpoints for a Character Variable
빈도
15
10
5
Mon Wed Fri
section

19.3 범주에 의한 그래프

```
OPTIONS PAGESIZE=40;
PROC CHART DATA=grades;
   VBAR section / MIDPOINTS='Mon' 'Wed' 'Fri'  SUBGROUP=sex;
   TITLE 'Charting with a Subgroup';
RUN;
```

위의 프로그램은 세로막대그래프를 그리는데 SUBGROUP OPTION을 이용하여 각 막대를 특정 변수에 의해 세부 항목으로 나누는 것이다. 위의 경우 section변수로 막대그래프를 그리는데 SUBGROUP=sex;라고 하여 각 section변수의 값인 Mon, Wed, Fri내에서 sex변수 값인 M과 F로 나뉘어서 그려진다.

```
OPTIONS PAGESIZE=40;
PROC CHART DATA=grades;
   VBAR section / MIDPOINTS='Mon' 'Wed' 'Fri'  GROUP=sex;
   VBAR sex     / GROUP=section;
   TITLE 'Comparison of Grouping SECTION by SEX';
   TITLE2 'to grouping SEX by SECTION';
RUN;
```

위의 프로그램은 하나의 막대에 대해 특정변수에 의해 세부항목으로 나누어 그리는데 GROUP OPTION을 사용하는 것이다. 다만 SUBGROUP, GROUP OPTION의 차이점은 SUBGROUP OPTION은 세부 항목에 의해 누적되어 나타나는 반면 GROUP는 각각 독립된 막대를 그려준다는 것이다.

```
OPTIONS PAGESIZE=40;
PROC CHART DATA=grades;
  VBAR section/MIDPOINTS='Mon' 'Wed' 'Fri' GROUP=sex  SUMVAR=grade
TYPE=sum;
  TITLE 'Using the SUMVAR= Option';
RUN;
```

앞에서는 그래프를 그릴 때 도수를 이용하였는데 위의 프로그램은 특정 변수의 합을 가지고 그래프를 그리는 것으로 합을 구할 변수는 SUMVAR= 다음에 쓰고, TYPE= 다음에 SUM을 쓰면 된다. 즉 VBAR section/MIDPOINTS='Mon' 'Wed' 'Fri' GROUP=sex SUMVAR=grade TYPE=sum;이라고 하면 grade변수의 합을 가지고 section변수별로 sex변수별로 나누어 세로막대그래프를 그리게 된다.

```
                     Charting with a Subgroup

         빈도

             |       MMMMM        MMMMM
             |       MMMMM        MMMMM        MMMMM
          15 +       MMMMM        MMMMM        MMMMM
             |       MMMMM        MMMMM        MMMMM
             |       MMMMM        MMMMM        MMMMM
             |       MMMMM        MMMMM        MMMMM
             |       MMMMM        MMMMM        MMMMM
          10 +       MMMMM        MMMMM        MMMMM
             |       FFFFF        MMMMM        MMMMM
             |       FFFFF        MMMMM        FFFFF
             |       FFFFF        FFFFF        FFFFF
             |       FFFFF        FFFFF        FFFFF
           5 +       FFFFF        FFFFF        FFFFF
             |       FFFFF        FFFFF        FFFFF
             |       FFFFF        FFFFF        FFFFF
             |       FFFFF        FFFFF        FFFFF
             |       FFFFF        FFFFF        FFFFF
            ---------------------------------------------
                      Mon          Wed          Fri

                                 section

                     심볼 sex     심볼 sex

                       F  F         M  M
```

```
                     Comparison of Grouping SECTION by SEX
                          to grouping SEX by SECTION

 빈도

 10 +                                                            *****
    |                                                            *****
  9 +      *****                                                 *****
    |      *****                                                 *****
  8 +      *****                  *****            *****         *****         *****
    |      *****                  *****            *****         *****         *****
  7 +      *****       *****      *****            *****         *****         *****
    |      *****       *****      *****            *****         *****         *****
  6 +      *****       *****      *****            *****         *****         *****
    |      *****       *****      *****            *****         *****         *****
  5 +      *****       *****      *****            *****         *****         *****
    |      *****       *****      *****            *****         *****         *****
  4 +      *****       *****      *****            *****         *****         *****
    |      *****       *****      *****            *****         *****         *****
  3 +      *****       *****      *****            *****         *****         *****
    |      *****       *****      *****            *****         *****         *****
  2 +      *****       *****      *****            *****         *****         *****
    |      *****       *****      *****            *****         *****         *****
  1 +      *****       *****      *****            *****         *****         *****
    |      *****       *****      *****            *****         *****         *****
 ------------------------------------------------------------------------------------------
            Mon         Wed        Fri              Mon           Wed           Fri

          |------------ F ------------|           |------------ M ------------|
```

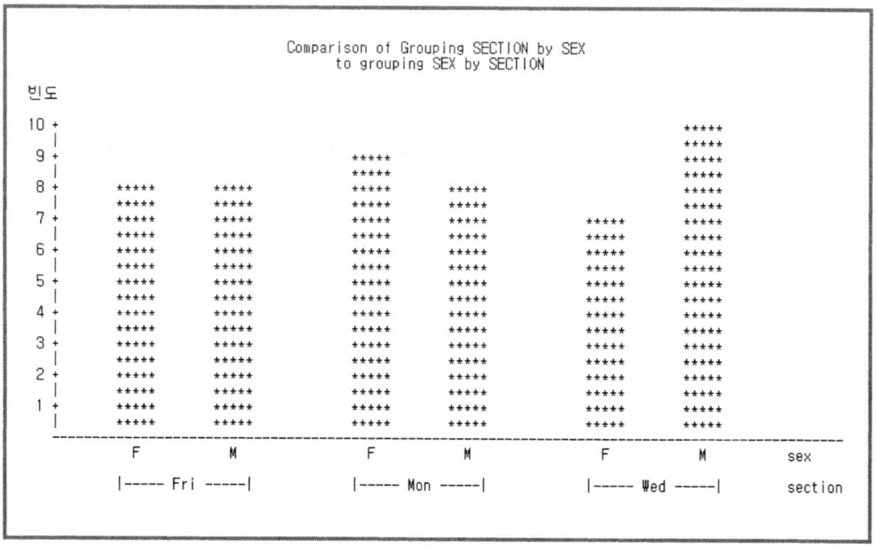
Comparison of Grouping SECTION by SEX
to grouping SEX by SECTION
빈도
10
9
8
7
6
5
4
3
2
1
F
M
F
M
F
M
sex
Fri
Mon
Wed
section

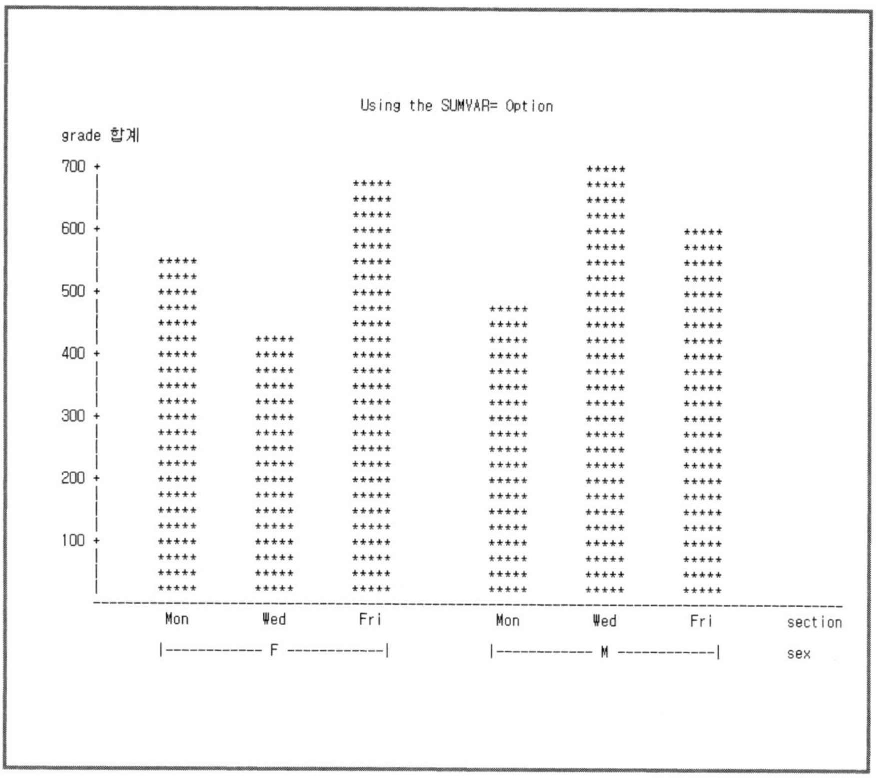
Using the SUMVAR= Option
grade 합계
700
600
500
400
300
200
100
Mon
Wed
Fri
Mon
Wed
Fri
section
F
M
sex

```
OPTIONS PAGESIZE=40;

PROC CHART DATA=grades;
   VBAR section / MIDPOINTS='Mon' 'Wed' 'Fri'
                  GROUP=sex
                  SUMVAR=grade TYPE=mean;
   TITLE 'Using the SUMVAR= option to Compare the Mean GRADE';
   TITLE2 'among Sections';
RUN;
```

위의 프로그램은 세로막대그래프를 그릴 때 막대의 길이를 평균값을 이용하여 그리는 것이다. VBAR section / MIDPOINTS='Mon' 'Wed' 'Fri' GROUP=sex SUMVAR=grade TYPE=mean; 라고 하면 section변수를 sex변수별로 그리는데 막대의 높이는 각각 grade변수의 평균값을 이용하는 것이다.

```
OPTIONS PAGESIZE=40;
OPTIONS LINESIZE=120;

PROC CHART DATA=grades;
   BLOCK section / MIDPOINTS='Mon' 'Wed' 'Fri'
                  GROUP=sex
                  SUMVAR=grade TYPE=mean;
   TITLE 'Comparing the Mean for GRADE among Sections';
RUN;
```

위의 프로그램은 바로 전의 프로그램과 동일한 것으로 것으로 그래프의 모양을 3차원 막대그래프로 그린 것이다. 그래프의 종류만 바꾸고 나머지는 바로 전과 동일한 형태로 사용하면 세로 막대그래프에서는 2차원의 형태로 그리지만 여기서는 3차원의 형태로 그리므로 하나의 축이 더 생겨서 그래프를 그리고 평균값을 출력하여 주는 것을 오른쪽 출력결과를 통하여 알 수 있다.

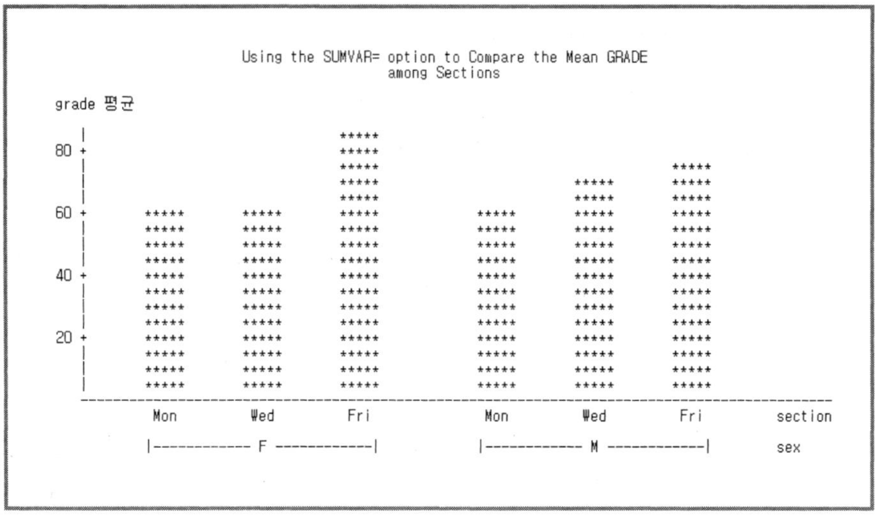
Using the SUMVAR= option to Compare the Mean GRADE
among Sections
grade 평균
80
60
40
20
Mon
Wed
Fri
Mon
Wed
Fri
section
F
M
sex

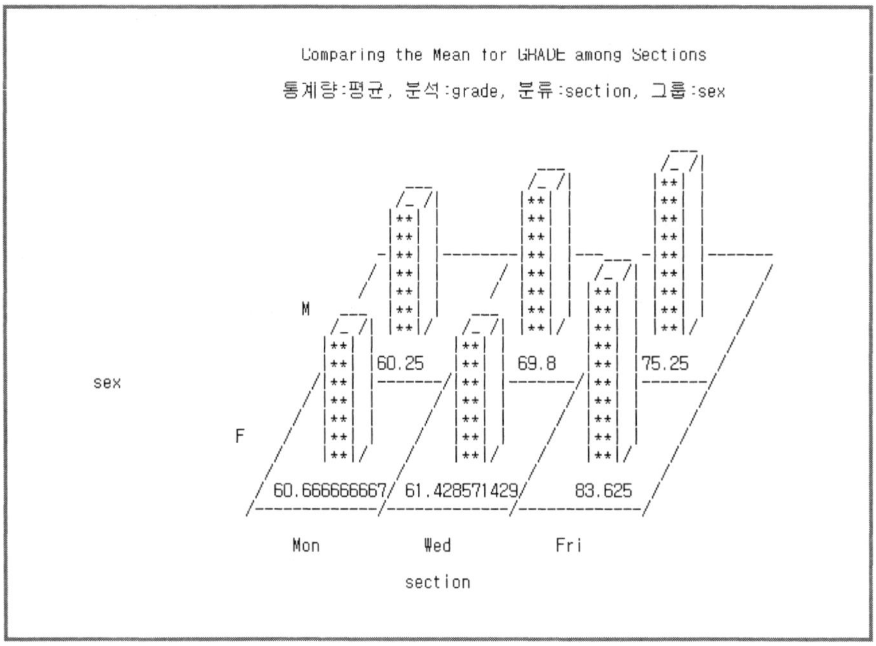
Comparing the Mean for GRADE among Sections
통계량:평균, 분석:grade, 분류:section, 그룹:sex
M
sex
F
60.25
69.8
75.25
60.666666667
61.428571429
83.625
Mon
Wed
Fri
section

제20장 FILE 출력하기

20.1 PUT을 이용한 FILE 출력하기

```
data _null_;
 set  WORK.club end=EFIEOD;
 %let _EFIERR_ = 0;
 %let _EFIREC_ = 0;
 file 'C:₩test₩stat.txt' delimiter='|' DSD DROPOVER lrecl=1000;
 format team_num$6.;
 format name$6.;
 format idno 4.;
 format strtwght 3.;
 format endwght 3.;
 if _n_ = 1 then
 do;
 put '팀이름' '|' '성명' '|'  'ID'  '|'  '시작몸무게'  '|'  '최종몸무게' ;
 end;
 do;
   EFIOUT + 1;
   put team_num $ @;
   put name $ @;
   put idno @;
   put strtwght @;
   put endwght;
 end;
 if _ERROR_ then call symput('_EFIERR_',1);
 If EFIEOD then
 call symput('_EFIREC_',EFIOUT);
run;
```

위의 프로그램은 4.3절에서 읽은 CLUB이라는 SAS DATA SET을 FILE로 출력하는 프로그램이다. 이 프로그램을 실행시키면 파일의 맨 윗줄에는 팀이름, 성명, ID, 시작몸무게, 최종몸무게가 구분자 | 를 기준으로 생성되며, 두 번째 줄부터는 각 변수의 데이터들이 파일로 출력이 된다.

```
팀이름|성명|ID|시작몸무게|최종몸무게
red|David|1023|189|165
yellow|Amelia|1049|145|124
green|Andrew|1021|173|180
blue|john|1040|154|140
pink|kim|145|100|180
gray|lee|198|90|109
black|Tom|2150|852|780
white|Kal|2090|480|500
```

이렇게 출력된 파일은 구분자 | 를 기준으로 다른 프로그램에서 다시 읽을 수 있다. file문 뒤에 경로를 수정하여 원하는 위치에 파일을 생성할 수 있으며, dlm='|' 옵션으로 구분자를 사용자의 편의에 맞게 지정할 수 있다. dsd, lrecl, dropover등 4장에서 보았던 infile의 옵션들이 모두 file문에서도 사용이 가능하다. 또한, format 문을 통해 변수의 format 변경도 가능하고, put문장에서 불필요한 변수의 제외가 가능하다. 여기서 주의할 점은 마지막 put문장이 끝나기 전에는 @로 데이터가 계속된다는 것을 표시하여야 한다는 것이다.

텍스트파일 이외의 다른 파일들로도 출력이 가능하고, 다른 방법들도 몇가지 있다. 이는 다음장에서 계속 알아보자.

20.2 PROC EXPORT를 이용한 FILE 출력하기

```
proc export data=club outfile='c:₩test₩club.xls'
 dbms='excel2000'
 replace;
run;
```

위의 프로그램은 4.3절에서 읽은 CLUB이라는 SAS DATA SET을 엑셀 FILE로 출력하는 프로그램이다. dbms 옵션에서 excel2000 대신 text나 기타 여러 가지 포맷을 성정하여 출력이 가능하며, replace옵션은 동일한 이름을 가진 파일이 있을 때 기존파일에 새로 생성된 파일을 덮어쓰기 한다는 것을 주의해야 할 것이다.

출력결과는 아래와 같다.

fname	team_num	name	idno	strtwght	endwght
club1.txt	red	David	1023	189	165
club1.txt	yellow	Amelia	1049	145	124
club2.txt	green	Andrew	1021	173	180
club2.txt	blue	john	1040	154	140
club3.txt	pink	kim	145	100	180
club3.txt	gray	lee	198	90	109
club4.txt	black	Tom	2150	852	780
club4.txt	white	Kal	2090	480	500

첫 행에 각 변수명이 출력되며, SAS DATA SET에서 지정된 포맷을 그대로 두 번째 행부터 출력한 것을 볼 수 있다.

20.3 EXPORT WIZARD를 이용한 FILE 출력하기

4장에서 '데이터 가져오기'를 이용하여 데이터의 input이 이루어졌다면, 이번 장에서는 '데이터 내보내기'를 이용하여 출력을 해 보자.

SAS의 상위 메뉴에서 '파일 -> 데이터 내보내기'를 누르면 EXPORT WIZARD가 실행이 된다. 이 또한 그래픽 사용자 인터페이스(GUI)를 통해 클릭 몇 번으로 간단히 파일을 출력하게 된다.

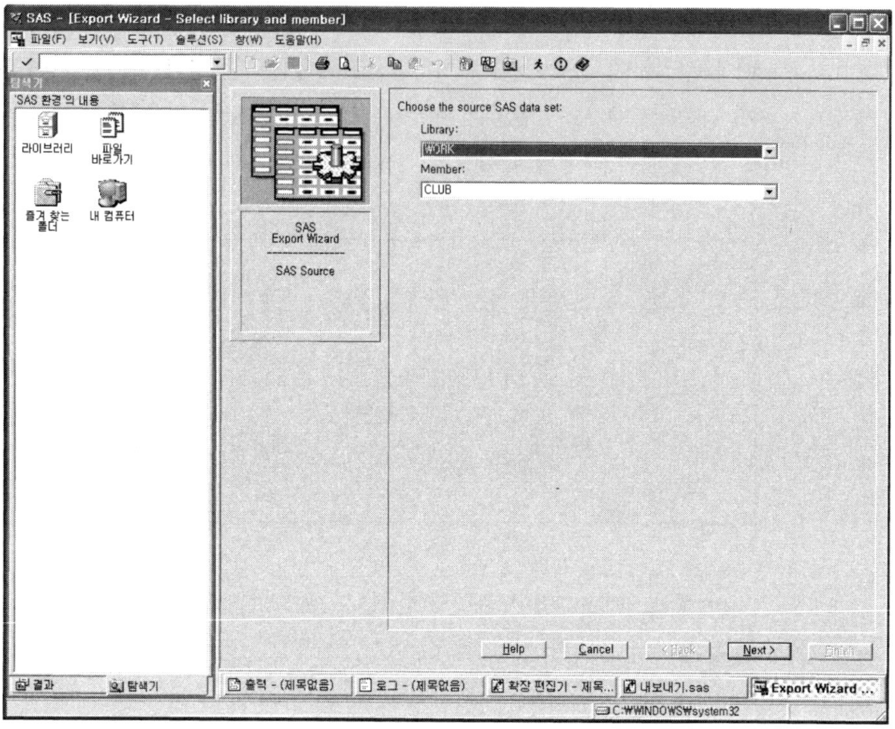

출력할 SAS DATA SET을 선택한다.

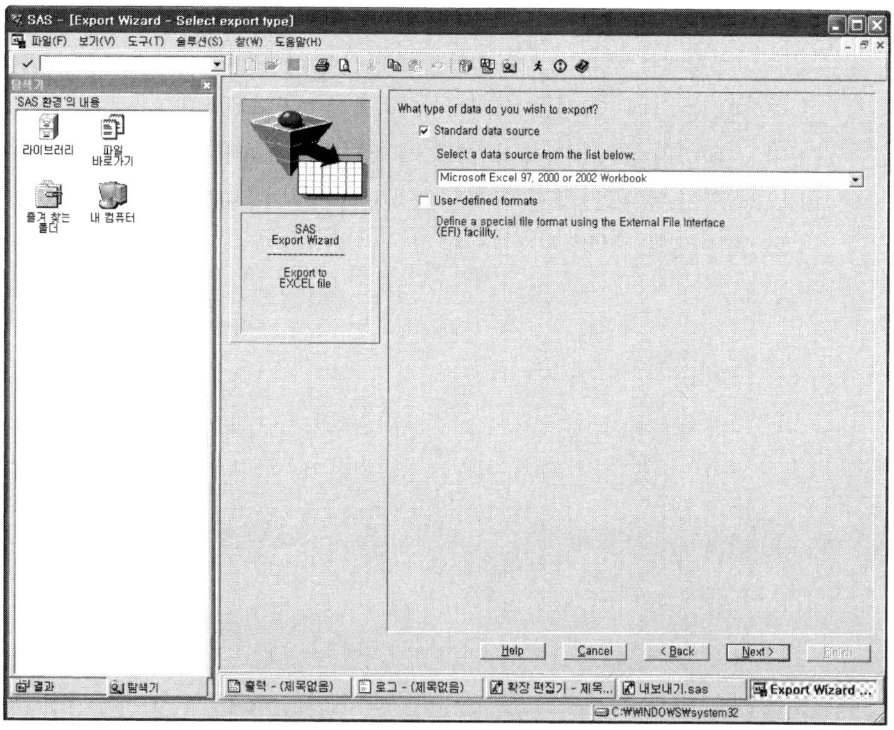

어떤 파일로 출력할 것인지 묻는 창이 뜬다. 엑셀로 출력을 하기로 하고 다음을 누르자.

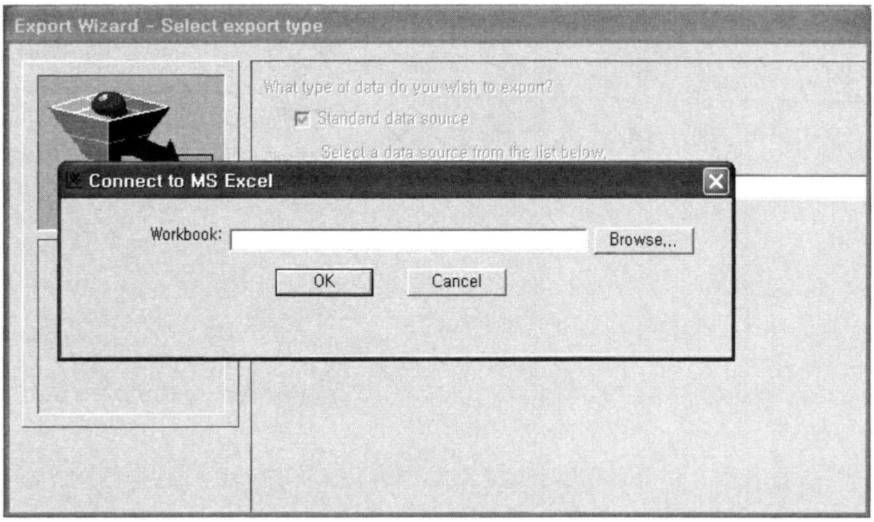

출력된 파일을 어디에 저장할 지 물어보는 창이 뜬다. c:₩test₩club2.xls파일을 만들기로 하고 다음을 누르자.

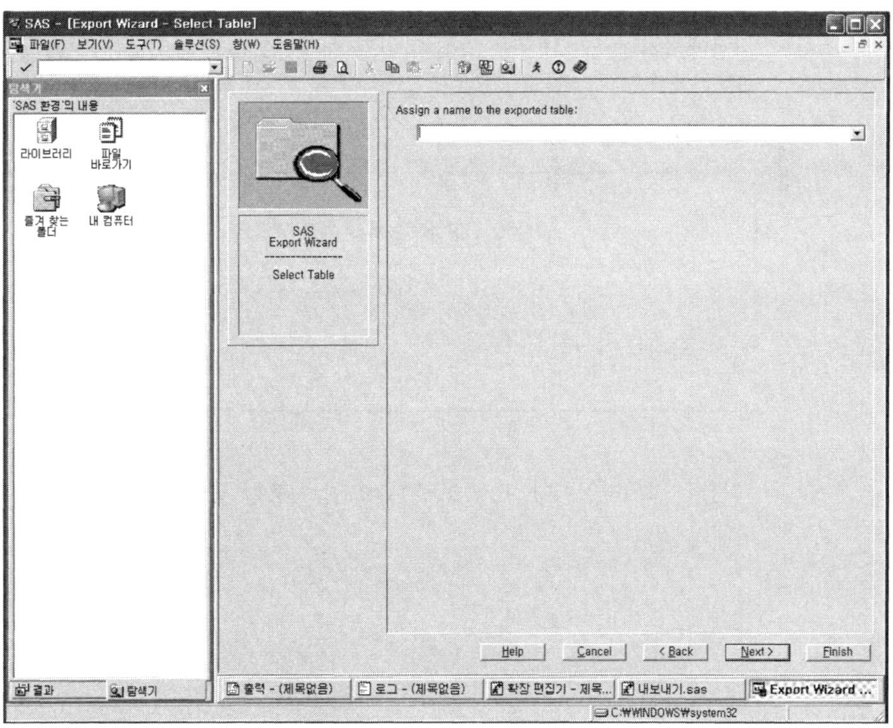

저장될 엑셀 파일의 Sheet 명을 지정하는 부분이다 CLUB2로 지정하자.

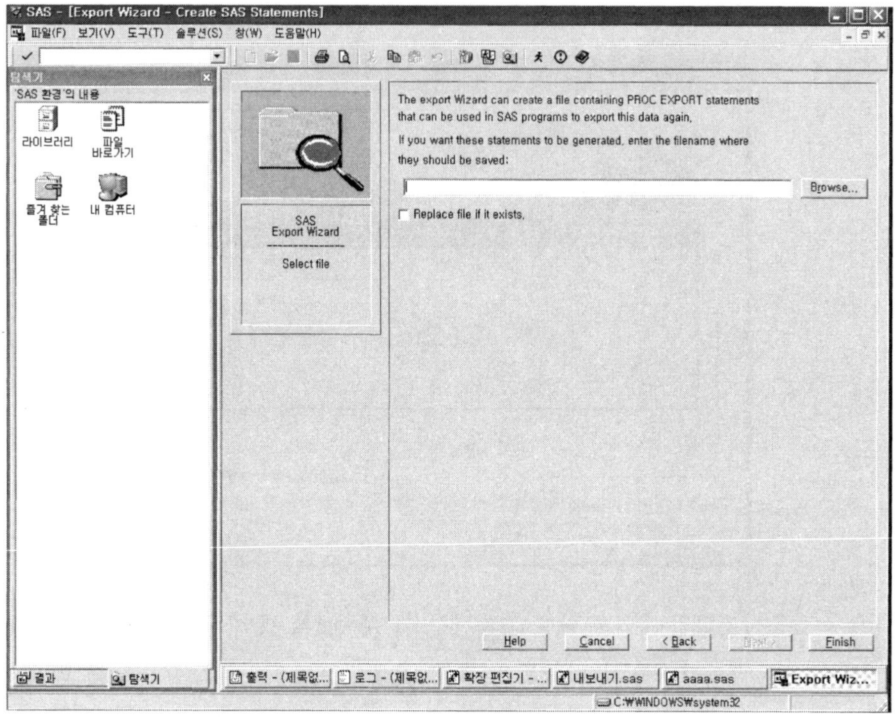

4장에서처럼 설정내용을 SAS 파일로 저장하겠는지 물업보는 메뉴이다. 저장해보자.

```
PROC EXPORT DATA= WORK.CLUB
            OUTFILE= "C:\test\club2.xls"
            DBMS=EXCEL REPLACE;
     SHEET="club2";
RUN;
```

저장된 SAS파일이다. PROC EXPORT를 사용한 것임을 알 수 있다. 결과를 보면 아래와 같다.

fname	team_num	name	idno	strtwght	endwght
club1.txt	red	David	1023	189	165
club1.txt	yellow	Amelia	1049	145	124
club2.txt	green	Andrew	1021	173	180
club2.txt	blue	john	1040	154	140
club3.txt	pink	kim	145	100	180
club3.txt	gray	lee	198	90	109
club4.txt	black	Tom	2150	852	780
club4.txt	white	Kal	2090	480	500

PROC EXPORT를 사용한 것과 동일한 결과를 얻을 수 있다. 이처럼 여러 가지 방법으로 SAS DATA SET을 FILE로 출력하는 방법이 존재하며, 이 책에 기재하지 않은 다른 방법 또한 있을 수 있으나, 현업에서 가장 많이 쓰인다고 생각되는 방법들을 제시하여 보았다.

제 4 부

SAS SQL

제21장 SQL PROCEDURE의 기본형식 1

SAS DATA STEP SAS DATA STEP SAS DATA STEP SAS DATA STEP SAS DATA STEP

21.1 Data의 입력

```
TITLE1 '*** sqlug1: User guide chapter 1 examples ***';

DATA employee;
   INPUT empnum empname $ empyears empcity $ 20-34
        emptitle $ 36-45 empboss;
   CARDS;
 101  Herb     28  Ocean City      president     .
 201  Betty     8  Ocean City      manager      101
 213  Joe       2  Virginia Beach  salesrep     201
 214  Jeff      1  Virginia Beach  salesrep     201
 215  Wanda    10  Ocean City      salesrep     201
 216  Fred      6  Ocean City      salesrep     201
 301  Sally     9  Wilmington      manager      101
 314  Marvin    5  Wilmington      salesrep     301
 318  Nick      1  Myrtle Beach    salesrep     301
 401  Chuck    12  Charleston      manager      101
 417  Sam       7  Charleston      salesrep     401
 ;
 RUN;
```

위의 프로그램에서 DATASET의 이름은 employee이고, 변수는 문자변수로는 변수 뒤에 $이 사용된 empname, empcity, emptitle, 숫자변수로는 empnum, empyears, empboss가 있다. 변수 empcity 20-34 칼럼, 변수 emptitle은 36-45 칼럼에 위치한다. 여기에서 indo변수의 관찰값 중 칼럼이 공백이 있으므로 변수 empcity를 읽어들일 때에 칼럼을 지정하지 않으면 공백 전까지 읽으므로 첫 번째 관찰값에서 Ocean까지만 입력된다. 즉 변수와 변수 사이에 빈칸이 있어 관찰값을 구분해줄 때에는 칼럼번호를 기재할 필요가 없으나 하나의 변수에 빈칸이 들어 있는 관찰값의 경우에는 칼럼을 지정하여 사용하면 된다.

21.2 BASE SAS System의 SQL PROCEDURE

```
PROC SQL;
   TITLE2 'CITY AND YEARS OF SERVICE';

   SELECT empname, empcity, empyears
     FROM employee
    WHERE emptitle = 'salesrep';
```

SQL은 Structured Query Language의 약어로 구조화된 질의 언어이다. SQL은 표준화되어 널리 사용되고 있는 언어로서 데이터베이스에 대한 조회와 갱신을 행하는 것으로 SAS에서는 SQL PROCEDURE에서 제공된다.

TITLE이나 OPTIONS와 같은 문장은 SQL PROCEDURE를 비롯한 SAS의 모든 PROCEDURE에서 사용할 수 있다.

PROC SQL; 이라고 하면 그 다음부터는 SQL이 시작된다. SELECT문은 테이블(DATASET)내에 저장된 데이터나 SQL VIEW나 SAS/ACCESS VIEW에 의해 엑세스된 데이터를 검색하는 문이다. 칼럼과 칼럼사이는 쉼표(,)로 구분하며 SELECT문 뒤에 세미콜론(;)이 없고 질의(Query)의 마지막 줄에만 세미콜론이 붙는다는 것을 주의해야 한다.

위 프로그램은 employee 테이블에서 emptitle이 'salesrep'인 로우들의 empname, empcity, empyear칼럼(변수)의 내용을 출력한다. SELECT문 다음에는 출력하고자하는 칼럼들을 지정하며, 모든 칼럼을 출력하고자 한다면 *를 입력하면 된다.

FROM 다음에는 검색하고자 하는 테이블을 지정한다. 가능한 테이블은 SAS 임시파일 혹은 영구파일만이 가능하다. 즉, 이미 SAS DATASET으로 만들어져 있어야 검색 및 출력이 가능하다.

WHERE절 다음에는 검색하고자 하는 조건을 지정한다. 위 예에서는 emptitle이 'salesrep'을 만족하는 로우(관찰값)에 대해서만 검색한다.

위 예에서 보는 바와 같이 SQL PROCEDURE는 Run; 문이 없어도 실행이 가능하며, ; 단위로 실행한다. 그리고 SQL에서 출력하는 것은 SELECT문에 의해서 가능하다.

```
*** sqlug1: User guide chapter 1 examples ***                1
        CITY AND YEARS OF SERVICE
      EMPNAME    EMPCITY          EMPYEARS
      ------------------------------------
      Joe        Virginia Beach       2
      Jeff       Virginia Beach       1
      Wanda      Ocean City          10
      Fred       Ocean City           6
      Marvin     Wilmington           5
      Nick       Myrtle Beach         1
      Sam        Charleston           7
```

나타난 결과를 보면 TITLE1문에 의해서 첫 번째 줄에 *** sqlug1: User guide chapter 1 examples ***, TITLE2문에 의해서 두 번째 줄에 CITY AND YEARS OF SERVICE이라는 제목이 찍힌다.

그 다음에는 SELECT문에서 지정한 순서대로 empname, empcity, empyear 칼럼의 순으로 출력된다. 위에 인쇄된 내용들은 모두 emptitle이 'salesrep'인 로우들이다.

SELECT문의 형식 1

- 테이블 내에 저장된 데이타, SQL VIEW나 SAS/ACCESS VIEW에 의해 엑세스된 데이타를 검색할 수 있다.
- 테이블(DATASET)의 전체 혹은 일부의 칼럼(변수)과 로우(관찰값)를 볼 수 있는 명령어이다.
- 칼럼과 칼럼사이는 쉼표(,)로 구분하고, FROM 다음에 테이블명이 온다.
- 칼럼명 대신에 *를 사용하면 전체 칼럼이 선택된다.

```
SELECT column_name [, column_name]   FROM   table_name;
SELECT  *  FROM table_name ;
```

21.3 SQL PROCEDURE와 SAS DATA Step의 비교

```
TITLE2 'TOTAL SERVICE YEARS';
TITLE3 'Computed with PROC SQL';

SELECT empcity, SUM(empyears)  AS  totyears
   FROM employee
   WHERE emptitle = 'salesrep'
   GROUP BY empcity
   ORDER BY totyears;
```

SQL PROCEDURE는 DATA Step과 PRINT, SORT, SUMMARY 등의 PROCEDURE를 이용해서 동일한 결과를 얻어낼 수 있다.

위의 질의는 employee 테이블에서 emptitle이 salesrep인 로우 중 empcity를 출력하고, empyears의 합을 totyears라는 새로운 칼럼을 만들어 검색하고 인쇄한다.

GROUP절은 테이블을 명시된 그룹별로 처리하라는 것으로 도시이름으로 분류되어 SUM함수의 결과를 구하게 된다.

ORDER절은 자료를 내림차순 혹은 올림차순으로 정렬하는 것으로 PROC SORT와 같은 역할을 한다. 여기서는 totyears 칼럼의 값을 올림차순으로 정렬한다.

GROUP절의 형식 1

- GROUP절은 테이블을 명시된 칼럼의 값별로 분류하는 명령어이다. 다른 PROCEDURE에서 BY문을 사용하는 것과 동일하다.

```
GROUP BY column_name
```

```
*** sqlug1: User guide chapter 1 examples ***                2
           TOTAL SERVICE YEARS
           Computed with PROC SQL

           EMPCITY            TOTYEARS
           ------------------------------
           Myrtle Beach              1
```

```
Virginia Beach     3
 Wilmington        5
 Charleston        7
 Ocean City       16
```

질의에서 먼저 WHERE emptitle = 'salesrep'라고 지정하였으므로 emptitle이 salesrep인 로우들만 대상으로 SUM함수가 적용되었고, 분류칼럼을 GROUP BY empcity라고 지정하였으므로 empcity별로 분류되었다. 또한 ORDER BY totyears라고 하였으므로 출력결과는 totyears의 올림차순으로 정렬되었음을 볼 수 있다.

ORDER절의 형식 1

- ORDER절의 자료를 내림차순 혹은 올림차순으로 정렬한다.
- 칼럼명 뒤에 정렬방식을 지정하지 않은 경우에는 디폴트로 올림차순으로 정렬이 되고, 내림차순으로 정렬하고자 할 경우에는 칼럼명 뒤에 DESC라고 지정하면 된다.

ORDER BY column_name [DESC] [, column_name[DESC]]

```
TITLE2 'TOTAL SERVICE YEARS';
TITLE3 'Computed with PROCS SUMMARY, SORT AND PRINT';

PROC SUMMARY DATA=employee;
   WHERE emptitle='salesrep';
   CLASS  empcity;
   VAR empyears;
   OUTPUT OUT=sumyears SUM=totyears;
RUN;
PROC SORT DATA=sumyears;
   BY totyears;
RUN;

PROC PRINT DATA=sumyears NOOBS;
   VAR empcity totyears;
   WHERE _type_ = 1;
RUN;
```

위 프로그램은 앞의 SQL과 같은 결과를 PRINT, SORT, SUMMARY 등의 PROCEDURE를 이용해서 출력하는 것이다.

SUMMARY PROCEDURE는 숫자형 변수에 대한 각종 기술통계량을 출력하는 것이다. 여기서 제공되는 통계량은 N, NMISS, MEAN, STD, MIN, MAX, RANGE, SUM, VAR, USS, CSS, CV, STDERR, T, PRT, SUMWGT 등이 있다.

위 프로그램은 emptitle 변수값이 'salerep'인 자료 중에서 empyears 변수값의 합을 totyears라는 이름의 변수에 저장하여 DATASET sumyears를 만드는 것이며, 이때 empcity가 분류변수가 된다.

PROC SORT에서는 sumyears를 totyears에 대해 올림차순으로 정렬하고, PROC PRINT를 이용해 변수 empcity와 totyears를 출력한다. 이때 NOOBS 옵션을 사용하여 OBS 번호는 출력하지 않으며, 시스템 변수 _TYPE_이 1인 관찰값만 출력하기 위하여 WHERE절을 사용하였다. _TYPE_의 값이 0인 경우는 세분류가 한번도 되지 않은 전체자료를 의미하고, 1인 경우는 분류변수 1개에 의해 세분류가 한 번 되었음을 의미한다. 즉 _TYPE_의 값이 크면 세분류가 그만큼 많이 되어 있음을 의미한다.

```
*** sqlug1: User guide chapter 1 examples ***                3
             TOTAL SERVICE YEARS
  Computed with PROCS SUMMARY, SORT AND PRINT

           EMPCITY          TOTYEARS

             Myrtle Beach          1
             Virginia Beach        3
             Wilmington            5
             Charleston            7
             Ocean City           16
```

PROC SUMMARY의 형식

- SUMMARY PROCEDURE는 MEANS PROCEDURE와 같이 숫자형 변수에 대한 각종 기술통계량을 출력하면서 CLASS문에서 지정한 변수들의 수준별로 기술통계량을 구할 수 있으므로 편리하다.
- 옵션 중에서 PRINT는 기술통계량을 출력하는 경우에 사용되며, MAXDEC은 출력시 소수점 자릿수를 n만큼 지정하고, FW는 각 통계량 출력시 필드 폭을 n으로 하며, MISSING은 분류변수에 결측값이 있는 경우에 별도의 그룹을 형성하

고, NWAY는 가장 높은 _TYPE_ 값을 가진 통계량들만을 OUTPUT으로 하는 것이다.

```
PROC SUMMARY DATA=dataname
     PRINT MAXDEC=n FW=n MISSING NWAY 통계량들 ;
 [ WHERE 조건식 ; ]
   CLASS 분류변수명 ;
   VAR variable_names ;
 [ OUPUT OUT=dataname 통계량명=저장변수명 ; ]
RUN;
```

21.4 VIEW의 생성(CREATE문)

```
PROC SQL;
   TITLE2 'EMPLOYEES WHO RESIDE IN OCEAN CITY';

   CREATE VIEW  ocity AS
   SELECT empname, empcity, emptitle, empyears
     FROM employee
     WHERE empcity = 'Ocean City';

PROC PRINT DATA = ocity;
   SUM empyears;
   RUN;
```

위의 프로그램은 CREATE문을 이용하여 이미 생성되어 있는 employee 테이블의 특정 칼럼과 로우를 이용하여 empname, empcity, emptitle, empyears칼럼을 가지는 ocity라는 VIEW를 생성하는 것이다.

PROC SQL의 VIEW는 SELECT문의 실행결과를 실시간으로 저장한다. VIEW 파일은 실제 테이블에 비해 매우 작은 저장공간을 차지하고 있으며, 검색속도도 빠르다. 자주 검색하게 되는 항목들을 미리 VIEW 파일로 만들어 놓으면 검색속도를 높이는데 유용하게 사용된다.

SAS의 DATASET처럼 모든 PROCEDURE에서 VIEW 파일을 읽어들일 수 있다. 즉, VIEW 파일을 가상의 테이블이라 생각하면 된다. 하지만 PROC SQL VIEW는 실제 테이블과는 달리 자료를 포함하고 있지는 않다. 위의 Ocity view는 테이블 employee에서 empcity가 Ocean City인 로우들의 empname, empcity, emptitle, empyears칼럼으로 구성되어 있다.

CREATE문은 결과를 출력하지 않으므로 만들어진 ocity VIEW를 보기 위하여 여기서는 PRINT PROCEDURE를 이용하였으며, SUM문으로 empyears의 합을 출력하도록 하였다.

```
*** sqlug1: User guide chapter 1 examples ***                4
  EMPLOYEES WHO RESIDE IN OCEAN CITY

  OBS    EMPNAME     EMPCITY      EMPTITLE     EMPYEARS

  1     Herb       Ocean City    president        28
  2     Betty      Ocean City    manager           8
  3     Wanda      Ocean City    salesrep         10
  4     Fred       Ocean City    salesrep          6
                                              ========
                                                 52
```

출력결과를 보면 empcity가 Ocean City인 것만 출력되었으며, SUM문에 의해 empyears의 합이 출력되는 것을 볼 수 있다.

CREATE문의 형식 1

- CREATE문을 이용하여 테이블, VIEW, 테이블 내의 칼럼의 인덱스를 작성할 수 있다.
- VIEW 파일은 가상의 테이블이다.
- PROC SQL VIEW는 실제 테이블과는 달리 자료를 포함하고 있지 않다.

```
CREATE VIEW view_filename AS        ;
CREATE TABLE table_name AS          ;
```

제22장 칼럼의 선택

SAS DATA STEP SAS DATA STEP SAS DATA STEP SAS DATA STEP SAS DATA STEP

22.1 Data의 입력

```
DATA paper;
  INPUT author$1-8 section$9-16 title$17-43 @45 time TIME5. @52
        duration;

  FORMAT time TIME5.;
  LABEL title='Paper Title';
  CARDS;
Tom      Testing Automated Product Testing    9:00 35
Jerry    Testing Involving Users              9:50 30
Nick     Testing Plan to test, test to plan   10:30 20
Peter    Info SysArtificial Intelligence      9:30 45
Paul     Info SysQuery Languages              10:30 40
Lewis    Info SysQuery Optimisers             15:30 25
Jonas    Users   Starting a Local User Group  14:30 35
Jim      Users   Keeping power users happy    15:15 20
Janet    Users   Keeping everyone informed    15:45 30
Marti    GraphicsMulti-dimensional graphics   16:30 35
Marge    GraphicsMake your own point!         15:10 35
Mike     GraphicsMaking do without color      15:50 15
Jane     GraphicsPrimary colors, use em!      16:15 25
Jost             Foreign Language Issues      11:15 .
;
```

위의 프로그램에서 DATASET의 이름은 paper이고 변수는 문자변수로는 변수 뒤에 $이 사용된 author, section, title이고 숫자변수로는 time, duration이 있다.

변수 author은 1-8칼럼, 변수 section은 9-16칼럼에 위치한다. 여기에서 title 변수의 값 중 공백이 포함되어 있으므로 title변수를 읽어들일 때에 칼럼을 지정하지 않으면 공백 전까지 읽으므로 첫 번째 값에서 Automated까지만 입력된다. 즉 변수와 변수 사이에 빈칸이 있어 관찰값을 구분해줄 때에는 칼럼번호를 기재할 필요가 없으나 하나의 변수에 빈칸이 들어 있는 관찰값의 경우에는 칼럼을 지정하여 사용하면 된다. 또한 변수 time은 TIME5.으로 지정해 주었다. 여기에서 시간자료의 경우 날짜자료와 마찬가지로 정수로 환산되어 인식되고 시간자료의 단위는 초단위로 기억된다. 여기서는 입력되는 자료의 형태가 시:분의 형태(HH:MM)이므로 TIME FORMAT으로 자릿수를 5자리로 지정하여 TIME5.으로 지정한 것이다.

DATA Step에서 FORMAT문이 사용되면 그 후에 다시 지정하지 않아도 그 형식이 그대로 인식되므로 time변수의 경우 출력될 때마다 time 형식을 지정하지 않도록 하기 위하여 FORMAT time TIME5.; 라고 하면 된다.

LABEL문을 이용하여 title 변수에 설명을 붙였다.

TIME FORMAT의 형식

- TIME FORMAT은 시간자료를 가지는 변수의 형식을 지정해주는 것이다. 시간 자료의 경우 변수 값의 기억형태는 초 단위가 된다.

형 식	의 미	예
TIMEw.d	시간을 hh:mm:ss의 형태로 지정	9:30:15
DATETIMEw.d	날짜와 시간을 ddmmmyy:hh:mm:ss의 형태로 지정	01JAN60:09:30:15
HHMMw.d	hh:mm 형태로 지정	9:30.25
HOURw.d	hh.h 의 시간의 형태로 지정	9.5
MMSSw.d	mm:ss의 분과 초의 형태로 지정 (시간의 경우 분으로 환산됨)	570:15

22.2 칼럼의 선택

```
TITLE2 'Papers to be presented';
SELECT *
  FROM paper;
```

PROC SQL SELECT문은 테이블의 전체 혹은 일부의 칼럼(변수)과 로우(관찰값)를 볼 수 있는 명령어이다. 칼럼과 칼럼사이는 쉼표(,)로 구분하며 SELECT문 뒤에 세미콜론(;)이 없고 질의(Query)의 마지막 줄에만 세미콜론이 붙는다는 것을 주의해야 한다.

위 프로그램은 paper 테이블의 모든 칼럼을 선택하여 출력하는 프로그램이다. 칼럼명을 지정하는 위치에 *라고 하면 테이블 안에 있는 전체 칼럼을 의미한다. 출력 결과는 PROC PRINT와 동일한 결과를 얻게된다.

```
TITLE2 'How long will it take?';
SELECT author, title, time, duration,
       time + duration*60  AS  endtime
    FROM paper;
```

위 프로그램은 칼럼을 지정해 줄 때 직접 수식으로 새로운 변수를 생성하여 지정하는 것도 가능하다는 것을 보여주는 것으로 paper 테이블로부터 author, title, time, duration 칼럼과 (time + duration*60)을 endtime이라는 새로운 칼럼으로 만들어 출력한다. 여기에서 time칼럼은 시간자료의 형태이고, 이도 역시 날짜자료에서와 마찬가지로 정수(초)로 인식된다. 그러므로 이를 토대로 생성된 endtime값 역시 초 단위로 인식되는데 endtime칼럼에 대해서는 시간자료의 형식을 부여하지 않았으므로 초단위로 출력되는 것을 볼 수 있다(endtime칼럼을 생성시 time에 duration을 그냥 더하지 않고, duration*60을 하여 더한 것은 duration칼럼을 분단위로 인식하고 이를 초단위로 고쳐준 것이다).

위 프로그램에서 키워드 AS 다음의 endtime을 칼럼 Alias라고 하며 임시 칼럼에 대한 다른 이름이다.

```
        *** sqlbasic: basic SQL SELECT statements ***              1
                         Papers to be presented

AUTHOR    SECTION   Paper Title                       TIME  DURATION
--------------------------------------------------------------------
Tom       Testing   Automated Product Testing         9:00        35
Jerry     Testing   Involving Users                   9:50        30
Nick      Testing   Plan to test, test to plan       10:30        20
Peter     Info Sys  Artificial Intelligence           9:30        45
Paul      Info Sys  Query Languages                  10:30        40
Lewis     Info Sys  Query Optimisers                 15:30        25
Jonas     Users     Starting a Local User Group      14:30        35
Jim       Users     Keeping power users happy        15:15        20
Janet     Users     Keeping everyone informed        15:45        30
Marti     Graphics  Multi-dimensional graphics       16:30        35
Marge     Graphics  Make your own point!             15:10        35
Mike      Graphics  Making do without color          15:50        15
Jane      Graphics  Primary colors, use em!          16:15        25
```

```
        *** sqlbasic: basic SQL SELECT statements ***              2
                    How long will it take?

AUTHOR    Paper Title                   TIME  DURATION   ENDTIME
--------------------------------------------------------------------
Tom       Automated Product Testing     9:00        35     34500
Jerry     Involving Users               9:50        30     37200
Nick      Plan to test, test to plan   10:30        20     39000
Peter     Artificial Intelligence       9:30        45     36900
Paul      Query Languages              10:30        40     40200
Lewis     Query Optimisers             15:30        25     57300
Jonas     Starting a Local User Group  14:30        35     54300
Jim       Keeping power users happy    15:15        20     56100
Janet     Keeping everyone informed    15:45        30     58500
Marti     Multi-dimensional graphics   16:30        35     61500
Marge     Make your own point!         15:10        35     56700
Mike      Making do without color      15:50        15     57900
Jane      Primary colors, use em!      16:15        25     60000
```

```
SELECT author, title, time,
       duration LABEL='How Long it Takes',
       time + duration*60  AS  endtime FORAMT=TIME5.
  FROM paper;
```

위의 프로그램은 앞의 두 번째 프로그램과 같이 endtime 칼럼이 정수(초)로 출력되지 않고 time 칼럼과 마찬가지로 시간:분의 형태(hh:mm)로 출력되도록 하는 것이다. 형식을 지정할 경우에 칼럼명 뒤에 FORMAT을 쓰면 된다.

```
TITLE2 'Papers presented in the morning';
SELECT author, title, time, duration LABEL='How Long it Takes',
        time + duration*60  AS  endtime FORAMT=TIME5. FROM paper
  WHERE time < '12:00't;
```

위 프로그램은 paper 테이블로부터 time이 12:00 보다 이전인 로우들의 칼럼 author, title, time, duration과 (time + duration*60)을 endtime이라는 새로운 칼럼으로 만들어 출력한다. 위 프로그램에서 duration에 How Long it Takes이라는 라벨을 지정하였으므로 출력결과에는 칼럼이름 대신 지정한 라벨이 출력된다. 또한 WHERE절을 이용하여 조건을 주는데 time 칼럼이 시간 형태이므로 ‘ ’로 묶어주고 뒤에 t라고 붙이게 된다. 즉 time 〈 '12:00't라고 하면 time 칼럼값이 12:00 보다 이전인 로우만을 취하여 출력하게 된다.

SELECT문의 형식 2

- SELECT문안에서 새로운 칼럼을 생성하고자 할 경우 칼럼명을 쓰는 위치에 수식 또는 수식 AS 새 칼럼명을 쓰면 된다.
- 출력되는 칼럼에 칼럼명 대신에 설명을 붙이고자 할 경우에는 칼럼명 LABEL=' 내용'이라고 하면 된다.
- 칼럼에 특정 FORMAT을 지정하고자 할 경우에는 칼럼명 FORMAT = format형식을 하면 된다.

SELECT **칼럼명, 칼럼명** LABEL='**내용**', **칼럼명** FORMAT=**형식, 수식** AS **새 칼럼명** FROM table_name;

```
          *** sqlbasic: basic SQL SELECT statements ***              3
                           How long will it take?

                                                   How Long
AUTHOR    Paper Title                        TIME  it Takes  ENDTIME
---------------------------------------------------------------------
Tom       Automated Product Testing          9:00        35     9:35
Jerry     Involving Users                    9:50        30    10:20
Nick      Plan to test, test to plan        10:30        20    10:50
Peter     Artificial Intelligence            9:30        45    10:15
Paul      Query Languages                   10:30        40    11:10
Lewis     Query Optimisers                  15:30        25    15:55
Jonas     Starting a Local User Group       14:30        35    15:05
Jim       Keeping power users happy         15:15        20    15:35
Janet     Keeping everyone informed         15:45        30    16:15
Marti     Multi-dimensional graphics        16:30        35    17:05
Marge     Make your own point!              15:10        35    15:45
Mike      Making do without color           15:50        15    16:05
Jane      Primary colors, use em!           16:15        25    16:40
```

위 출력결과는 OUTPUT2와 동일하지만 프로그램에서 지정한 FORMAT문에 의해 endtime의 출력형태가 시:분(hh:mm)의 형태로 바뀌어서 출력되었다.

```
          *** sqlbasic: basic SQL SELECT statements ***              4
                    Papers presented in the morning

                                                   How Long
AUTHOR    Paper Title                        TIME  it Takes  ENDTIME
---------------------------------------------------------------------
Tom       Automated Product Testing          9:00        35     9:35
Jerry     Involving Users                    9:50        30    10:20
Nick      Plan to test, test to plan        10:30        20    10:50
Peter     Artificial Intelligence            9:30        45    10:15
Paul      Query Languages                   10:30        40    11:10
```

위 결과는 time값이 12:00보다 이전인 로우들만 출력되었으며, duration에 How Long it Takes이라는 라벨을 지정하였으므로 출력결과에는 칼럼이름대신 지정한 라벨이 출력되었다.

제23장 테이블의 생성

SAS DATA STEP SAS DATA STEP SAS DATA STEP SAS DATA STEP SAS DATA STEP

23.1 테이블의 생성(CREATE문)

```
DATA paper;
 INPUT author$1-8 section$9-16 title$17-43 @45 time TIME5. duration;
 FORMAT time TIME5.;
 LABEL title='Paper Title';
 CARDS;
Tom      Testing Automated Product Testing     9:00 35
(생략)
Jane     GraphicsPrimary colors, use em!      16:15 25
;
```

위의 프로그램은 앞장에서 설명한 바 있는 paper DATASET 을 만드는 것이다.

```
PROC SQL;
 CREATE TABLE p2 LIKE paper;
```

위의 프로그램은 CREATE문을 이용하여 다른 테이블로부터 칼럼이름만을 복사를 해서 새로운 테이블을 생성하는 것으로 paper 테이블의 형식으로 p2라는 테이블을 생성한 것이다.

CREATE TABLE이라고 하면 테이블을 생성하는 것이고, LIKE는 기존의 테이블의 칼럼형식만 이용하여 새로운 테이블을 생성한다. 즉 paper 테이블의 인덱스만 가지고 p2라는 테이블을 생성한다. CREATE문을 결과를 출력하지 않으므로 OUTPUT 윈도우에는 나타나지 않는다. 여기에서 출력하고자 할 경우 SELECT문을 사용하며 마지막에 SELECT * FROM p2; 라고 하면 되나 형식만 복사가 되고 로우는 존재하지 않으므로 출력결과는 없다.

```
CREATE TABLE p3 AS
   SELECT * FROM paper
   WHERE time > '12:00't;
```

앞의 프로그램은 이미 생성된 테이블의 칼럼들을 선택하여 새로운 테이블을 작성하는 것으로 CREATE 문안에 SELECT문을 사용하는 것이다. 즉 paper 테이블에서 time이 12:00 이후인 로우를 선택해서 p3이라는 새로운 테이블을 만드는 것이다. 조건으로 WHERE절을 사용하여 식을 나타내었다. 여기서는 위에서와 달리 LIKE 대신에 AS를 사용하여 해당칼럼뿐만 아니라 로우도 포함된다. 여기서도 역시 출력결과를 보기 위해서 마지막에 SELECT * FROM p3; 라고 하면 OUTPUT 윈도우에 출력된다.

```
CREATE TABLE counts( section CHAR(20),
                     papers  NUM  );
QUIT;
```

위의 프로그램은 SAS DML을 이용해서 새로운 테이블을 만드는 것으로 특정 칼럼을 가지는 새로운 테이블을 생성하는 것이다. 즉 counts 테이블을 생성하는데 section과 papers의 2개의 칼럼으로 구성된다. 또한 section칼럼은 문자형으로 자릿수는 20자리이고, paper칼럼은 숫자형이다.

SQL에서는 프로그램의 마침을 QUIT로써 짓는다.

CREATE문의 형식 2

- CREATE TABLE은 테이블을 생성하는 것으로 출력되지는 않는다.

① CREATE TABLE 생성할 테이블명 LIKE 기 생성된 테이블명;
 :기 생성된 테이블의 인덱스로 새 테이블을 생성하는데 로우는 포함안됨.
② CREATE TABLE 생성할 테이블명 AS
  SELECT column_name FROM 기 생성된 테이블명;
 :기 생성된 테이블의 칼럼을 가지고 새 테이블을 생성하는데 로우가 포함됨.
③ CREATE TABLE table_name (colunm_name column_type ,
  ⋮) ;

결과가 출력되지 않으므로 LIBRARY를 통해서 살펴보면 된다(LIBRARY 아이콘을 더블클릭하면 LIBRARIES 대화상자가 나타나고 WORK를 선택하면 테이블명들이 나타나고 여기서 원하는 테이블명을 클릭하면 된다).

먼저 p2 테이블을 보면 로우가 존재하지 않으므로 ERROR가 발생하지만 다음과 같은 결과를 보여준다. 즉, paper dataset과 동일한 변수만 가지고 있고 관측치는 없는 새로운 p2 dataset을 생성했다.

AUTHOR	SECTION	Paper Title	TIME	DURATION

두 번째의 p3 테이블을 library를 통해서 살펴보면 다음과 같다.

여기에서는 원래의 dataset인 paper에서 time이 12:00 이후인 로우들만 가지고 있는 칼럼만 선택한 것을 볼 수 있다.

	AUTHOR	SECTION	Paper Title	TIME	DURATION
1	Lewis	Info Sys	Query Optimisers	15:30	25
2	Jonas	Users	Starting a Local User	14:30	35
3	Jim	Users	Keeping power users happy	15:15	20
4	Janet	Users	Keeping everyone informed	15:45	30
5	Marti	Graphics	Multi-dimensional graphics	16:30	35
6	Marge	Graphics	Make your own point!	15:10	35
7	Mike	Graphics	Making do without color	15:50	15
8	Jane	Graphics	Primary colors, use em!	16:15	25

세 번째의 counts 테이블의 결과를 library를 통해서 살펴보면 다음과 같다.

길이가 20 이하인 문자값을 넣을 수 있는 section 칼럼과 숫자를 가질 수 있는 papers칼럼이 생성되었다.

SECTION	PAPERS

제24장 관찰값 삽입하기(INSERT문)

24.1 테이블에 관찰값의 삽입(INSERT문)

```
PROC SQL;
 INSERT INTO paper(author, title, time)
     VALUES('Jost', 'Foreign Language Issues', '11:15't);
 TITLE2 'After inserting Jost';
 SELECT * FROM paper;
```

위 프로그램은 이미 존재하는 paper이라는 테이블에 새로운 로우(관찰값)를 삽입하는 것이다. 새로운 로우를 삽입하기 위하여 INSERT문을 사용하였으며 INSERT INTO 테이블명(칼럼명들)이라 하고, 새로 삽입되는 로우는 VALUES를 사용하면 된다. 여기에서 테이블명 다음의 칼럼명과 VALUES의 값은 서로 매치가 되어야 하며 문자값의 경우 ' ' 사이에 넣어주고 숫자값은 그대로 써주며 값과 값 사이는 ,로 구분해 주면 된다.

Paper 테이블에 author, title, time 칼럼에 각각 'Jost', 'Foreign Language Issues', '11:15'라는 값으로 새로운 로우를 만든다. 여기서 문자값은 ' '사이에 쓰고 time 칼럼값은 숫자인데 시간의 형식이므로 ' 't라고 지정한 것을 볼 수 있다. 또한 paper 테이블에 존재하는데 값을 주지 않은 칼럼은 결측값으로 들어간다. 즉 section, duration 칼럼값은 결측값을 가진다.

INSERT문은 결과를 출력하지 않으므로 SELECT문을 이용하여 출력한다.

```
CREATE TABLE counts( section CHAR(20), papers NUM );
INSERT INTO counts
    SELECT section, COUNT(*)    FROM paper
    GROUP BY section;
```

```
TITLE2 'Papers counted by section';
SELECT * FROM counts;
```

위의 프로그램은 CREATE문을 이용하여 새로운 테이블을 만든 후에 이미 존재하는 테이블의 특정값을 취하여 그 값으로 로우를 생성하는 것이다. 즉 section과 papers칼럼으로 구성된 새로운 counts라는 테이블을 만들고, paper 테이블로부터 section칼럼과 section칼럼값의 종류에 따라 카운트한 결과를 papers칼럼에 넣는 것이다.

먼저 CREATE문을 이용하여 20자리의 문자형 칼럼 section과 숫자형 칼럼 papers로 구성된 counts 테이블을 생성한다.

INSERT문을 이용하여 counts 테이블에 로우를 입력하는데 입력방식은 SELECT section, COUNT(*) FROM paper GROUP BY section에 의한다. GROUP절은 해당 칼럼에 의해서 집단으로 분류하는 것으로 동일한 값을 가지는 로우들을 같은 집단으로 분류하는데 여기서는 section칼럼을 지정하였으므로 Testing, Info Sys, Users, Graphics, 결측값 등 5가지로 분류된다. Paper 테이블에서 section칼럼과 COUNT함수에 의해 카운트한 결과를 각 취하는데 section칼럼값에 의해 그룹화되어 있으므로 section값이 같은 로우들의 수를 카운트하게 된다.

CREATE문과 INSERT문은 결과를 출력하지 않으므로 SELECT문을 이용하여 counts 테이블의 내용을 출력한다.

INSERT문의 형태 1

- 테이블에 새로운 로우를 추가하는 것이다.
- 추가하는 칼럼명의 수와 VALUES에 제시되는 값의 개수는 동일하여야 하며, 값과 값사이는 ,로 구분해준다.
- 테이블에 존재하는 칼럼의 수보다 추가하는 칼럼이 적은 경우에 나머지 칼럼은 결측값을 가지게 된다.

```
INSERT INTO 테이블명 (칼럼명1[, 칼럼명2, …], 칼럼명n)
  VALUES('값1'[,'값2', …], '값n') ; 1개의 로우를 추가하는 경우
 INSERT INTO 테이블명1
   SELECT 칼럼명, COUNT(*) FROM 테이블명2
   GROUP BY  칼럼명 ;
```

```
      *** sqlinsrt: basic SQL insert statements ***                1
                      After inserting Jost

    AUTHOR     SECTION    Paper Title                 TIME  DURATION
    ------------------------------------------------------------------
    Tom        Testing    Automated Product Testing    9:00        35
    Jerry      Testing    Involving Users              9:05        30
    Nick       Testing    Plan to test, test to plan  10:03        20
    Peter      Info Sys   Artificial Intelligence      9:03        45
    Paul       Info Sys   Query Languages             10:03        40
    Lewis      Info Sys   Query Optimisers            15:03        25
    Jonas      Users      Starting a Local User Grou  14:03        35
    Jim        Users      Keeping power users happy   15:01        20
    Janet      Users      Keeping everyone informed   15:04        30
    Marti      Graphics   Multi-dimensional graphics  16:03        35
    Marge      Graphics   Make your own point!        15:01        35
    Mike       Graphics   Making do without color     15:05        15
    Jane       Graphics   Primary colors, use em!     16:01        25
    Jost                  Foreign Language Issues     11:15         .
```

위의 결과를 보면 원래 존재했던 paper 테이블의 마지막에 새로운 로우가 하나 더 추가되었음을 알 수가 있다. Author, title, time칼럼에 각각 Jost, Foreign Language Issues, 11:15가 삽입되었으며, 값을 지정해주지 않은 section, duration칼럼은 결측값(문자는 공백, 숫자는 .)인 것을 볼 수 있다.

```
      *** sqlinsrt: basic SQL insert statements ***                2
                   Papers counted by section

                SECTION                 PAPERS
                ------------------------------
                                             1
                Graphic                      4
                Info Sy                      3
                Testing                      3
                Users                        3
```

출력결과를 보면 각 section에 대해 grouping 시킨 다음 로우들의 개수를 출력한 것을 볼 수가 있다. 여기에서 첫 번째 로우를 보면 OUTPUT 1에서 새로이 추가된 마지막 로우는 section칼럼이 결측값이므로 section값이 결측값인 도수는 1이므로 papers값이 1이 된다.

제25장 관찰값의 삭제(DELETE문)

SAS DATA STEP SAS DATA STEP SAS DATA STEP SAS DATA STEP SAS DATA STEP

25.1 테이블 생성

```
PROC SQL;
  CREATE TABLE counts( section CHAR(20), papers NUM );
  INSERT INTO counts VALUES('Graphics', 4)
                     VALUES('Info Sys', 3)
                     VALUES('Testing',  2)
                     VALUES('Users',     3)
                     VALUES('',          1)     ;
  TITLE2 ' Before Deleting FROM Counts';
  SELECT * FROM counts;
```

위 프로그램은 CREATE문을 이용하여 테이블의 모양을 생성한 후 INSERT문을 이용하여 해당 칼럼에 로우를 삽입하는 것이다. 먼저 CREATE문을 이용하여 문자값을 저장할 수 있는 section칼럼과 숫자를 저장할 수 있는 papers칼럼으로 counts 테이블을 만든다. INSERT문을 이용하여 counts 테이블에 로우를 저장하는데 VALUES에서 문자값은 ' '에 써주어야 하며 목록에 있는 개수와 나열해 주는 값의 개수는 같으면 된다. 여기에서 결측값을 넣는 경우 문자값인 경우에는 공백을 넣어주면 되고 값과 값 사이는 ,로 구분해 주면 된다. 이렇게 생성된 counts 테이블을 SELECT문을 이용하여 출력한다.

```
*** sqldelte: basic SQL delete statements ***            1
          Before Deleting from Counts
         SECTION                     PAPERS
         -------------------------------
         Graphics                         4
         Info Sys                         3
         Testing                          2
         Users                            3
                                          1
```

출력결과를 보면 새로이 생성된 counts테이블의 모든 section과 papers의 칼럼 값들이 출력되었다. 마지막 section칼럼의 값이 공백인 것을 볼 수 있다.

25.2 관찰값의 삭제(DELETE문)

```
DELETE FROM counts
  WHERE section IS null;

  TITLE2 'After Deleting WHERE section is null';
  SELECT * FROM counts;
```

DELETE문은 테이블에서 특정한 로우를 삭제한다. 이때 어떤 로우를 삭제할 것인가를 결정하기 위해서 WHERE절의 조건을 사용한다. 위 프로그램은 counts라는 테이블에서 section이 공백(null)인 것만 선택을 하여 삭제하는 질의문이다. 여기에서 WHERE절이 생략되면 전체 테이블의 데이터가 삭제된다.

DELETE문에서도 결과가 출력되지 않으므로 SELECT문을 이용하여 출력한다.

```
  DELETE FROM counts
   WHERE papers = ( SELECT MIN(papers) FROM counts );

  TITLE2 'After deleting sections with fewest papers';
  SELECT * FROM counts;
QUIT;
```

위 프로그램은 DELETE문을 이용하여 로우를 삭제하는 WHERE 조건절에 SELECT문을 이용하는 것이다. 즉 counts 테이블에서 papers값이 가장 작은 로우를 삭제하는 것이다.

WHERE절을 살펴보면 조건은 papers칼럼의 값이 SELECT MIN(paper) FROM counts인 것이고, SELECT문에서 보면 counts 테이블에서 papers칼럼의 값이 가장 작은 것이므로 2가 되어 결국은 WHERE papers=2가 된다.

가장 작은 칼럼값을 찾아내기 위해서 MIN함수를 사용한다.

```
        *** sqldelte: basic SQL delete statements ***            2
            After Deleting where section is null

               SECTION                   PAPERS
               ------------------------------
               Graphics                       4
               Info Sys                       3
               Testing                        2
               Users                          3
```

OUTPUT1과 비교하여 보면 마지막 로우의 section칼럼값이 결측값이므로 마지막로우가 삭제되었음을 확인할 수 있다.

```
        *** sqldelte: basic SQL delete statements ***            3
          After deleting sections with fewest papers

               SECTION                   PAPERS
               ------------------------------
               Graphics                       4
               Info Sys                       3
                Users                         3
```

OUTPUT2와 비교하여 보면 papers칼럼값이 최소인 3번째 로우가 삭제되고 나머지 3개의 로우만 출력되는 것을 볼 수 있다. 만약 MIN 대신 MAX를 사용하면 첫번째 로우가 삭제된다.

DELETE문의 형태

- DELETE문은 테이블에서 조건에 맞는 로우를 삭제하는 명령어이다.

```
DELETE FROM table_name
     WHERE 조건식;
```

제26장 테이블의 결합

SAS DATA STEP SAS DATA STEP SAS DATA STEP SAS DATA STEP SAS DATA STEP

26.1 두 개의 테이블에서 동일한 관찰값 구하기(SELECT문)

```
 DATA paper;
 INPUT author$1-8 section$9-16 title$17-43 @45 time TIME5. duration;
 FORMAT time time5.;
 LABEL title='Paper Title';
 CARDS;
Tom     Testing Automated Product Testing    9:00 35
Jerry   Testing Involving Users              9:50 30
Nick    Testing Plan to test, test to plan  10:30 20
Peter   Info SysArtificial Intelligence      9:30 45
Paul    Info SysQuery Languages             10:30 40
Lewis   Info SysQuery Optimisers            15:30 25
Jonas   Users   Starting a Local User Group 14:30 35
Jim     Users   Keeping power users happy   15:15 20
Janet   Users   Keeping everyone informed   15:45 30
Marti   GraphicsMulti-dimensional graphics  16:30 35
Marge   GraphicsMake your own point!        15:10 35
Mike    GraphicsMaking do without color     15:50 15
Jane    GraphicsPrimary colors, use em!     16:15 25
;
```

```
DATA section;
 INPUT section$1-8 room$ convenor$;
 CARDS;
Graphics  Sable  Denise
Info Sys  Kudu   Peter
Testing   Sable  Jenny
Users     Kudu   Sally
;
```

```
DATA roundt;
  INPUT leader$1-8 subject$9-30;
  LABEL subject='Roundtable Subject';
```

```
 CARDS;
Mary    External DBMS's
Nick    Testing Networks
Jerry   User Specifications
Peter   Selling Solutions
Jim     Distasteful Jokes
Marge   Designing Fonts
;
```

3개의 DATASET을 만드는 프로그램을 paper DATASET은 author, section, title, time, duration으로 구성되어 있고, section DATASET은 section, room, convenor 변수로 구성되어 있으며 roundt DATASET은 leader, subject변수로 구성되어 있다.

```
PROC SQL;
 TITLE2 'Papers and Roundtables';
 SELECT author, title, subject
   FROM paper, roundt
  WHERE author = leader;
```

위 프로그램은 두 개의 테이블에서 특정 칼럼값이 동일한 경우 이를 출력하는 것이다. 즉, 위 프로그램은 paper, roundt 테이블에서 칼럼 author, title, subject를 가지는 출력 테이블을 만드는데 이때 author=leader인 경우에만 즉, 두 칼럼의 값이 서로 같은 값을 가질 때에만 출력 테이블에 포함되어 SAS OUTPUT 윈도우로 출력된다. SELECT문에서 2개 이상의 테이블을 지정할 경우에는 FROM 다음에 , 을 이용하여 나열해 주면 되고 WHERE절에서 author칼럼값이 leader칼럼값과 동일하면 paper 테이블의 author칼럼값과 roundt 테이블의 leader칼럼값이 동일한 로우만 골라서 author, title, subject칼럼을 출력한다.

```
        *** sqlinsrt: basic SQL join statements ***           1
                  Papers and Roundtables

 AUTHOR    Paper Title                  Roundtable Subject
------------------------------------------------------------
  Jerry     Involving Users              User Specifications
  Nick      Plan to test, test to plan   Testing Networks
  Peter     Artificial Intelligence      Selling Solutions
  Jim       Keeping power users happy    Distasteful Jokes
  Marge     Make your own point!         Designing Fonts
```

결과를 보면 paper, roundt 테이블에서 칼럼 author, title, subject를 가지는 출력 테이블을 만드는데 이때 author=leader인 경우에만 즉, 두 칼럼의 값이 서로 같은 값을 가지는 로우 5개만 출력되었다.

26.2 두 개의 테이블에서 특정 칼럼을 이용한 결합

```
TITLE2 'Paper and Roundtable Discussions';
SELECT author, title, subject
  FROM paper FULL JOIN roundt
    ON author = leader;
```

위 프로그램은 2개의 테이블을 JOIN을 이용해 결합하여 출력하는 것이다. 즉 paper 테이블과 roundt 테이블을 결합하는데 author칼럼과 leader칼럼은 같은 경우에는 같은 로우로 인식하여 합친 다음 author, title, subject칼럼을 출력하는 것이다. 이때 author칼럼값과 leader칼럼값이 동일한 경우에는 같은 로우로 인식된다. 그러므로 paper 테이블에만 존재하는 경우에는 subject값은 결측값을 가지고 roundt 테이블에만 존재하는 경우에는 author, title칼럼값이 결측값을 가진다. 또한 양쪽 테이블에 존재하는 경우에는 author, title, subject 값을 전부 갖는다.

```
TITLE2 "What's being presented and who's responsible?";
SELECT COALESCE(author, leader) AS  person, title, subject
     FROM paper FULL JOIN roundt
     ON author = leader;
```

앞의 프로그램은 바로 전의 경우와 비교하여 살펴보면 COALESCE함수를 사용하여 새로운 칼럼을 생성하여 출력하는 것이다. COALESCE함수는 괄호 안의 내용을 합쳐서 AS 다음의 칼럼에 넣는 것으로 person칼럼은 생성하는데 author칼럼값이 존재하는 경우에는 author칼럼값이 person칼럼값으로 인식하고, leader칼럼에만 존재하는 값의 경우 leader칼럼값이 person칼럼값으로 인식된다. 그러므로 leader 값이 Mary인 경우 위 프로그램은 author칼럼값이 결측값이 되었지만 여기서는 person칼럼값이 Mary를 가진다.

```
*** sqlinsrt: basic SQL join statements ***                    2
     Paper and Roundtable Discussions
AUTHOR    Paper Title                       Roundtable Subject
----------------------------------------------------------------
 Jane      Primary colors, use em!
 Janet     Keeping everyone informed
 Jerry     Involving Users                  User Specifications
 Jim       Keeping power users happy        Distasteful Jokes
 Jonas     Starting a Local User Group
 Lewis     Query Optimisers
 Marge     Make your own point!             Designing Fonts
 Marti     Multi-dimensional graphics
                                            External DBMS's
 Mike      Making do without color
 Nick      Plan to test, test to plan       Testing Networks
 Paul      Query Languages
 Peter     Artificial Intelligence          Selling Solutions
 Tom       Automated Product Testing
```

출력결과를 보면 OUTPUT 1에 해당하는 로우들은 세 개의 칼럼값에 결측값이 없으며(5개), paper 테이블에만 존재하는 Author의 경우에는 subject칼럼값이 결측값을 가지며 roundt 테이블에만 존재하는 leader칼럼값의 경우 author, title 칼럼값은 결측값이 되는 것을(1개) 볼 수 있다. 여기서 문자형이므로 결측값은 공백이다.

```
       *** sqlinsrt: basic SQL join statements ***             3
       What's being presented and who's responsible?
PERSON    Paper Title                       Roundtable Subject
----------------------------------------------------------------
 Jane      Primary colors, use em!
 Janet     Keeping everyone informed
 Jerry     Involving Users                  User Specifications
 Jim       Keeping power users happy        Distasteful Jokes
 Jonas     Starting a Local User Group
 Lewis     Query Optimisers
 Marge     Make your own point!             Designing Fonts
 Marti     Multi-dimensional graphics
 Mary                                       External DBMS's
 Mike      Making do without color
 Nick      Plan to test, test to plan       Testing Networks
 Paul      Query Languages
 Peter     Artificial Intelligence          Selling Solutions
 Tom       Automated Product Testing
```

출력결과를 보면 person, title, subject칼럼이 출력되었으며 OUTPUT 2와 비교해 보면 9번째 로우가 다른 것을 볼 수 있다. COALESCE함수를 사용하여 leader 칼럼값이 들어간 것을 볼 수 있다.

26.3 SELECT문을 이용한 2개의 테이블의 결합

```
TITLE2 'Papers to try next';
SELECT p.author LABEL='Just Heard',
       n.author LABEL='Then Try', n.title, n.section, n.time
  FROM paper p, paper n
 WHERE n.time BETWEEN p.time + p.duration*60
                 AND p.time + (30+p.duration)*60 ;
```

위의 프로그램은 아래 프로그램을 이해하기 위해서 먼저 간단한 형태로 제시한 것으로 같은 테이블을 결합하는 것이다. 여기서 하나의 테이블을 각기 인식해야 하는데 테이블명은 paper 하나이므로 이를 약어를 사용하여 하나의 paper 테이블은 p로, 또 하나의 paper 테이블은 n으로 명명한다(p와 n을 테이블 Alias라고 한다).

테이블 Alias는 FROM 테이블명 AS 테이블 Alias명으로 사용하나 AS는 생략 가능하므로 FROM paper p, paper n이라 하면 p와 n은 각각 paper 테이블로 인식한다.

N, p 테이블을 구성하는 칼럼이 통일하므로 어느 테이블의 칼럼인지를 지정해주기 위해서 테이블 칼럼명을 사용한다. 그러므로 WHERE절 이전까지 보면 p 테이블의 author칼럼과 n 테이블의 author, title, section, time칼럼을 출력하는데 WHERE절에서 보면 n 테이블의 time칼럼값이 p.time+p.duration*60과 p.time+(30+p.duration)* 60사이에 해당하는 값만 출력하는 것이다.

```
TITLE2 'Papers to try next';
SELECT p.author LABEL='Just Heard',
       n.author LABEL='Then Try', n.title, n.section, n.time
  FROM paper p, paper n
 WHERE n.time BETWEEN p.time + p.duration*60
                 AND p.time + (30+p.duration)*60
 ORDER BY p.author;
```

위의 프로그램은 바로 전 단계의 결과를 얻은 후에 p 테이블의 author칼럼에 의해 올림차순으로 정렬시킨 것이다.

```
          *** sqlinsrt: basic SQL join statements ***
                     Papers to try next
Just
Heard     Then Try  Paper Title                   SECTION     TIME
----------------------------------------------------------------
Tom       Jerry     Involving Users               Testing     9:50
Jerry     Nick      Plan to test, test to plan    Testing    10:30
Jerry     Paul      Query Languages               Info Sys   10:30
Peter     Nick      Plan to test, test to plan    Testing    10:30
Peter     Paul      Query Languages               Info Sys   10:30
Lewis     Jane      Primary colors, use em!       Graphics   16:15
Jonas     Lewis     Query Optimisers              Info Sys   15:30
Jonas     Jim       Keeping power users happy     Users      15:15
Jonas     Marge     Make your own point!          Graphics   15:10
Jim       Janet     Keeping everyone informed     Users      15:45
Jim       Mike      Making do without color       Graphics   15:50
Janet     Marti     Multi-dimensional graphics    Graphics   16:30
Janet     Jane      Primary colors, use em!       Graphics   16:15
Marge     Janet     Keeping everyone informed     Users      15:45
Marge     Mike      Making do without color       Graphics   15:50
Marge     Jane      Primary colors, use em!       Graphics   16:15
Mike      Marti     Multi-dimensional graphics    Graphics   16:30
Mike      Jane      Primary colors, use em!       Graphics   16:15
```

```
          *** sqlinsrt: basic SQL join statements ***              4
                     Papers to try next
Just
Heard     Then Try  Paper Title                   SECTION     TIME
----------------------------------------------------------------
Janet     Jane      Primary colors, use em!       Graphics   16:15
Janet     Marti     Multi-dimensional graphics    Graphics   16:30
Jerry     Paul      Query Languages               Info Sys   10:30
Jerry     Nick      Plan to test, test to plan    Testing    10:30
Jim       Mike      Making do without color       Graphics   15:50
Jim       Janet     Keeping everyone informed     Users      15:45
Jonas     Marge     Make your own point!          Graphics   15:10
Jonas     Jim       Keeping power users happy     Users      15:15
Jonas     Lewis     Query Optimisers              Info Sys   15:30
Lewis     Jane      Primary colors, use em!       Graphics   16:15
Marge     Mike      Making do without color       Graphics   15:50
Marge     Janet     Keeping everyone informed     Users      15:45
Marge     Jane      Primary colors, use em!       Graphics   16:15
Mike      Jane      Primary colors, use em!       Graphics   16:15
Mike      Marti     Multi-dimensional graphics    Graphics   16:30
Peter     Paul      Query Languages               Info Sys   10:30
Peter     Nick      Plan to test, test to plan    Testing    10:30
Tom       Jerry     Involving Users               Testing     9:50
```

26.4 3개 이상의 테이블 결합

```
TITLE2 'Very Busy Persons';
SELECT DISTINCT author
   FROM paper, section, roundt
  WHERE author=convenor AND author=leader;
```

위 프로그램은 3개 이상의 테이블을 결합한 예로 paper, section, roundt 테이블에서 author값이 convenor값과 같으면서 author값과 leader값이 같은 로우의 author를 출력하는 질의문이다. 예에서 키워드 DISTINCT가 사용되었는데 이 명령어는 결과 테이블에서 중복된 결과를 제거하는 명령어이다.

```
TITLE2 'Composite Roster';
SELECT COALESCE(author,convenor,leader) AS  person,
        title LABEL='Gives Paper:',
        section.section LABEL='Convenes Section:',
        subject LABEL='Leads Roundtable on:'
  FROM paper FULL JOIN section ON author=convenor
             FULL JOIN roundt
                 ON COALESCE(author, convenor)=leader
  ORDER BY 1;
QUIT;
```

위 프로그램은 paper 테이블과 section 테이블을 author와 convenor가 동일한 경우에 결합하며 이를 다시 leader와 같은 경우에 한해서 roundt 테이블과 결합할 때 person의 칼럼값은 author, convenor, leader의 순으로 우선하며 person, title, section 테이블의 section칼럼, subject칼럼이 출력된다. ORDER절을 보면 ORDER BY 1이라 하며 칼럼명이 아닌 position 번호를 지정할 수도 있음을 보여준다. 첫 번째 position은 SELECT문에서 처음 나온 person칼럼이 된다.

```
       *** sqlinsrt: basic SQL join statements ***        5
                    Very Busy Persons
                         AUTHOR
                        --------
                         Peter
```

결과를 보면 paper, section, roundt 테이블에서 author, convenor, leader칼럼에 모두 존재하는 peter만 출력되는 것을 볼 수 있다.

```
          *** sqlinsrt: basic SQL join statements ***          6
                        Composite Roster

                                      Convenes
PERSON    Gives Paper:                Section:  Leads Roundtable on:
------------------------------------------------------------------
Denise                                 Graphics
Jane      Primary colors, use em!
Janet     Keeping everyone informed
Jenny                                  Testing
Jerry     Involving Users                       User Specifications
Jim       Keeping power users happy             Distasteful Jokes
Jonas     Starting a Local User Group
Lewis     Query Optimisers
Marge     Make your own point!                   Designing Fonts
Marti     Multi-dimensional graphics
Mary                                             External DBMS's
Mike      Making do without color
Nick      Plan to test, test to plan             Testing Networks
Paul      Query Languages
Peter     Artificial Intelligence      Info Sys  Selling Solutions
Sally                                  Users
Tom       Automated Product Testing
```

Paper 테이블과 section 테이블을 author와 convenor값이 동일한 경우에 결합하며 이를 다시 leader값과 같은 경우에 한해서 roundt 테이블과 결합한다. 이렇게 해서 얻어진 결과는 person칼럼에 의해 올림차순으로 정렬된 것을 볼 수 있다.

제27장 테이블에서 자료갱신

27.1 테이블에서 자료의 갱신(UPDATE문)

```
PROC SQL;

UPDATE paper SET section='Users' WHERE author='Jost';

TITLE2 'After updating section for Jost';
SELECT * FROM paper;
```

위 프로그램은 UPDATE문을 이용하여 이미 존재하고 있던 테이블의 로우를 변경시키는 것이다. 즉 paper 테이블에서 author칼럼값이 Jost인 로우의 section칼럼값을 User's로 갱신하는 프로그램이다. UPDATE문은 결과를 출력하지 않으므로 SELECT문을 이용하여 paper 테이블의 내용을 출력한다.

```
RESET UNDO_POLICY=OPTIONAL;

 UPDATE paper
    SET duration = ( SELECT AVG(duration) FROM paper )
  WHERE author = 'Jost';

 RESET UNDO_POLICY=REQUIRED;
 TITLE2 'After updating duration for Jost to AVG(duration)';
 SELECT * FROM paper WHERE author='Jost';
```

위 프로그램에서 RESET문은 SQL PROCEDURE를 초기상태로 만드는 명령어이다. 만약 이전에 실행된 SQL 질의문에서 옵션을 변경하였다면 RESET문에 의해 옵션이 디폴트 상태로 바뀌게 된다.

위 프로그램은 paper 테이블에서 author칼럼값이 Jost인 경우 duration칼럼값을 테이블 전체 duration의 평균값으로 갱신하는 것이다. AVG함수는 평균을 구하는 함수로 SELECT AVG(duration) FROM paper라고 하면 paper 테이블에서 duration칼럼들의 평균을 구해준다. 출력을 하기 위해 SELECT문을 이용하는데 author칼럼값이 Jost인 것만 출력하기 위해 WHERE절을 사용한다.

```
        *** sqlupdte: basic SQL update statements ***              1
              After updating section for Jost

   AUTHOR    SECTION   Paper Title                    TIME  DURATION
   -----------------------------------------------------------------
   Tom       Testing   Automated Product Testing      9:00        35
   Jerry     Testing   Involving Users                9:50        30
   Nick      Testing   Plan to test, test to plan    10:30        20
   Peter     Info Sys  Artificial Intelligence        9:30        45
   Paul      Info Sys  Query Languages               10:30        40
   Lewis     Info Sys  Query Optimisers              15:30        25
   Jonas     Users     Starting a Local User Group   14:30        35
   Jim       Users     Keeping power users happy     15:15        20
   Janet     Users     Keeping everyone informed     15:45        30
   Marti     Graphics  Multi-dimensional graphics    16:30        35
   Marge     Graphics  Make your own point!          15:10        35
   Mike      Graphics  Making do without color       15:50        15
   Jane      Graphics  Primary colors, use em!       16:15        25
   Jost      Users     Foreign Language Issues       11:15         .
```

위는 첫 번째 프로그램의 결과로 원래의 paper 테이블에서 author칼럼값이 Jost일 때 section칼럼값은 결측값이었지만 그 값에 User's값을 UPDATE 했으므로 위와 같은 출력결과를 볼 수 있다.

```
           *** sqlupdte: basic SQL update statements ***           2
        After updating duration for Jost to AVG(duration)

   AUTHOR    SECTION   Paper Title                    TIME  DURATION
   -----------------------------------------------------------------
   Jost      Users     Foreign Language Issues       11:15        30
```

위 결과는 paper 테이블에서 author칼럼값이 Jost인 경우에 duration칼럼을 테이블 전체 duration의 평균값으로 갱신하여 출력하였다. 여기서 Jost의 duration 칼럼값은 결측값이었지만 30으로 갱신된 것을 볼 수 있다.

```
UPDATE paper
    SET time = time + '0:30't;

  TITLE2 'After adding 30 minutes to the start times';
  SELECT * FROM paper;
QUIT;
```

위 프로그램은 테이블에서 특정 칼럼의 값을 변경시키는 것이다. 즉 paper 테이블에서 time칼럼값을 기존의 값에 30분을 더하여 갱신하는 것이다. Time칼럼은 시간자료이므로 값 뒤에 t가 붙는다. SELECT문을 이용하여 paper 테이블을 출력한다.

```
          *** sqlupdte: basic SQL update statements ***            3
           After adding 30 minutes to the start times

AUTHOR    SECTION    Paper Title                     TIME  DURATION
--------------------------------------------------------------------
Tom       Testing    Automated Product Testing       9:30        35
Jerry     Testing    Involving Users                10:20        30
Nick      Testing    Plan to test, test to plan     11:00        20
Peter     Info Sys   Artificial Intelligence        10:00        45
Paul      Info Sys   Query Languages                11:00        40
Lewis     Info Sys   Query Optimisers               16:00        25
Jonas     Users      Starting a Local User Group    15:00        35
Jim       Users      Keeping power users happy      15:45        20
Janet     Users      Keeping everyone informed      16:15        30
Marti     Graphics   Multi-dimensional graphics     17:00        35
Marge     Graphics   Make your own point!           15:40        35
Mike      Graphics   Making do without color        16:20        15
Jane      Graphics   Primary colors, use em!        16:45        25
Jost      Users      Foreign Language Issues        11:45        30
```

위 결과를 OUTPUT 1과 비교하여 보면 time칼럼은 처음 time칼럼값에 각각 30분씩 더한 값으로 갱신된 것을 볼 수 있다.

제28장 SQL PROCEDURE의 기본형식 2

SAS DATA STEP SAS DATA STEP SAS DATA STEP SAS DATA STEP SAS DATA STEP

28.1 DATASET의 생성

이 장에서 사용될 DATASET을 먼저 살펴보면 다음과 같다.

```
DATA invoice;
   INPUT invnum custname $ 6-15 custnum empnum prodname $ 28-37
     invqty invprice;
   FORMAT invprice DOLLAR.;
   CARDS;
 280  Beach Land   16  215  snorkel      20    14
 290  Beach Land   16  216  flippers     15    19
(생략)
 560  Surf Mart   127  314  flippers     25    19
 570  Surf Mart   127  314  surfboard     3   740
 RUN;
```

위의 프로그램은 invoice DATASET을 만드는 것으로 invnum, custname, custnum, empnum, prodname, invqty, invprice변수로 구성되어 있다. 또한 FORMAT문을 사용하여 invprice변수가 출력될 때마다 변수값 앞에 $표시가 붙도록 하는데 매번 지정하지 않도록 DATA Step에서 FORMAT invprice DOLLAR.; 이라고 하였다.

```
DATA product;
   INPUT prodname $ 1-10 prodcost prodlist;
   FORMAT prodcost prodlist DOLLAR.;
   CARDS;
flippers      16    20
jet ski     2150  2675
       (생략)
surfboard    615   750
windsurfer  1090  1325
RUN;
```

위의 프로그램은 product DATASET을 만드는 것으로 prodname, prodcost, prodlist변수로 구성되어 있다. 또한 FORMAT문을 사용하여 prodcost, prodlist변수가 출력될 때마다 변수값 앞에 $표시가 붙도록 하는데 매번 지정하지 않도록 DATA Step에서 FORMAT prodcost prodlist DOLLAR.; 이라고 하였다.

```
DATA customer;
   INPUT custname $ 1-10 custnum custcity $ 22-36;
   CARDS;
Beach Land        16   Ocean City
Coast Shop         3   Myrtle Beach
             (생략)
Surf Mart        127   Ocean Isle
Surf Mart        133   Charleston
RUN;
```

위의 프로그램은 custname, custnum, custcity변수로 구성된 customer DATASET을 만드는 것이다. 여기서 custname, custcity변수는 변수값 내에 공백이 있으므로 칼럼을 일정하게 정렬한 후에 변수명 뒤에 시작 칼럼과 끝 칼럼을 지정한 것을 볼 수 있다.

```
DATA employee;
  INPUT empnum empname $ empyears empcity $ 20-34
        emptitle $ 36-45 empboss;
  CARDS;
101   Herb     28  Ocean City      president     .
201   Betty     8  Ocean City      manager     101
                   (생략)
401   Chuck    12  Charleston      manager     101
417   Sam       7  Charleston      salesrep    401
RUN;
```

위의 프로그램은 empnum, empname, empyears, empcity, emptitle, empboss변수로 구성된 employee DATASET을 만드는 것이다. 여기서 empcity변수는 변수값 내에 공백이 있으므로 칼럼을 일정하게 정렬한 후에 변수명 뒤에 시작 칼럼과 끝 칼럼을 지정한 것을 볼 수 있다. 또한 emptitle변수의 경우에는 결측값이 공백이므로 칼럼을 지정한 것이다.

```
PROC PRINT DATA=product NOOBS;
RUN;
```

위의 프로그램은 여러 DATASET중에서 product DATASET을 출력한 것이다. 위에서 DATA=product를 지정해주지 않으면 가장 마지막에 생성된 employee DATASET이 출력된다.

또한 NOOBS 옵션을 사용하여 OBS번호가 출력되지 않도록 하였다.

```
*** sqlug2: SQL User Guide chapter two examples ***                1

                PRODNAME     PRODCOST          PRODLIST

                flippers          $16             $20
                jet ski       $2,150          $2,675
                kayak            $190            $240
                raft               $5              $7
                snorkel           $12             $15
                surfboard        $615            $750
                windsurfer    $1,090          $1,325
```

위의 출력결과를 보면 앞에 OBS번호가 찍히지 않은 것을 볼 수 있으며, prodcost, prodlist변수의 경우 특별한 FORMAT을 적용하지 않았는데 변수값 앞에 $표시가 붙은 것을 볼 수 있다(보통은 PRINT PROCEDURE에서 FORMAT prodcost prodlist DOLLAR.;라고 지정해 주어야 위와 같은 출력결과가 나온다). 이는 앞에서 product DATASET을 생성시 DATA Step에서 FORMAT prodcost prodlist DOLLAR.; 이라고 하였기 때문이다.

28.2 SELECT문을 이용한 칼럼의 지정

```
PROC SQL;
    TITLE2 'List Prices and Product Names';
    SELECT prodlist, prodname
      FROM product;
```

SELECT문은 테이블 혹은 VIEW파일로부터 검색하고자 하는 칼럼(변수)를 지정한다. 칼럼은 SELECT문에서 지정한 순서대로 출력되며 테이블의 칼럼에 대한 연산도 이곳에서 이루어진다.

위 프로그램은 product 테이블에서 prodlist와 prodname칼럼을 선택하여 출력하는 질의이다. 출력되는 칼럼의 순서는 SELECT문에서 지정한 순서이다.

SQL PROCEDURE는 질의를 실행할 때 RUN문을 사용하지 않으며 자동적으로 질의의 결과를 OUTPUT 윈도우로 출력한다.

```
PROC SQL FEEDBACK;
SELECT *
   FROM product;
```

SQL PROCEDURE는 NUMBER 옵션을 지정해 주지 않으면 OBS를 출력하지 않으며 FEEDBACK 옵션을 지정해 주면 LOG 윈도우에 해당 테이블의 선택된 칼럼의 리스트를 출력한다. 디폴트는 NOFEEDBACK으로 LOG 윈도우에 해당 테이블의 선택된 칼럼의 리스트를 출력하지 않는다.

테이블의 모든 칼럼을 선택하려면 SELECT문의 칼럼을 지정하는 곳에 *를 적어주면 된다. 이때 출력되는 칼럼의 순서는 테이블에 입력되어 있는 칼럼의 순서와 동일하다.

```
*** sqlug2: SQL User Guide chapter two examples ***            2
               List Prices and Product Names

                     PRODLIST  PRODNAME
                     --------------------
                          $20  flippers
                       $2,675  jet ski
                         $240  kayak
                           $7  raft
                          $15  snorkel
                         $750  surfboard
                       $1,325  windsurfer
```

위 결과는 product 테이블에서 prodlist와 prodname칼럼을 출력한 것이다.

```
NOTE: Statement transforms to:
        SELECT PRODUCT.PRODNAME, PRODUCT.PRODCOST, PRODUCT.PRODLIST
          FROM WORK.PRODUCT;
```

```
   *** sqlug2: SQL User Guide chapter two examples ***            3
                 List Prices and Product Names

                PRODNAME    PRODCOST  PRODLIST
                ------------------------------
                flippers         $16       $20
                jet ski       $2,150    $2,675
                kayak           $190      $240
                raft              $5        $7
                snorkel          $12       $15
                surfboard       $615      $750
                windsurfer    $1,090    $1,325
```

위 결과는 product 테이블의 모든 칼럼을 출력해준다. LOG 윈도우를 보면 FEEDBACK옵션은 출력결과에는 영향을 미치지 않고 단지 LOG 윈도우에 테이블의 정보를 출력할 뿐이다.

28.3 칼럼 Alias와 수식연산(SELECT문)

```
PROC SQL;
 TITLE2 'Salesrep information, sorted by years of service';
 SELECT empcity, SUM(empyears) AS  totyears
       FROM employee
     WHERE emptitle = 'salesrep'
     GROUP BY empcity
     ORDER BY totyears;
```

위의 프로그램은 employee 테이블에서 empcity칼럼과 empyears의 합(empcity별)으로 생성된 totyears 칼럼 Alias를 출력하는데 emptitle이 'salesrep'인 것만 totyears칼럼값으로 올림차순 정렬하여 출력하는 것이다.

칼럼 Alias는 임시의 칼럼에 대한 다른 이름이다. Alias는 질의의 결과에 이름을 부여한다거나 칼럼에 다른 이름을 줄 때, 혹은 칼럼의 이름을 읽기 쉽게 만들 때 주로 사용한다. 칼럼과 칼럼 Alias를 구별하기 위해서 칼럼과 칼럼 Alias사이에 키워드 AS를 사용한다. 또한 totyears 칼럼 Alias는 SUM함수를 이용하여 empyears칼럼의 합으로 생성되는데 GROUP절에 의해 empcity로 그룹화 되어있으므로 empcity별로 합을 구하게 된다.

```
TITLE2 'Percentage of profit margin for each product';
PROC SQL;
SELECT prodname, prodlist, prodcost,
      (prodlist - prodcost) / prodlist
  FROM product;
```

SELECT문에서의 수식연산 명령어는 숫자형 칼럼에 대한 계산을 한다. 위의 프로그램은 prodlist에서 prodcost값을 뺀 후 이 값을 prodlist로 나누는 연산을 하는 질의로 prodname, prodlist, prodcost칼럼과 연산결과가 출력된다.

```
      *** sqlug2: SQL User Guide chapter two examples ***         4
        Salesrep information, sorted by years of service

                        EMPCITY           TOTYEARS
                        --------------------------
                        Myrtle Beach             1
                        Virginia Beach           3
                        Wilmington               5
                        Charleston               7
                        Ocean City              16
```

위 프로그램의 결과는 SUM(empyears)의 결과를 Alias(totyears)에 저장한다. 만약 Ailas를 지정해 주지 않는다면 SUM(empyears)의 결과는 칼럼명 없이 출력된다.

```
  *** sqlug2: SQL User Guide chapter two examples ***            5
        Percentage of profit margin for each

        PRODNAME     PRODLIST  PRODCOST
        ----------------------------------------
        flippers          $20       $16       0.2
        jet ski        $2,675    $2,150  0.196262
        kayak            $240      $190  0.208333
        raft               $7        $5  0.285714
        snorkel           $15       $12       0.2
        surfboard        $750      $615      0.18
        windsurfer     $1,325    $1,090  0.177358
```

위의 결과에서 칼럼 Alias를 사용하지 않았기 때문에 수식연산의 결과는 이름이 붙지 않았으며 연산결과는 디폴트로 소수점 6자리가지 출력된다.

칼럼 Alias의 형태

- 칼럼 Alias는 임시적이며, 칼럼의 또 다른 이름이다.

SELECT column AS column_alias FROM table_name;

```
TITLE2 'Customer Table';
PROC SQL;
SELECT * FROM customer;
```

SELECT문에서 FROM은 검색하고자 하는 테이블을 지정하는 문장이다. 여기서는 SAS SYSTEM의 영구파일과 임시파일 둘다 사용이 가능하다. 즉 SAS Data Library로 지정되어 있는 공간의 영구 테이블을 이용한 검색을 할 수 있고, 또한 따로 SAS Data Library를 지정하지 않고 WORK Library에 저장되어 있는 테이블을 이용해 질의를 실행할 수 있다.

위 프로그램은 customer 테이블의 모든 칼럼과 로우를 출력하는 질의이다.

```
TITLE2 'Total years of service, by city';
SELECT empcity, SUM(empyears) AS  totyears
  FROM employee
 WHERE emptitle = 'salesrep'
 GROUP BY empcity;
```

GROUP절은 지정된 칼럼값에 의해 그룹화시키는 것으로 각 그룹은 지정된 분류 칼럼의 값에 따라 구별된다.

위 프로그램은 emptitle칼럼값이 'salesrep'인 것만 취하여 empcity에 따라 그룹화하며, SUM함수에 의해 각 도시별로 empyears의 총합이 계산되어 totyears 칼럼 Alias에 넣은 후에 empcity, totyears가 출력된다.

GROUP절의 형태 2

- GROUP BY문은 지정된 그룹에 따라 테이블의 처리를 하라는 문장이다.

```
SELECT columns    FROM table_name or VIEW_name
   GROUP BY 분류칼럼 ;
```

```
    *** sqlug2: SQL User Guide chapter two examples ***          6
                          Customer Table

                  CUSTNAME      CUSTNUM  CUSTCITY
                ------------------------------------
                  Beach Land         16  Ocean City
                  Coast Shop          3  Myrtle Beach
                  Coast Shop          5  Myrtle Beach
                  Coast Shop         12  Virginia Beach
                  Coast Shop         14  Charleston
                  Del Mar             3  Folly Beach
                  Del Mar             8  Charleston
                  Del Mar            11  Charleston
                  New Waves           3  Ocean City
                  New Waves           6  Virginia Beach
                  Sea Sports          8  Charleston
                  Sea Sports         20  Virginia Beach
                  Surf Mart         101  Charleston
                  Surf Mart         118  Surfside
                  Surf Mart         127  Ocean Isle
                  Surf Mart         133  Charleston
```

```
    *** sqlug2: SQL User Guide chapter two examples ***          7
                 Total years of service, by city

                  EMPCITY          TOTYEARS
                ------------------------
                Charleston               7
                Myrtle Beach             1
                Ocean City              16
                Virginia Beach           3
                Wilmington               5
```

결과를 보면 emptitle칼럼값이 'salesrep'인 경우에 empcity별로 empyears칼럼의 합이 구해진 것을 알 수 있다. 만약 GROUP절이 없다면 총합이 출력된다.

28.4 질의결과의 정렬(ORDER절)

```
TITLE2 'Product table sorted by list price';
PROC SQL;
SELECT prodname, prodlist, prodcost  FROM product
   ORDER BY prodlist;
```

ORDER절은 질의 결과를 정렬해 출력하는 문장이다. 여기서 하나 이상의 칼럼의 지정도 가능하다. 올림차순의 정렬이 디폴트로 되며 내림차순으로 정렬하고 싶다면 각 칼럼 뒤에 DESC라고 지정해주면 된다. 테이블 혹은 VIEW 파일에 저장되어 있는 모든 칼럼에 대해 정렬이 가능하며, SELECT문에서 선택되지 않은 칼럼도 ORDER절에서 지정할 수 있다.

SAS SYSTEM은 디폴트로 문자형 자료는 알파벳 순으로 숫자형 자료는 올림차순으로 정렬하게 되며 사용자가 이를 바꾸기 위해서는 SORTSEQ= 옵션을 사용해 이를 바꿀 수 있다.

위 프로그램은 product 테이블 중 칼럼 prodname, prodlist, prodcost를 prodlist칼럼에 의해 올림차순으로 정렬하는 질의이다.

```
TITLE2 'Profit Margins';
PROC SQL;
SELECT prodname, prodlist, prodcost,
       (prodlist - prodcost) / prodlist
  FROM product
 ORDER BY 4 DESC, prodcost ASC ;
```

위의 프로그램은 ORDER절을 이용하여 정렬시키는 칼럼을 지정하는데 칼럼명뿐만 아니라 포지션번호(position number)를 사용할 수도 있는 것을 보여주는 것이다. 즉 product 테이블은 우선 4번째인 (prodlist−prodcost)/prodlist에 의해 내림차순으로 정렬되며, 이 결과에서 동일한 순서를 보이는 로우를 prodcost에 의해 올림차순으로 정렬하는 질의이다.

```
*** sqlug2: SQL User Guide chapter two examples ***             8
          Product table sorted by list price

              PRODNAME     PRODLIST  PRODCOST
              ------------------------------
              raft               $7        $5
              snorkel           $15       $12
              flippers          $20       $16
              kayak            $240      $190
              surfboard        $750      $615
              windsurfer     $1,325    $1,090
              jet ski        $2,675    $2,150
```

결과에서 로우의 출력순서와 칼럼의 순서을 혼동에서는 안된다. 칼럼의 출력순서는 SELECT문에서 지정한 순서를 따르게 되며, 로우는 prodlist칼럼에 의해 올림차순으로 정렬되어 있는 것을 볼 수 있다.

```
*** sqlug2: SQL User Guide chapter two examples ***             9
                    Profit Margins

          PRODNAME     PRODLIST  PRODCOST
          ----------------------------------------
          raft               $7        $5 0.285714
          kayak            $240      $190 0.208333
          snorkel           $15       $12      0.2
          flippers          $20       $16      0.2
          jet ski        $2,675    $2,150 0.196262
          surfboard        $750      $615     0.18
          windsurfer     $1,325    $1,090 0.177358
```

ORDER절은 첫 번째로 지정된 칼럼이 결과에 가장 큰 영향을 미치며 두 번째 이후로 지정된 칼럼은 첫 번째 정렬결과를 변형시키지 않고 정렬을 진행한다. 결과에서 prodname의 flippers와 snorkel의 ((prodlist-prodcost)/prodlist)의 값이 0.2로 같지만 ORDER절의 두 번째 지정한 prodcost칼럼값에 의해 flippers가 나중 순서로 출력되었다.

28.5 조건에 해당하는 관찰값의 선택(WHERE절)

```
TITLE2 'Employess with 10 or more years of service';

SELECT empname, emptitle
     FROM employee
  WHERE empyears >= 10
  ORDER BY empname;
```

WHERE절은 검색할 로우의 조건을 지정하는 것으로 원하는 정보만 추출하는데 중점을 둔다. WHERE절은 키워드 WHERE와 하나 혹은 그 이상의 조건문으로 이루어진다.

위 프로그램은 empyears칼럼값이 10보다 큰 로우들의 empname과 emptitle칼럼을 empname을 기준으로 올림차순 정렬하여 출력한다. 위 예에서 WHERE절에서 선택된 칼럼이 SELECT문에는 지정되지 않았음을 볼 수 있다. 즉 테이블에 있는 모든 칼럼을 WHERE절에 사용할 수 있다. 또한 여러 개의 조건을 부여하는 경우 수식연산과 비교연산이 함께 이루어진다면 ()를 사용해서 구분해 주는 것이 좋다. 이는 프로그램을 해석하기 쉽게 만들뿐 아니라, 프로그램 오류를 줄일 수 있게 해준다.

```
TITLE2 'EMPLOYEES WHO DO NOT LIVE IN OCEAN CITY NOR FUNCTION';
TITLE3 'AS A SALESREP BUT HAVE MORE THAN TEN YEARS OF SERVICE';

SELECT empname, emptitle, empcity, empyears
  FROM employee
 WHERE (NOT (empcity = 'Ocean City' OR emptitle = 'salesrep'))
   AND (empyears > 10);
```

WHERE절에서 조건의 연산이 하나 이상이었을 때 논리연산자(AND, OR, NOT 등)를 사용한다. 위 프로그램은 employee 테이블에서 empcity가 'Ocean City'나 emptite이 'salesrep'가 아니면서 empyears가 10보다 큰 로우들의 empname, emptitle, empcity, empyears칼럼을 출력한다. WHERE절에서 연산순서는 괄호가 우선하고, 동일한 논리연산자의 경우 순서대로 연산한다.

```
*** sqlug2: SQL User Guide chapter two examples ***          10
      Employess with 10 or more years of service

                 EMPNAME   EMPTITLE
                 --------------------
                 Chuck     manager
                 Herb      president
                 Wanda     salesrep
```

출력결과를 보면 empyears칼럼값이 10보다 큰 로우들인 3개만 골라서 empname과 emptitle칼럼을 empname칼럼에 의해 올림차순 정렬되었다.

```
   *** sqlug2: SQL User Guide chapter two examples ***       11
  EMPLOYEES WHO DO NOT LIVE IN OCEAN CITY NOR FUNCTION
  AS A SALESREP BUT HAVE MORE THAN TEN YEARS OF SERVICE

   EMPNAME   EMPTITLE    EMPCITY          EMPYEARS
   -------------------------------------------------
   Chuck     manager     Charleston             12
```

위의 결과는 employee 테이블에서 empcity가 'Ocean City'나 emptite이 'salesrep'가 아니면서 empyears가 10보다 큰 로우들을 출력한 것으로 바꾸어 생각하면 OUTPUT 10에서 empcity가 'Ocean City'나 emptite이 'salesrep'가 아닌 것을 찾으면 같은 조건이 되므로 1개의 로우만이 선택된 것을 볼 수 있다. 여기서 조건을 바꾸어 생각할 수 있는 것은 WHERE절에서 보면 WHERE (조건 1) AND (조건 2)의 형태이고, 조건 1과 조건 2를 모두 만족해야 하므로 어느 것을 먼저 연산하든 동일한 결과를 가지게 된다.

```
TITLE2 'Employees whose name begins with "S"';

   SELECT empname  FROM employee
     WHERE empname LIKE 'S%';
```

WHERE절에서 LIKE를 사용하면 특정문자가 포함된 로우를 검색할 수 있다. LIKE를 사용할 때는 대문자와 소문자를 구별해서 사용해야 한다. 즉 대문자와 소문자를 서로 다른 문자로 인식한다.

위 프로그램은 empname칼럼값이 S로 시작하는 모든 로우의 empname칼럼을 출력하는 질의이다. %는 문자의 수에 관계없이 조건에 만족하는 모든 결과를 출력하는 명령어이다.

```
TITLE2 'Employees who have a four letter name ending in "k"';

SELECT empname   FROM employee
   WHERE empname LIKE '___k';
```

위에서 %가 문자값의 길이에 상관이 없다면 Underscore(_)는 어떤 한 문자를 지정하는 명령어이다. 위 프로그램은 empname칼럼값이 모두 4글자이면서 k로 끝나는 값을 출력하는 질의이다.

```
TITLE2 'Employees who have worked for one, five, or ten years';

SELECT empname, empyears   FROM employee
 WHERE empyears IN (1,5,10);
```

WHERE절에서 IN은 칼럼의 값이 괄호 안의 값과 일치하는 로우를 출력하는 명령어이다. 위 프로그램은 employee 테이블로부터 empyears칼럼값이 1, 5, 10인 로우들의 empname과 empyears칼럼을 출력하는 질의이다.

```
*** sqlug2: SQL User Guide chapter two examples ***        12
        Employees whose name begins with "S"

                    EMPNAME
                    --------
                    Sally
                    Sam
```

출력결과를 보면 empname칼럼값의 길이에는 상관 없이 empname칼럼값이 S로 시작하는 모든 로우를 출력하는 것으로 2개의 로우가 출력된다.

```
*** sqlug2: SQL User Guide chapter two examples ***          13
Employees who have a four letter name ending in "k"

                         EMPNAME
                         --------
                         Nick
```

위 결과를 보면 empname칼럼값이 4글자이면서 k로 끝나는 1개의 로우가 출력되는 것을 볼 수 있다.

```
*** sqlug2: SQL User Guide chapter two examples ***          14
Employees who have worked for one, five, or ten years

                    EMPNAME   EMPYEARS
                    ------------------
                    Jeff             1
                    Wanda           10
                    Marvin           5
                    Nick             1
```

결과를 보면 empyears칼럼값이 1, 5, 10인 로우들의 empname과 empyears칼럼이 출력된 것을 볼 수 있다.

```
TITLE2 'Employee numbers between 301 AND 401';

PROC SQL;
SELECT empnum, empname
      FROM employee
    WHERE empnum BETWEEN 301 AND 401;
```

WHERE절에서 BETWEEN은 칼럼의 값이 일정 범위에 속하는 로우를 검색하는 질의이다. 위 프로그램은 employee 테이블에서 empnum칼럼값이 301~401인 로우들의 empnum과 empname을 출력하는 질의이다. 옆의 결과를 보면 empnum칼럼값이 301이상 401이하인 로우만 출력한 것을 볼 수 있다.

```
TITLE2 'The Boss';

PROC SQL;
SELECT empname, empboss
      FROM employee
    WHERE empboss IS NULL;
```

WHERE절에서 IS NULL은 칼럼의 값들 중 결측값인 경우 이를 출력하는 명령어이다. 위 프로그램은 employee 테이블에서 empboss칼럼값이 결측값인 로우들의 empname과 empboss칼럼을 출력한다.

SAS SYSTEM에서 숫자형변수의 결측값은 . 으로 문자형변수의 결측값은 공백으로 표현된다. 키워드 NULL과 MISSING은 둘 다 결측값을 의미하며 NULL은 SQL에서 사용되는 용어이고, MISSING은 SAS에서 사용하는 용어이다.

오른쪽의 결과 OUTPUT 16을 보면 empboss칼럼값이 결측값인 로우만 출력된 것을 볼 수 있다.

```
*** sqlug2: SQL User Guide chapter two examples ***          15
     Employee numbers between 301 AND 401

                 EMPNUM  EMPNAME
               ------------------
                    301  Sally
                    314  Marvin
                    318  Nick
                    401  Chuck
```

```
*** sqlug2: SQL User Guide chapter two examples ***          16
                 The Boss

           EMPNAME     EMPBOSS
           ------------------
           Herb              .
```

WHERE절에서 사용된 예를 정리하면 다음과 같다.

WHERE a>b	비교연산
WHERE a=10	상수와의 비교연산
WHERE (a>b)&(c<d)	비교연산과 논리연산의 혼용
WHERE (prodlist-prodcost)/10 >20	수식연산의 결과와 상수와의 비교연산
WHERE prodcost BETWEEN 5 AND 15	prodcost가 5~15 이내의 값만 선택
WHERE custcity NOT IN ('charleston', 'surfside')	custcity가 charleston, surfside가 아닌 값을 선택
WHERE invqty < (SELECT MAX(invgty) FROM invoice WHERE prodname='raft')	invoice 테이블에서 prodname이 raft인 값들 중 invqty의 최대값과 다른 테이블의 invqty와 비교하여 작은것만 선택
WHERE emboss IS NULL	결측값만 선택
WHERE empname LIKE 'C%'	empname이 C로 시작하는 로우를 선택

WHERE절의 형식 2

- WHERE절의 조건식에서는 비교, 논리연산이 가능하다.
- LIKE를 이용해서 특정문자가 포함된 로우를 검색할 수 있다. %는 문자의 길이를 상관하지 않으며, _는 1문자를 지정할 수 있다.
- IN은 칼럼의 값과 괄호 안의 값이 일치하는 로우를 검색할 수 있다.
- BETWEEN 칼럼의 값이 일정 범위에 속하는 로우를 검색할 수 있다.
- IS NULL 조건은 칼럼의 값들 중 결측값을 출력하는 명령어이다.

```
WHERE 조건문 AND (OR, NOT) 조건문
WHERE cloumn_name  LIKE '특정문자%'
WHERE cloumn_name  LIKE '특정문자___'
WHERE cloumn_name  IN (value, value, ...)
WHERE cloumn_name  BETWEEN value AND value
WHERE cloumn_name  IS NULL
```

UPDATE문의 형식

- UPDATE문은 기 존재하는 테이블의 칼럼의 값을 변경시킬 때 사용된다.

```
UPDATE 테이블명 SET 칼럼명 = '변경후'
       WHERE  칼럼명 = '변경전' ;
UPDATE 테이블명 SET 칼럼명=수식;
UPDATE 테이블명 SET 칼럼명=부질의어 WHERE 조건;
```

28.7 관찰값의 선택(HAVING)

```
TITLE2 'Customers that have two stores';

PROC SQL;
SELECT custname, custnum, custcity
     FROM customer
   GROUP BY custname
   HAVING COUNT(*)= 2
   ORDER BY custname, 2, 3;
```

지금까지는 조건을 부여할 경우 WHERE절은 이용한 반면에 위의 프로그램은 GROUP절에서 HAVING을 이용하여 조건에 맞는 값을 출력시키는 프로그램이다. 즉 customer 테이블에서 custname칼럼값별로 그룹화를 하는데 그 로우의 개수가 2인 경우만 취하여 custname, custnum, custcity칼럼별로 올림차순 정렬하여 custname, custnum, custcity칼럼을 출력하는 것이다.

```
         *** sqlug2: SQL User Guide chapter two examples ***          17
                    Customers that have two stores

               CUSTNAME      CUSTNUM  CUSTCITY
               ----------------------------------------
               New Waves           3  Ocean City
               New Waves           6  Virginia Beach
               Sea Sports          8  Charleston
               Sea Sports         20  Virginia Beach
```

출력결과를 보면 custname칼럼값별로 그룹화를 하는데 그 로우의 개수가 2인 경우에 대해 custname, custnum칼럼별로 올림차순 정렬되어 있음을 볼 수 있다. 여기서 custnum칼럼값이 동일한 값이 없으므로 custcity칼럼에 의한 정렬은 영향을 받지 않는다.

28.8 다중 테이블의 검색

```
TITLE2 'Product information for Beach Land stores';
SELECT invnum, product.prodname, prodcost, invprice,
       prodlist, custname, custnum   FROM product, invoice
 WHERE product.prodname = invoice.prodname
   AND custname = 'Beach Land';
```

종종 분리된 테이블에 저장된 데이터가 필요할 때가 있다. 예를 들면, invoice 테이블에서의 판매가와 employee 테이블에서 판매 외판원의 이름들을 연결시키는 보고서를 작성할 필요가 있다. 분리된 테이블로부터의 정보는 테이블들을 칼럼으로 연결되는 값들을 매칭(matching) 시킴으로서 조합되어질 수 있다. 이 시행을 결합 테이블이라 부르며 SAS DATASET을 합치는 것과 비슷하다. Subqueries라 부르는 질의를 사용함으로써 다른 테이블에서 데이터 값들에 기초한 테이블로부터 데이터를 검색할 수도 있다.

위 프로그램은 product, invoice 테이블로부터 prodname칼럼값이 같으면서 custname칼럼값이 'Beach Land'인 로우들을 검색하여 invnum, prodname, prodcost, invprice, prodlist, custname, custnum 칼럼을 출력하는 것이다. 여기서 prodname칼럼은 product 테이블의 것을 따른다.

```
TITLE2 'Sales made to ocean city stores';
SELECT invoice.custname, invoice.custnum, custcity, invnum,
       prodname   FROM invoice AS  i, customer AS  c
  WHERE invoice.custname = c.custname
    AND invoice.custnum  = c.custnum
    AND custcity    = 'Ocean City';
```

위 프로그램은 invoice, customer 테이블을 이용하여 두 테이블에서 custname 과custnum 칼럼값이 동일하면서 custcity칼럼값이 'Ocean City'인 로우들의 custname, custnum, custcity, invnum, prodname칼럼을 출력하는 것이다.

다음 프로그램도 역시 위와 동일한 내용이며, 다만 테이블 Alias를 사용하여 보기 편하다는 것이다.

```
TITLE2 'Sales made to ocean city stores';
SELECT i.custname, i.custnum, custcity, invnum, prodname
  FROM invoice AS  i, customer AS  c
  WHERE i.custname = c.custname
    AND i.custnum  = c.custnum
    AND custcity   = 'Ocean City';
```

```
      *** sqlug2: SQL User Guide chapter two examples ***            18
           Product information for Beach Land stores

INVNUM  PRODNAME    PRODCOST  INVPRICE  PRODLIST  CUSTNAME      CUSTNUM
-----------------------------------------------------------------------
   290  flippers         $16       $19       $20  Beach Land         16
   300  raft              $5        $7        $7  Beach Land         16
   280  snorkel          $12       $14       $15  Beach Land         16
```

출력결과를 보면 prodname칼럼값이 같으면서 custname칼럼값이 'Beach Land'인 로우들을 검색하여 원하는 칼럼만 출력한 것으로 prodname칼럼은 product 테이블의 것이다.

```
   *** sqlug2: SQL User Guide chapter two examples ***        19, 20
           Product information for Beach Land stores

INVNUM  PRODNAME PRODCOST  INVPRICE  PRODLIST  CUSTNAME      CUSTNUM
--------------------------------------------------------------------
   290  flippers     $16       $19       $20  Beach Land         16
   300  raft          $5        $7        $7  Beach Land         16
   280  snorkel      $12       $14       $15  Beach Land         16
```

테이블 Alias의 형태

- 테이블 Alias는 칼럼 Alias와 마찬가지로 임시의 테이블에 대한 다른 이름이다.

```
SELECT columns
   FROM table_name AS alias table_name ;
```

28.9 테이블의 생성

```
CREATE TABLE pet
  (person CHAR,
   pettype CHAR (12));

INSERT INTO pet
  VALUES('Jack','collie')
  VALUES('Jack','parakeet')
  VALUES('Sue','horse')
  VALUES('Sue','goldfish');

TITLE2 'Pet table';
SELECT * FROM pet;
```

```
CREATE TABLE city
  (person CHAR,
   cityname CHAR (12));

INSERT INTO city
  VALUES('Jack','Atlanta')
  VALUES('Jack','Washington')
  VALUES('Sue','Cary')
  VALUES('Sue','Raleigh');

TITLE2 'City table';
SELECT * FROM city;
```

위의 프로그램은 둘 다 CREATE문을 이용하여 새로운 테이블을 생성하고, INSERT문을 이용하여 생성된 테이블에 로우를 넣어주는 것이다.

먼저 pet 테이블의 경우 문자형으로 person, pettype칼럼으로 구성되어 있고, city 테이블의 경우 문자형으로 person, cityname칼럼으로 구성되어 있으며, 각각 INSERT문을 이용하여 4개의 로우를 입력한 것이다. 여기서 CREATE문이나 INSERT문은 결과를 출력하지 않으므로 SELECT문을 이용하여 출력한다.

```
*** sqlug2: SQL User Guide chapter two examples ***          21
                         Pet table

                   PERSON    PETTYPE
                   ----------------------
                   Jack      collie
```

```
          Jack      parakeet
          Sue       horse
          Sue       goldfish
```

```
*** sqlug2: SQL User Guide chapter two examples ***            22
                 City table

            PERSON    CITYNAME
            -----------------------
            Jack      Atlanta
            Jack      Washington
            Sue       Cary
            Sue       Raleigh
```

INSERT문의 형태 2

- 테이블에 새로운 값을 추가하는 명령어이다.

```
INSERT INTO table_name
    VALUES('값','값')
    VALUES('값','값')
    VALUES('값','값')
    VALUES('값','값')
    VALUES('값','값') ;
```

28.10 두 개의 테이블의 결합(SELECT문과 MERGE문의 비교)

```
SELECT pet.person, pettype, city.person, cityname
   FROM pet, city ;
```

위의 프로그램은 SELECT문에 의해 두 개의 테이블이 어떻게 결합되어 출력되는 것을 보기 위한 것이다. 즉 pet, city 테이블의 모든 칼럼을 출력할 경우에 두 테이블이 어떻게 결합되는지를 보기 위한 예제이다.

출력된 결과를 보면 pet 테이블과 city 테이블이 결합되는데 각 로우가 각기 결합할 수 있는 모든 경우의 수만큼 생성되므로 4×4=16개의 로우가 생성되는 것을 볼 수 있다.

```
TITLE2 'Joining PET and CITY tables using PROC SQL';

SELECT pet.person, pettype, city.person, cityname
    FROM pet, city
   WHERE pet.person = city.person
   ORDER BY 1,2,3,4;
```

위의 프로그램은 두 개의 테이블을 결합하는 예제에서 pet 테이블의 person칼럼값과 city 테이블의 person칼럼값이 동일한 경우에 한하여 출력되는 칼럼명의 순서대로 올림차순 정렬을 하는 것이다.

WHERE절에서 지정한 pet.person=city.person의 결과는 두 개의 테이블이 결합한 것에서 음영처리된 부분에 해당된다. 이를 이용하여 ORDER절에서 pet 테이블의 person칼럼에 의해 먼저 올림차순 정렬을 하고, 동일한 값에 대해 pettype칼럼에 의해, 동일한 경우 city 테이블의 person, cityname칼럼에 의해 올림차순으로 정렬한 것이다.

```
PERSON    PETTYPE      PERSON    CITYNAME
-------------------------------------------
 Jack     collie       Jack      Atlanta
 Jack     collie       Jack      Washington
 Jack     collie        Sue      Cary
 Jack     collie        Sue      Raleigh
 Jack     parakeet     Jack      Atlanta
 Jack     parakeet     Jack      Washington
 Jack     parakeet      Sue      Cary
 Jack     parakeet      Sue      Raleigh
 Sue      goldfish     Jack      Atlanta
 Sue      goldfish     Jack      Washington
 Sue      goldfish      Sue      Cary
 Sue      goldfish      Sue      Raleigh
 Sue      horse        Jack      Atalnta
 Sue      horse        Jack      Washington
 Sue      horse         Sue      Cary
 Sue      horse         Sue      Raleigh
```

```
*** sqlug2: SQL User Guide chapter two examples ***          23
    Joining PET and CITY tables using PROC SQL

    PERSON    PETTYPE     PERSON    CITYNAME
    ---------------------------------------------
    Jack      collie      Jack      Atlanta
    Jack      collie      Jack      Washington
    Jack      parakeet    Jack      Atlanta
    Jack      parakeet    Jack      Washington
    Sue       goldfish    Sue       Cary
    Sue       goldfish    Sue       Raleigh
    Sue       horse       Sue       Cary
    Sue       horse       Sue       Raleigh
```

위의 테이블에서 음영처리된 부분이 WHERE 조건에 맞는 로우이고, 이를 각 칼럼별로 올림차순 정렬한 결과이다.

```
TITLE2 'Mergeing PET and CITY tables with the DATA step';
DATA;
   MERGE pet city;
   BY person;
   RUN;

PROC PRINT;
RUN;
```

위의 프로그램은 SQL에서 결합된 테이블과 SAS DATA Step에서 두 DATASET을 합친 결과가 다른 것을 보여주는 것이다.

두 개의 DATASET을 person변수의 값이 동일한 경우 이를 가로로 붙여서 하나의 DATASET을 형성하는 것으로 MERGE문을 이용하면 된다. 여기서 BY를 사용하기 위해서는 두 개의 DATASET 내에 동일한 변수가 존재하여야 하며, 정렬이 되어있는 경우에 가능한데 입력 시에 이미 정렬이 되어 있었으므로 상관이 없다.

```
*** sqlug2: SQL User Guide chapter two examples ***          24
  Mergeing PET and CITY tables with the DATA step

     OBS   PERSON   PETTYPE     CITYNAME

      1     Jack    collie      Atlanta
      2     Jack    parakeet    Washington
      3     Sue     horse       Cary
      4     Sue     goldfish    Raleigh
```

위 결과를 보면 SAS MERGE문은 SQL PROCEDURE와 다르게 작동하는 것을 볼 수 있다. MERGE문은 중복된 값을 검색하여 만약 중복된 값이 발견되면 뒤에 나오는 DATASET의 값으로 덮어쓰게 된다. 하지만 SQL PROCEDURE는 중복된 값에 대해 모든 가능한 조합을 출력한다.

28.11 동일한 테이블의 결합(SELECT문)

```
PROC SQL;

SELECT c1.person, c1.cityname, c2.person, c2.cityname
    FROM city AS c1, city AS c2
  ORDER BY 1,2,3,4;
```

위의 프로그램은 SELECT문으로 동일한 테이블을 테이블 Alias를 사용하여 결합하는 것이다. 즉 city 테이블을 각각 c1, c2로 보고 c1 테이블에서 person, cityname칼럼을 c2 테이블에서 person, cityname칼럼을 출력하는데 지정된 칼럼의 순서로 올림차순 정렬을 하는 것이다. 여기서 로우는 조합 가능한 모든 경우의 수이므로 4×4=16이 되는 것을 볼 수 있다.

```
TITLE2 'Supervisor names for each employee who has a supervisor';

   SELECT emp.empnum, emp.empname, emp.emptitle,
          mgr.empnum AS  mgrnum, mgr.empname AS  mgrname,
          mgr.emptitle AS  mgrtitle
      FROM employee emp, employee mgr
    WHERE emp.empboss = mgr.empnum
    ORDER BY 1;
```

위의 프로그램은 동일한 2개의 테이블을 결합하는데 테이블 Alias와 칼럼 Alias를 사용하는 것이다. 즉 employee 테이블을 각각 emp, mgr이라 하고(여기서는 AS 가 생략됨), mgr 테이블의 empnum, empname, emptitle칼럼을 각각 mgrnum, mgrname, mgrtitle로 하여 emp 테이블의 empboss칼럼값과 mgr 테이블의 empnum칼럼값이 동일한 경우만을 검색하여 empnum칼럼값으로 올림차순 정렬을 하는 것이다. 이때 정렬되는 empnum칼럼은 emp 테이블의 것이다.

```
*** sqlug2: SQL User Guide chapter two examples ***        25
  Mergeing PET and CITY tables with the data step

   PERSON    CITYNAME      PERSON    CITYNAME
  ----------------------------------------------
   Jack      Atlanta       Jack      Atlanta
   Jack      Atlanta       Jack      Washington
   Jack      Atlanta       Sue       Cary
   Jack      Atlanta       Sue       Raleigh
   Jack      Washington    Jack      Atlanta
   Jack      Washington    Jack      Washington
   Jack      Washington    Sue       Cary
   Jack      Washington    Sue       Raleigh
   Sue       Cary          Jack      Atlanta
   Sue       Cary          Jack      Washington
   Sue       Cary          Sue       Cary
   Sue       Cary          Sue       Raleigh
   Sue       Raleigh       Jack      Atlanta
   Sue       Raleigh       Jack      Washington
   Sue       Raleigh       Sue       Cary
   Sue       Raleigh       Sue       Raleigh
```

```
*** sqlug2: SQL User Guide chapter two examples ***        26
Supervisor names for each employee who has a supervisor

 EMPNUM  EMPNAME  EMPTITLE      MGRNUM  MGRNAME  MGRTITLE
 ------------------------------------------------------------
    201  Betty    manager          101  Herb     president
    213  Joe      salesrep         201  Betty    manager
    214  Jeff     salesrep         201  Betty    manager
    215  Wanda    salesrep         201  Betty    manager
    216  Fred     salesrep         201  Betty    manager
    301  Sally    manager          101  Herb     president
    314  Marvin   salesrep         301  Sally    manager
    318  Nick     salesrep         301  Sally    manager
    401  Chuck    manager          101  Herb     president
    417  Sam      salesrep         401  Chuck    manager
```

28.12 2개 이상의 테이블의 결합

```
TITLE2 'Sales made by Sam to customer stores in Charleston';
SELECT c.custname, c.custnum, i.prodname,
       i.invnum, e.empname, c.custcity
```

```
  FROM invoice i, employee e, customer c
 WHERE i.empnum    =  e.empnum
   AND i.custname  =  c.custname
   AND i.custnum   =  c.custnum
   AND e.empname   =  'Sam'
   AND c.custcity  =  'Charleston'
 ORDER BY 1, 2, 3;
```

Invoice 테이블은 칼럼 empnum, custname, custnum에 의해 논리적으로 employee, customer 테이블과 연결되어 있다. 이 세 테이블로부터 원하는 칼럼에 대한 정보를 검색하고자 하는 경우가 있다. 위 프로그램은 charleston에 위치한 상점에서 Sam이란 직원이 판매한 내용을 출력하는 질의문이다. 위 프로그램에서 customer 테이블과 invoice 테이블은 custnum칼럼에 의해서 결합되어있다. 또한 결합된 테이블은 다시 empnum칼럼에 의해 employee 테이블과 결합되고, 이는 WHERE절에 의해 empname이 Sam이고 custcity가 charleston인 로우를 custname, custnum, prodname칼럼에 의해 올림차순 정렬하여 출력한다.

```
  *** sqlug2: SQL User Guide chapter two examples ***        27
     Sales made by Sam to customer stores in Charleston

  CUSTNAME      CUSTNUM  PRODNAME      INVNUM  EMPNAME   CUSTCITY
----------------------------------------------------------------------
  Coast Shop         14  windsurfer       380  Sam       Charleston
  Del Mar             8  raft             410  Sam       Charleston
  Del Mar            11  flippers         440  Sam       Charleston
  Del Mar            11  raft             420  Sam       Charleston
  Del Mar            11  snorkel          430  Sam       Charleston
  Surf Mart         101  snorkel          500  Sam       Charleston
  Surf Mart         101  snorkel          520  Sam       Charleston
  Surf Mart         101  surfboard        510  Sam       Charleston
```

28.13 SUBQUERY의 사용

```
TITLE2 'Employee information for Fred and Marvin';
SELECT empnum, custname, custnum, prodname, invnum
  FROM invoice
 WHERE empnum  IN ( SELECT empnum
```

```
                 FROM employee
                 WHERE empname IN ('Fred','Marvin')
               )
    ORDER BY 1,2,3,4;
```

테이블 결합에 의해 여러 개의 테이블로 새로운 테이블로 만들 때, SUBQUERY는 다른 테이블의 값에 근거해서 원 테이블의 로우를 선택한다. SUBQUERY는 주로 WHERE절과 HAVING절이 쓰일 때 자주 사용된다. 위 프로그램은 employee 테이블로부터 empname 칼럼값이 'Fred'나 'Marvin'인 로우의 empname칼럼을 선택해서 invoice 테이블의 empname칼럼값과 동일한 로우들의 empnum, custname, custnum, prodname, invnum칼럼을 출력한다. 여기서 SUBQUERY는 먼저 employee 테이블에서 'Fred'와 'Marvin'의 직원번호(empnum)을 선택하고 선택된 결과를 OUTER QUERY의 WHERE절에 의해서 invoice 테이블의 empnum칼럼값과 비교한다.

이 예에서 Fred, Marvin의 직원번호(216, 314)로 구성된 가상의 테이블을 만들고, 이 두값(216,314)은 WHERE절의 IN 조건문에 의해서 invoice 테이블의 empnum칼럼값과 비교된다.

아래 프로그램은 위의 프로그램과 동일한 결과를 출력하는 것으로 위에서는 SUBQUERY를 사용한 반면 여기서는 그 결과에 해당하는 216, 314값을 직접 조건으로 준 것이다.

```
SELECT empnum, custname, custnum, prodname, invnum
   FROM invoice
  WHERE empnum  IN (216,314)
  ORDER BY 1,2,3,4;
```

```
*** sqlug2: SQL User Guide chapter two examples ***   28, 29
          Employee information for Fred and Marvin

     EMPNUM    CUSTNAME         CUSTNUM    PRODNAME          INVNUM

    ----------------------------------------------------------
        216  Beach Land           16  flippers           290
        216  Beach Land           16  raft               300
        314  Surf Mart           127  flippers           560
        314  Surf Mart           127  surfboard          570
```

위의 결과를 보면 empnum칼럼값이 216, 314인 경우에 한하여 empnum, custname, custnum, prodname칼럼값에 의해 올림차순 정렬된 것을 볼 수 있다.

```
Subquery의 형태

      SELECT columns
          FROM table_names                    OUTER QURERY
          WHERE 조건식
              (SLEECT columns
                   FROM table_name            NNER QUERY
                   WHERE 조건식
                );
```

```
TITLE2 'Products that did not sell';
SELECT prodname
  FROM product
 WHERE prodname NOT IN (SELECT prodname
                          FROM invoice
                       )
 ORDER BY 1;
```

앞의 프로그램에서는 WHERE절에 의해서 IN 조건을 사용하는 방법을 보았다. 만약 SUBQUERY에 의해 돌아온 값들이 조건을 만족하는지 테스트할 때 IN 조건이외에도 NOT IN 조건을 사용할 수 있다. 위 프로그램은 팔리지 않은 상품의 목록을 출력한다. 즉 product 테이블에서 prodname칼럼값을 출력하는데 invoice 테이블로부터 prodname칼럼값에 해당되지 않는 로우만 골라 올림차순 정렬하여 출력하는 것이다.

```
TITLE2 'Which Salesreps Sell Surfboards?';
PROC SQL;
SELECT  empnum, empname, empcity
  FROM  employee  AS  e
 WHERE  'surfboard' IN (SELECT  prodname
                          FROM  invoice  AS  i
                         WHERE  i.empnum = e.empnum
                       )
 ORDER BY 1;
```

SUBQUERY에 의해 전달받은 값이 OUTER QUERY의 로우와 연관되어 있을 때

연관된 SUBQUERY를 가지고 있다고 한다. 위 프로그램은 surfboard를 판매한 직원의 정보를 출력한다. 즉 invoice 테이블과 employee 테이블의 empnum칼럼값이 동일한 경우에 invoice 테이블의 prodname칼럼값이 'surfboard'인 것만 검색하여 employee 테이블에서 empnum칼럼에 의해 올림차순 정렬하여 empnum, empname, empcity칼럼을 출력한 것이다.

```
*** sqlug2: SQL User Guide chapter two examples ***        30
               Products that did not sell

                          PRODNAME
                         ----------
                          jet ski
```

출력결과를 보면 product 테이블의 product칼럼값과 비교하여 invoice 테이블에는 있지만 product 테이블에는 없는 prodname칼럼값을 출력한 것이다.

```
*** sqlug2: SQL User Guide chapter two examples ***        31
         Which Salesreps Sell Surfboards?

          EMPNUM  EMPNAME   EMPCITY
        -----------------------------------
             213  Joe       Virginia Beach
             314  Marvin    Wilmington
             417  Sam       Charleston
```

위의 결과를 보면 두 테이블에서의 empnum값이 동일한 것은 213, 215, 216, 314, 318, 417이지만 그 중 prodname이 'surfboard'인 것은 213, 314, 417이고 이들의 empnum, empname, empcity칼럼이 출력된 것을 볼 수 있다.

SUBQUERY의 IN, NOT IN 조건

- IN의 경우 SUBQUERY에 의해 돌아온 값들이 존재하는 경우만 검색한다.
- NOT IN의 경우 SUBQUERY에 의해 돌아온 값들이 존재하지 않는 경우만 검색한다.

```
WHERE column IN ( SUBQUERY )
WHERE column  NOT IN ( SUBQUERY )
```

```
TITLE2 'Stores who did not buy any products';
PROC SQL;
SELECT DISTINCT custname, custnum
  FROM customer c
 WHERE NOT EXISTS ( SELECT *
                      FROM invoice i
                     WHERE i.custname = c.custname
                       AND i.custnum  = c.custnum
                  )
   ORDER BY 1, 2;
```

EXISTS조건은 SUBQUERY에서 선택된 결과값이 존재하는지를 검사하는 것으로 SUBQUERY에서 연산한 결과값이 존재하면 참값을 갖고 결과값이 존재하지 않으면 거짓의 값을 갖는다. 반대로 NOT EXISTS조건은 결과값이 존재하지 않으면 참, 결과값이 존재하면 거짓의 값을 가진다. 위 프로그램은 전체 상점에서 아무 상품도 팔리지 않은 상점들을 출력한다.

위의 예에서 키워드 DISTINCT가 사용되었는데 이 명령어는 결과 테이블에서 중복된 결과를 제거하는 명령어이다.

위 예에서도 연관된 SUBQUERY가 사용되었다. 즉 SUBQUERY가 OUTER QUERY의 각 로우에 대한 비교가 반복적으로 진행된다.

Customer 테이블의 11번째 로우가 어떻게 출력 테이블에 포함되는지 예를 들어 보기로 하자.

11번째 로우는 custname칼럼값이 'Sea Sports'이고 custnum칼럼값은 8이다. 이 로우에 대한 질의를 수행하는 SUBQUERY는 다음과 같다.

```
WHERE NOT EXISTS ( SELECT * FROM invoice i
                   WHERE i.custname = 'Sea Sports'
                     and i.custnum  = 8  )
```

위 프로그램의 결과값이 존재하지 않기 때문에 NOT EXISTS조건은 참이 되고 11번째 로우는 출력테이블에 포함되게 된다. 위의 과정이 customer 테이블의 모든 로우에 대해 진행된다.

```
      *** sqlug2: SQL User Guide chapter two examples ***         32
             Stores who did not buy any products

                     CUSTNAME       CUSTNUM
                     --------------------
                     Sea Sports           8
```

```
Sea Sports          8
Surf Mart         133
```

SUBQUERY의 EXISTS, NOT EXISTS조건

- EXISTS조건은 SUBQUERY에서 선택된 결과값이 존재하는 경우만을 검색한다.
- NOT EXISTS조건은 SUBQUERY에서 선택된 결과값이 존재하지 않는 경우만을 검색한다.

WHERE EXISTS (SUBQUERY)
WHERE NOT EXISTS (SUBQUERY)

UPDATE시 오류의 옵션

UNDO_POLICY=REQUIRED : 디폴트로 오류발생시 원래대로 되돌릴 수 있음
NONE : 원래대로 되돌릴 수 없음
OPTIONAL : 경우에 따라 되돌림

28.14 둘 이상의 SUBQUERY

```
TITLE2 'Salesreps who made sales to stores in Ocean City';
PROC SQL;

SELECT empnum, empname
  FROM employee
 WHERE empnum IN (SELECT empnum
                   FROM invoice i
                  WHERE 'Ocean City' IN (SELECT custcity
                                          FROM customer c
                                         WHERE c.custname = i.custname
                                           AND c.custnum  = i.custnum
                                        )
                 )
  ORDER BY 1;
```

가장 하부의 SUBQUERY는 다음의 OUTER QUERY로 결과값을 전달한다. 이 때 만들어진 값들은 다음의 OUTER QUERY에서 사용된다. 결과값은 언제나 가장하부의 SUBQUERY로부터 상위 QUERY로 전달된다. 위 프로그램은 Ocean City에 있는 상점들의 직원의 이름과 직원번호를 출력한다.

위 예에서 가장 하부의 SUBQUERY는 customer 테이블과 invoice 테이블로부터 직원이름과 번호가 같은 로우의 custcity칼럼값을 상위 QUERY에 전달하고 상위 QUERY는 하부에서 전달되어온 결과 중 custcity칼럼값이 Ocean City인 로우의 직원번호를 상위 QUERY에 전달한다. 마지막으로 가장 상위 QUERY에서는 employee 테이블로부터 하위 QUERY에서 전달된 직원번호와 같은 로우를 출력한다. 즉 customer 테이블과 invoice 테이블에서 custname과 custnum칼럼값이 동일한 로우중에서 custcity칼럼값이 Ocean City인 로우의 empnum을 기억하여 invoice 테이블로부터 이를 추출하여 이에 해당하는 로우를 employee 테이블에서 empnum칼럼값에 의해 올림차순 정렬하여 empnum, empname칼럼값을 출력하는 것이다. 프로그램이 보기에 복잡한 것 같지만 가장 하위 질의부터 순서대로 검색하면 된다.

```
*** sqlug2: SQL User Guide chapter two examples ***        33
  Salesreps who made sales to stores in Ocean City

                   EMPNUM  EMPNAME
                 -----------------
                      215  Wanda
                      216  Fred
```

여러 개의 SUBQUERY의 사용

```
SELECT columns
  FROM table_names                          OUTER QURERY
  WHERE 조건식
      ( SLEECT columns
          FROM table_name                    MIDDLE QUERY
        WHERE 조건식
                ( SLEECT columns
                    FROM table_name           INNER QUERY
                   WHERE 조건식
                )
        ) ;
```

28.14 질의문에서 문법적 오류검사(VALIDATE문)

```
PROC SQL;
VALIDATE
   SELECT empnum, empname
     FROM employee
     WHERE empnum > 200 AND empnum < 400;
QUIT;
```

VALIDATE문은 실제로 질의를 실행하지 않고 질의문의 문법적 오류를 검사하는 명령어이다. VALIDATE문이 포함된 질의문을 실행하면 문법적 오류가 LOG 윈도우에 출력된다. 위 프로그램은 질의문을 실행했을 때 LOG 윈도우에 어떠한 형태로 메시지가 출력되는지 보여주고 있다.

마지막 줄의 QUIT문은 모든 SQL PROCEDURE를 종료하는 명령어이다.

```
618       PROC SQL;
619       VALIDATE
620          SELECT empnum, empname
621            FROM employee
622            WHERE empnum > 200 AND empnum < 400;
NOTE: PROC SQL statement has valid syntax.
623   QUIT;
NOTE: The PROCEDURE SQL used 0.22 seconds.
```

위의 예에서는 질의문에 오류가 없으므로 오류 메시지가 출력되지 않았다. 만약 프로그램에서 오류가 발생하면 어떻게 되는지를 보기 위하여 WHERE절을 다음과 같이 바꾸어 보자.

```
WHERE empname 〉 200 AND 〈400 ;
```

위의 같이 WHERE절이 사용되면 검색할 필요도 없이 조건에 해당하는 값이 없으므로 프로그램을 실행하면 다음과 같은 오류 메시지가 출력된다.

```
624        PROC SQL;
625        VALIDATE
626           SELECT empnum, empname
627             FROM employee
628             WHERE empnum > 200 AND  < 400;
628             WHERE empnum > 200 AND  < 400;
                                        -
                                        80
ERROR 80-322: Expecting a variable name.
```

이처럼 VALIDATE문은 검색하는 질의를 작성하고 나서 문법적 오류 유무를 검사하기 위해사용하면 유용하다.

VALIDATE문의 형식

- VALIDATE문은 실제로 질의를 실행하지 않고 질의문의 문법적 오류를 검사하는 명령어이다.

```
PROC SQL;
   VALIDATE
       SELECT columns
         FROM table_name ;
```

제 5 부

SAS MACRO

제29장 SAS MACRO의 기초

SAS DATA STEP SAS DATA STEP SAS DATA STEP SAS DATA STEP SAS DATA STEP

MACRO문은 어느 소프트웨어에서든지 마찬가지로 동일 프로그램을 반복수행해야 하는 경우에 이용된다.

SAS MACRO 역시 프로그램을 반복 수행하는데 전부 나열하기 보다는 매크로를 이용하여 프로그램을 편리하게 작성하기 위해서 사용되며, 이는 고급수준의 기법이기 때문에 여기서는 여러 가지를 자세하게 설명하는 것보다는 일상 프로그램을 하는데 주로 이용되는 몇가지만 다루도록 하겠다.

29.1 매크로 변수의 지정(%LET문)

%LET문은 매크로 변수를 지정하는데 매크로 변수명과 그에 해당하는 값을 지정하는데 사용된다. 이렇게 지정된 매크로 변수가 SAS프로그램에서 사용될 때는 &매크로 변수라고 하면 해당값을 지정한 것으로 인식된다.

```
%LET 매크로변수 = 해당값 ;
```

이에 대한 예제는 앞의 20.7에서 이미 간단하게 나마 살펴보았다. 즉 TITLE문에서 연도 지정을 편하게 하기 위하여 %LET문을 이용하여 Qtr과 Yr라는 매크로 변수를 각각 'Fourth', '1989'로 지정한 후에 TITLE3 "&Qtr Quarter &Yr Sales Totals";라고 하여 "Fourth Quarter 1989 Sales Totals"로 출력되도록 한 것이다. 즉 %LET문에서 지정된 변수를 프로그램상에서 사용될 때는 일반 변수와 구분시키기 위하여 &변수명을 사용한다. 이는 C언어의 포인터 개념과 비슷하게 이해하면 된다.

또 다른 예제는 SAS 매크로 매뉴얼에서 제공하는 프로그램을 이용하여 살펴보도록 하자. 다음은 기초통계량을 구하기 위하여 MEANS PROCEDURE를 사용하는 예제이다.

```
%LET procopt = N MEAN STDERR T;

DATA one;
  INPUT x @@;
  CARDS;
  2 4 3 5 7 5 6 3 4 5 6 8 7 9
  ;

 PROC MEANS &procopt;
   VAR x;
 RUN;
```

위의 프로그램은 one DATASET을 형성하여 기초통계량을 구하는 것으로 도수, 평균, 표준오차, t값이 출력되도록 하는 예이다. 여기서는 %LET문을 이용하여 procopt라는 매크로 변수를 생성하는데 procopt는 N MEAN STDERR T을 의미한다.

MEANS PROCEDURE에서 &procopt라고 하면 결국 N MEAN STDERR T를 의미하므로 다음의 프로그램과 동일한 형태가 된다.

```
DATA one;
  INPUT x @@;
  CARDS;
  2 4 3 5 7 5 6 3 4 5 6 8 7 9
  ;
 PROC MEANS N MEAN STDERR T;
   VAR x;
 RUN;
```

위에서는 매크로 변수를 사용하지 않는 것이 더 편하게 보일 수도 있으나 여러 개의 DATASET을 처리하거나 지정되는 통계량이 자주 바뀌야 할 경우에는 더 유용하다.

29.2 매크로 함수의 형식(%MACRO문)

일반적으로 매크로 변수의 지정도 많이 이용되지만 원하는 형태로 프로그램을 생성하여 여러 개의 DATASET에 적용할 때 매크로가 주로 이용된다. 그러므로 원하는 형태로 매크로 함수를 작성하여 이를 필요시만다 호출하여 사용하면 프로그램의 길이도 짧아지고 사용하기도 간단하다.

다음은 매크로 함수의 작성 형식이다. 여기서는 매크로 문장 안에 들어가는 변수가 변하지 않는 경우이다.

```
%MACRO  매크로 이름;
  매크로 문장들 ;
%MEND 매크로 이름;
```

매크로 함수의 시작은 %MACRO이고, 매크로의 끝은 %MEND로 표시하며 마지막의 매크로 이름은 생략해도 무방하다. 위의 형식으로 매크로가 정의되면 SAS 프로그램 내에서 %매크로 이름; 하여 사용하면 된다.

다음은 앞의 예제를 이용하여 기초통계량을 구하는 프로그램을 means라는 매크로 함수로 작성한 것이다.

```
%MACRO means ;
   PROC MEANS &procopt;
   VAR x;
%MEND means;
```

```
DATA one;
  INPUT x @@;
  CARDS;
  2 4 3 5 7 5 6 3 4 5 6 8 7 9
  ;
%LET procopt = N MEAN STDERR T;
%means;
RUN;
```

다음은 매크로 문장 안에서 변수가 변하는 경우(매개인자가 존재하는 경우) 매크로 함수의 작성 형식이다.

```
%MACRO 매크로 이름(인자들);
  매크로 문장들 ;
%MEND 매크로 이름;
```

%MACRO문에서 인자들은 사용되는 인자가 2개 이상일 경우에 인자의 구분은 , 로 해주면 되고, 그에 해당하는 인자가 매크로 문장에서 사용될 경우에는 &인자명을 사용하면 된다. 위 형식으로 매크로가 정의되면 SAS 프로그램 내에서 %매크로 이름(인자명들); 하여 사용하면 되고, 인자들의 개수는 동일해야 한다. 이는 C언어에서 매개변수가 있는 경우에 사용자 정의 함수 사용의 경우와 같다고 보면 된다.

다음은 위의 예제에서 여러 개의 DATASET에 적용할 경우 DATASET이 바뀌는 경우로 인자가 있는 매크로 함수를 정의한 예제이다.

```
%MACRO means(procopt) ;
   PROC MEANS &procopt;
%MEND means;
```

```
DATA one;
  INPUT x @@;
  CARDS;
  2 4 3 5 7 5 6 3 4 5 6 8 7 9
  ;
DATA two;
  INPUT y @@;
  CARDS;
  51 43 56 65 45 65 67
  ;
%means(data=one mean t prt);
%means(data=two mean t prt);
RUN;
```

위의 프로그램은 procopt를 매크로변수로 정의한 것이 아니라 인자로 지정한 것으로 각각 data=one mean t prt와 data=two mean t prt로 인식한다. 그러므로 다음의 프로그램을 수행한 것과 같은 결과를 얻는다.

```
DATA one;
  INPUT x @@;
  CARDS;
  2 4 3 5 7 5 6 3 4 5 6 8 7 9
```

```
  ;
DATA two;
  INPUT y @@;
  CARDS;
  51 43 56 65 45 65 67
  ;

PROC MEANS data=one mean t prt;
PROC MEANS data=two mean t prt;
RUN;
```

29.3 PROCEDURE에서 매크로 함수의 사용

통계분석을 해주면서 저자 역시 가장 많이 매크로 함수를 작성하여 사용하게 되는 분석은 TABLE의 작성과 일원분산분석을 할 경우이다. 이는 의뢰자의 요구에 따라 수시로 옵션을 바뀌어야 하고, 하나의 PROCEDURE에 의해서 하나의 OUTPUT 밖에 나오지 않으므로 프로그램 자체가 길어져 주로 간단하도록 매크로 함수를 이용한다(물론 TABLE의 작성의 경우 FREQ PROCEDURE를 이용해도 되지만 원하는 형태의 표를 작성하기는 어렵기 때문에 번거롭지만 TABULATE PROCEDURE를 이용하게 된다).

다음은 TABULATE PROCEDURE를 이용하여 해당 변수만 다르고 나머지는 동일한 형식의 table을 작성하는 것이다.

```
  LIBNAME  q0  'c:\consult' ;

① PROC TABULATE DATA=q0.yllee ;
    CLASS a9 a6 a1 ;
    TABLE a9='  '*(ALL='전체' a6=' ') ,
        ALL='계'*(N*F=7.0 PCTN='%'*F=7.1)
        a2*(N*F=7.0 (PCTN<a1>='%')*F=7.1)  / RTS=25 ;
    FORMAT a1  a1fmt.  a6  a6fmt.  ;
  RUN;

② PROC TABULATE DATA=q0.yllee ;
    CLASS a9 a6 a2 ;
    TABLE a9='  '*(ALL='전체' a6=' ') ,
        ALL='계'*(N*F=7.0 PCTN='%'*F=7.1)
        a2*(N*F=7.0 (PCTN<a2>='%')*F=7.1)  / RTS=25 ;
    FORMAT a2  a2fmt.  a6  a6fmt.  ;
  RUN;
```

위에서 [1]과 [2]를 비교하여 보면 나머지 부분은 전부 동일하고 [1]에서는 a1변수가 사용된 반면 [2]에서는 a2변수가 사용되었다는 점만이 다른 부분이다(a1과 a2는 인구특성변수임). 이런 방식으로 인구특성 문항에 대해 전부 작성할 경우 프로그램이 길어질 뿐만 아니라 형식을 약간 바꾸고자 할 경우에 하나씩 바꾸어 주어야 한다는 것이다(물론 동일하게 바꾸는 경우에는 COMMEND LINE에서 C(change)명령어로 바꿀 수 있다). 이런 이유에서 매크로는 비록 고급 기법이지만 조금만 활용하면 손쉽게 프로그램을 할 수 있기 때문에 익혀두면 여러모로 편리하다.

위의 프로그램을 매크로 함수를 이용하여 작성하면 다음과 같다.

```
LIBNAME  q0  'c:\consult' ;

%MACRO table(w) ;

 PROC TABULATE DATA=q0.yllee ;
   CLASS a9 a6 &w ;
   TABLE a9='  '*(ALL='전체' a6=' ') ,
      ALL='계'*(N*F=7.0 PCTN='%'*F=7.1)
      &w*(N*F=7.0 (PCTN<&w>='%')*F=7.1)  / RTS=25 ;

%MEND ;

%table(a1) ; RUN;
%table(a2) ; RUN;
```

위의 프로그램은 보면 각각 a1, a2, a3변수를 인자로 지정하였으며, 매크로 함수에서는 &w로 사용된 것을 볼 수 있다.

다음은 일원분산분석시 매크로 함수를 이용하여 작성한 것이다.

```
LIBNAME  q0  'c:\consult' ;

%MACRO glm(x, y) ;
   PROC GLM DATA=q0.yllee;
     CLASS &x ;
     MODEL &y = &x ;
     MEANS &x/DUNCAN ;
%MEND ;
```

```
%glm(a2, bmean1) ; RUN;
%glm(a2, bmean2) ; RUN;
%glm(a2, bmean3) ; RUN;
%glm(a3, bmean1) ; RUN;
```

제 6 부 : 부록

Windows Vista(32Bit)에서 SAS 설치방법

Windows Vista에서 SAS의 설치

최근 윈도우는 Windows Vista라는 신제품의 출시로 많은 이슈를 가져왔다. 또한, 프로세서가 32bit버전에서 64bit 버전으로 옮겨가고 있는 추세이다. 하지만 SAS 9.1 버전까지는 64bit 버전에서 작동을 하지 않고 있기 때문에 Windows Vista의 여러 가지 버전 중 64bit체제에서는 설치가 되지 않고 있다. 또한 Windows XP 64bit 버전에서도 설치가 불가능하다. 이는 SAS의 새 버전(2008년 상반기 출시예정)에서부터는 설치가 가능하다고 한다.

만약 Windows Vista 32bit 버전에서 설치를 해보고자 하는 사람들이 있다면 필자와 함께 따라해 보자.

Windows Vista는 기존 Windows XP와의 호환성 문제 때문에 XP에서 설치되던 프로그램을 Vista에서 설치할 수 있도록 도와주는 '프로그램 호환성 마법사' 라는 것을 기본으로 탑재하고 있다. 이를 이용하여 Vista에 SAS를 설치해 보자.

먼저 Vista의 제어판으로 들어가 보면 '프로그램'이라는 아이콘이 보일 것이다.

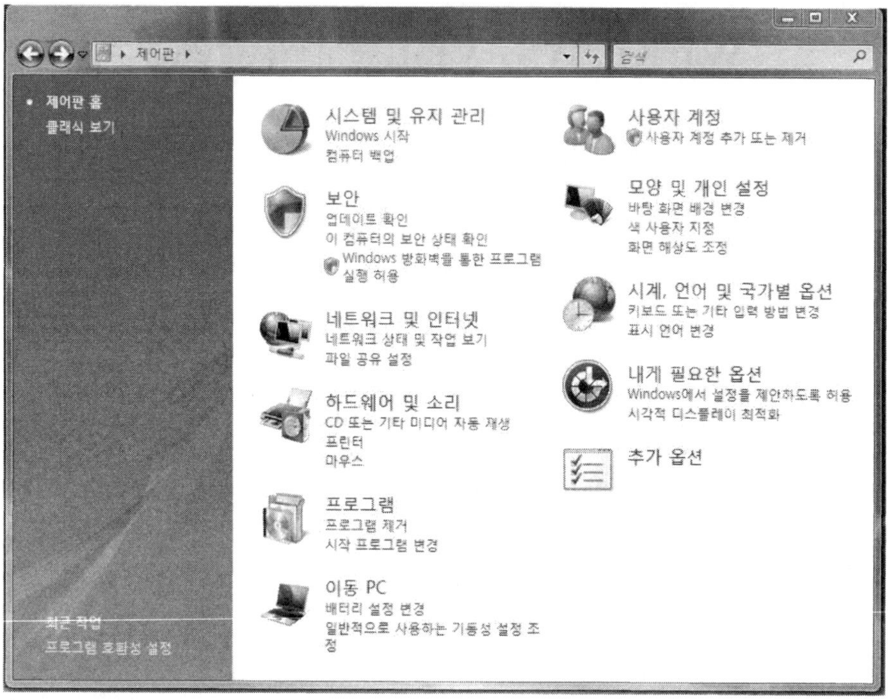

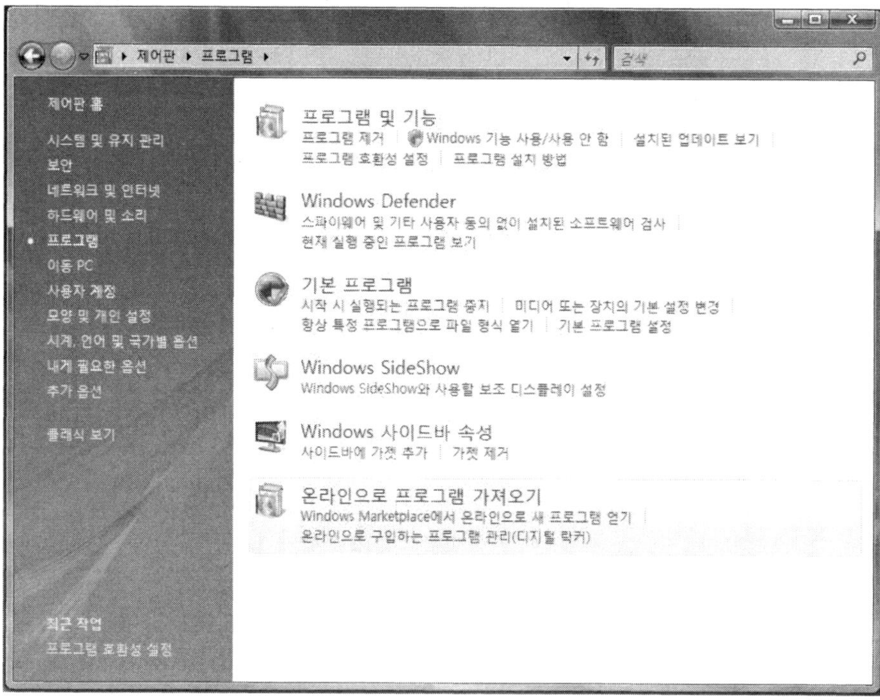

이 프로그램 아이콘 안에 있는 프로그램 호환성 설정을 실행시키면 아래와 같이 프로그램 호환성 마법사가 실행된다.

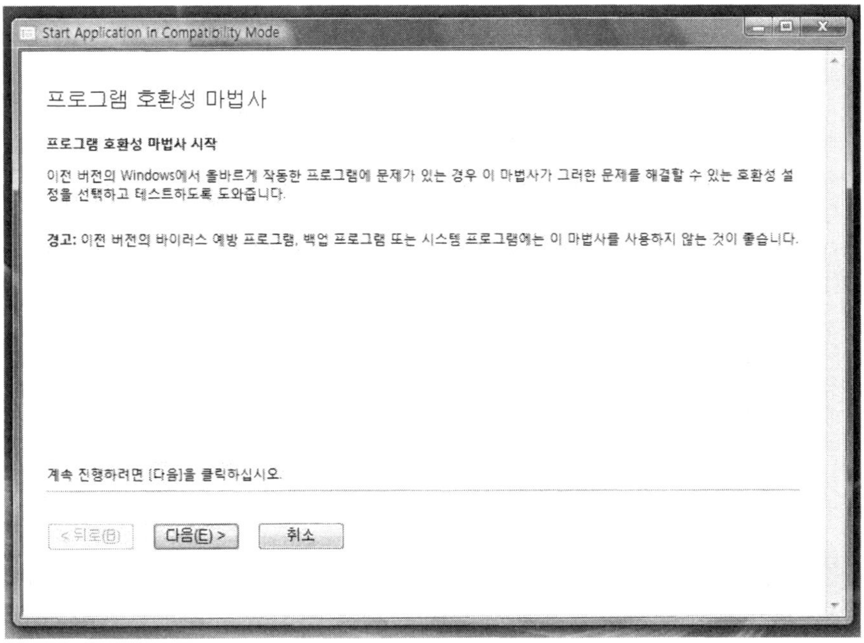

다음으로 넘어가자.

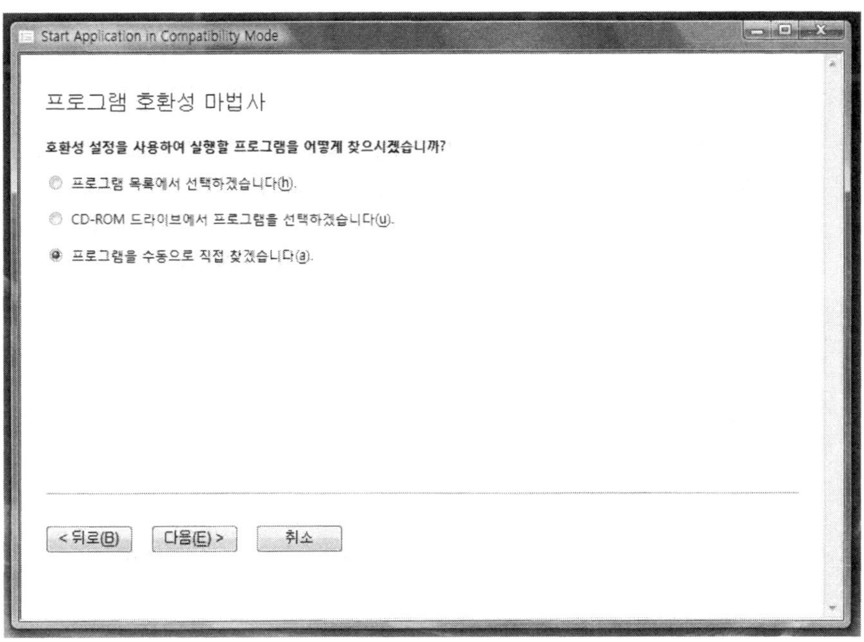

세 번째에 있는 프로그램 수동 찾기를 클릭하고 다음으로 넘어가자.

SAS 설치 CD(DVD)의 setup.exe파일의 경로를 찾아 입력하자.

필자의 설치경로이다. 이는 설치하는 사람마다 다를 수 있다.

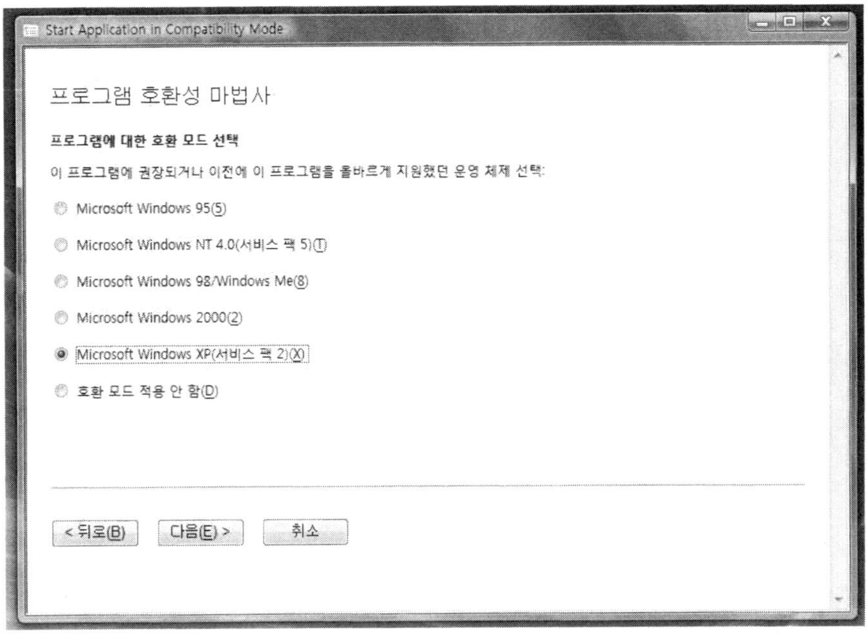

Windows XP(서비스 팩 2)를 클릭하고 다음으로 넘어가자.

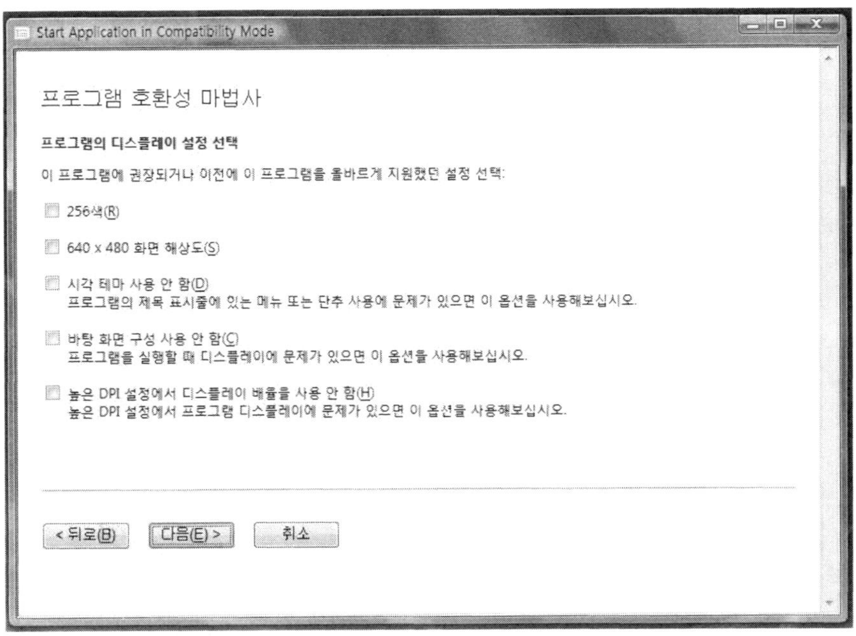

디스플레이 설정부분이다. 특별히 별도 구성이 필요한 사람이 아니라면 다음으로 넘어가자.

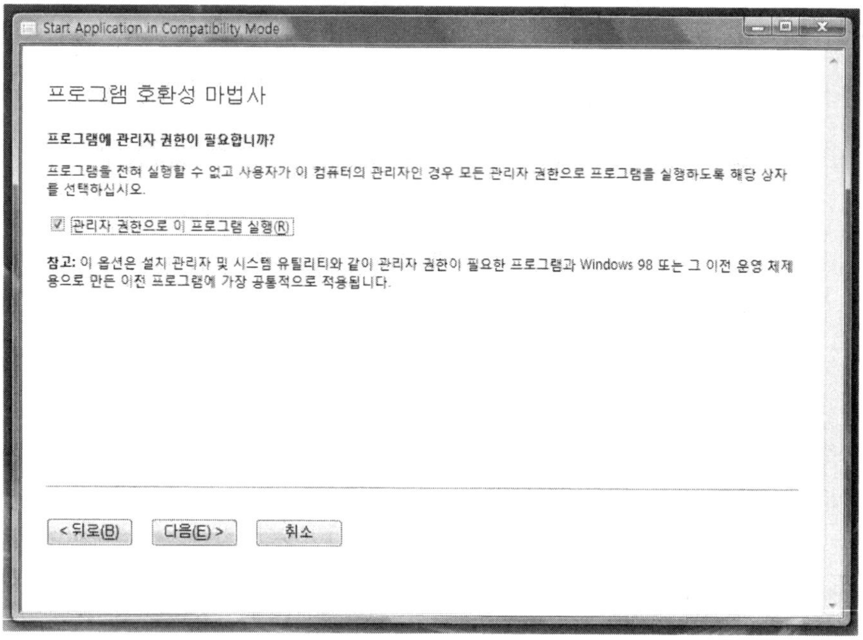

관리자 권한으로 이 프로그램 실행에 V 표시를 꼭 하고 다음으로 넘어가자.

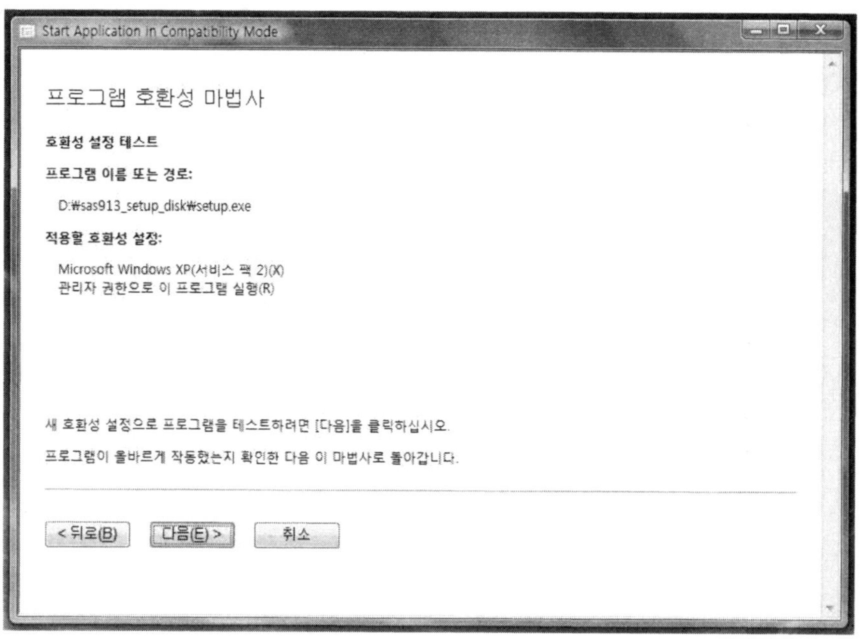

지금까지 설정한 내용을 모두 display 해준다. 다음을 클릭해 보자.

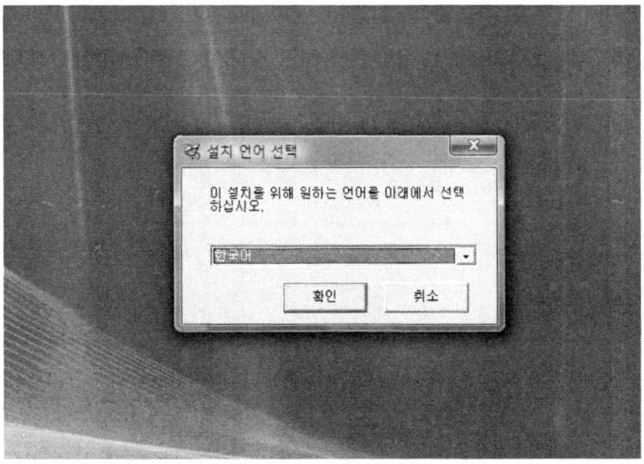

이와같은 화면이 뜬다면 성공한 것이다.

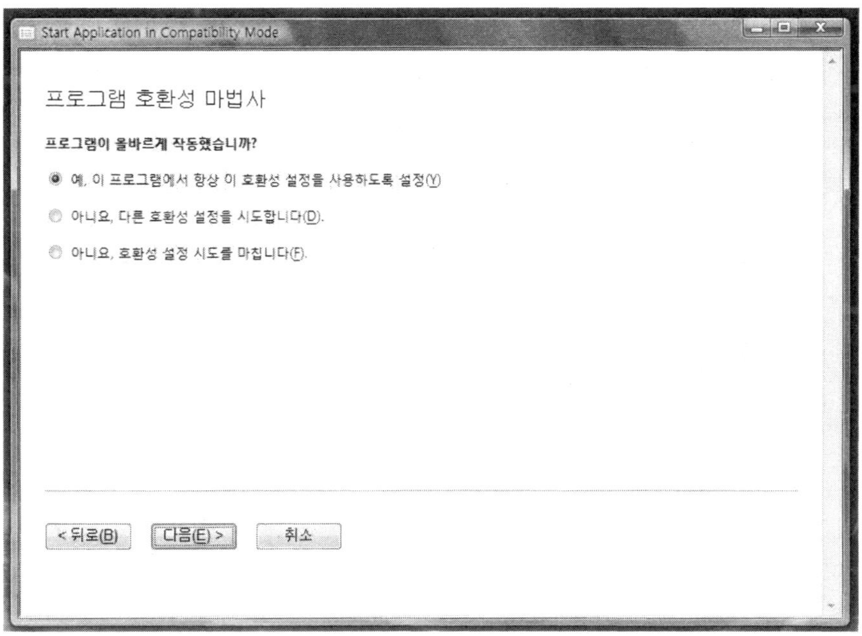

프로그램 호환성 마법사가 올바르게 작동했는지 묻는 화면이 나온다 다음으로 넘어가자.

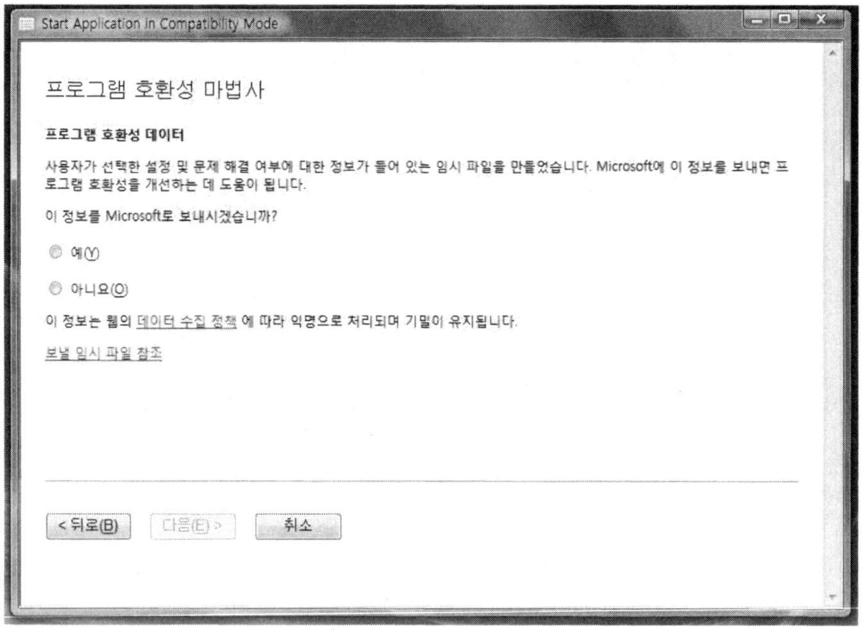

프로그램 호환성 데이터에 관한 정보를 Microsoft사로 보내겠는지 묻는 화면이 나온다. 예 또는 아니오를 누르고 다음으로 넘어가자.

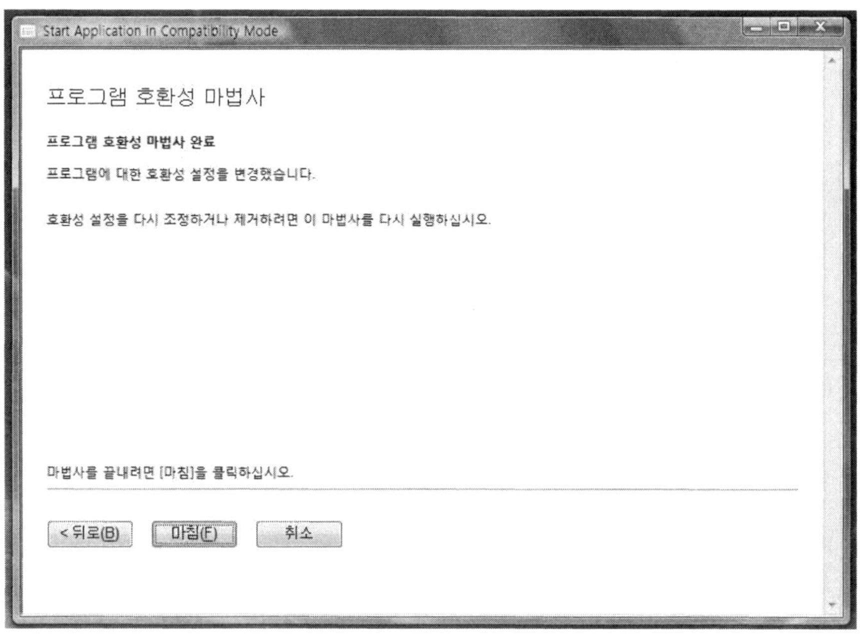

프로그램 호환성 마법사가 완료 되었다.
이제는 XP에서 설치한 것과 같은 방법으로 설치하면 된다.

찾아보기

SAS DATA STEP SAS DATA STEP SAS DATA STEP SAS DATA STEP SAS DATA STEP

〈DATA STEP〉

| 저자소개 |

최 종 후

고려대학교 이학박사(통계학 전공)
현) 고려대학교 정보통계학과 교수
E-mail : jhchoi@korea.ac.kr

▸주요 저서

데이터 마이닝(개념과 기법 제2판), 사이플러스, 2007.
데이터마이닝 방법론, 자유아카데미 , 2006.
설문조사 처음에서 끝까지, 자유아카데미, 2005.
사례로 배우는 데이터마이닝, 자유아카데미, 2005.
통계그래픽스, 한국방송통신대학교 출판부, 2002.
SAS Enterprise Miner를 이용한 데이터마이닝, 자유아카데미, 2001.
외 다수.

강 현 희

충남대학교 이학석사(통계학 전공)
前 허브넷 근무

김 효 성

고려대학교 정보통계학과 석사과정
前 한국신용정보 CB운영실 근무

SAS DATA STEP -제3판-

| 저　　자 최종후 · 강현희 · 김효성
| 발 행 인 김지영
| 발 행 처 자유아카데미
| 주　　소 경기도 파주시 회동길 37-42 파주출판도시
| 전　　화 031-955-1321
| 팩　　스 031-955-1322
| 홈페이지 www.freeaca.com
| 전자우편 main@freeaca.com(대표) editor@freeaca.com(편집) crm@freeaca.com(영업)
| 등　　록 제406-2003-017호, 1980. 7. 12
| 제3판1쇄 2008년 8월 30일 발행
| 제3판10쇄 2020년 12월 28일 발행
| 정　　가 26,000원

저자와의 협의하에 인지생략

ISBN 978-89-7338-732-8 93310